权威·前沿·原创

皮书系列为

“十二五”“十三五”国家重点图书出版规划项目

BLUE BOOK

智库成果出版与传播平台

驾培行业蓝皮书
BLUE BOOK OF CHINA'S DRIVER TRAINING INDUSTRY

中国驾培行业发展报告（2021）

ANNUAL REPORT ON CHINA'S DRIVER TRAINING INDUSTRY (2021)

中国交通运输协会　编写

社会科学文献出版社
SOCIAL SCIENCES ACADEMIC PRESS (CHINA)

图书在版编目(CIP)数据

中国驾培行业发展报告. 2021 / 中国交通运输协会编写. -- 北京 : 社会科学文献出版社, 2021.8
（驾培行业蓝皮书）
ISBN 978-7-5201-8644-5

Ⅰ. ①中… Ⅱ. ①中… Ⅲ. ①汽车驾驶员-培训-研究报告-中国-2021 Ⅳ. ①U471.3

中国版本图书馆CIP数据核字（2021）第136466号

驾培行业蓝皮书
中国驾培行业发展报告（2021）

编　　写 / 中国交通运输协会

出 版 人 / 王利民
责任编辑 / 陈凤玲　武广汉　李真巧　宋淑洁

出　　版 / 社会科学文献出版社 · 经济与管理分社（010）59367226
地址：北京市北三环中路甲29号院华龙大厦　邮编：100029
网址：www.ssap.com.cn
发　　行 / 市场营销中心（010）59367081　59367083
印　　装 / 三河市东方印刷有限公司

规　　格 / 开　本：787mm × 1092mm　1/16
印　张：16.75　字　数：246千字
版　　次 / 2021年8月第1版　2021年8月第1次印刷
书　　号 / ISBN 978-7-5201-8644-5
定　　价 / 168. 00元

《中国驾培行业发展报告（2021）》编撰单位

组织编写单位　中国交通运输协会

参　编　单　位　交通运输部中国交通通信信息中心

辽宁省道路运输服务中心

黑龙江省道路运输事业发展中心

合肥市道路运输管理服务中心

北京交通发展研究院

武汉木仓科技股份有限公司

河南省机动车驾驶员培训行业协会

合肥市机动车驾驶员培训行业协会

云南省昭通市机动车驾驶培训行业协会

北京海淀驾校

江西南昌白云驾校

河北燕赵驾校

四川省长征驾校

重庆壹鹿驾校

重庆西南机动车驾驶培训集团

江西赣州华坚驾校

《中国驾培行业发展报告（2021）》编写委员会

主任委员　胡亚东

副主任委员　李　刚　李　华

委　　员　李志强　俞卫江　张燕晨　张柱庭　张　伟

李晓峰　范　立　姜占峰　牛文江　李　茜

袁会武　束龙友

编　写　组

主　　编　刘治国　梁江华

副 主 编　熊燕舞　梁　伟

成　　员　冯晓乐　孟　虎　王　晴　周英南　陈毛香

邓晓樵　陈　燕　安道利　刘俊利　董　强

邢海燕　罗建忠　周　胜　冷若冰　魏小锋

贾贺芝　魏　鹏　徐小灵　丁　林　陈祖豪

何晓平　郑向阳　田　甜　张雅君　徐学博

刘跃军　王　婷　顾　涛

主要编撰者简介

刘治国　中国交通运输协会驾驶培训分会秘书长，中国人民大学高级工商管理硕士。长期从事驾培相关领域研究，发表文章百余篇，在各地运管部门、驾培机构、道路运输协会、论坛举办专场讲座多次，著有《驾校教练员教学与服务指南》（主编）、《品牌“智”胜——新时期驾校如何立于不败之地》（专著）。

梁江华　毕业于哈尔滨工业大学，获计算机技术学士学位，拥有15年管理经验。现任木仓科技高级副总裁、驾考宝典驾校事业部总经理、驾校业务工作和日常管理核心负责人。

熊燕舞　中国交通运输协会驾驶培训分会副秘书长、交通运输部科学研究院高级工程师、交通运输科技传媒有限公司首席研究员、中国交通企业管理协会专家咨询委员会专家、多地道路运输协会专家库成员。长期从事道路运输业相关领域研究，发表交通运输方面文章千余篇，参编著作多部，在各地运管部门、运输企业、道路运输协会、论坛举办专场讲座千余次。

梁　伟　木仓科技商务总经理，主要负责木仓科技商务工作，长期从事新媒体营销研究、互联网商业化探索等方面工作。

前　言

2020 年初，新冠肺炎疫情突袭而至，瞬间打破了庚子新春的祥和气氛。疫情就是命令，防控就是责任。在战“疫”的答卷上，全体驾培同仁共同写下了“在挑战中奋起、在困境中逆行”的铮铮誓言。面对突如其来的疫情，驾培行业深入学习贯彻党中央、国务院、交通运输部关于疫情防控工作的号召，按照当地政府部署和协会的倡议，第一时间停工停训、落实防控工作。待疫情阻击战取得阶段性成效后，在复训复考的同时又绘出疫情防控常态化“作战图”、列出详细复工复产“任务书”，切实筑牢了阻击疫情的“驾培防线”，全力擦亮行业“零发”疫情良好防控态势这块“金字招牌”。

2020 年注定是不平凡的一年，虽然线下驾驶培训按下了“暂停键”，却给网络营销、机器人教练、智慧驾校带来了巨大的发展机遇，让驾培行业加速了线上线下与现代科技的融合发展。

驾培机构（简称驾校，下同）是机动车驾驶培训市场的主体，是提供驾驶人培训服务的主要阵地，也是道路交通安全的重要基石。如果说医务从业人员的天职是救死扶伤，驾驶培训行业从业者的职责就是“避死免伤”，把培养一生无事故的驾驶人作为存在的价值，责任重大，使命光荣。

目前，我国已经基本建立起覆盖全国的驾驶培训服务体系，既包括对非职业驾驶人的培训，也包括对道路客货运职业驾驶人的培训，还包括对道路客货（危险货物）运从业人员的培训与继续教育。“启信宝”网站显示，截至 2021 年 5 月，全国共有驾培相关上下游企业 22471 家，其中驾培机构 20971 家。

过去的 10 年，是驾驶培训相关企业数量猛增的 10 年，也是驾驶培训需求总量逐渐收窄的10年。10年以来，驾培机构的总数从不到10000家上升到了20000家以上。

一方面，驾驶培训市场培训能力迅速提高，供给过剩；另一方面，随着人口红利的消失，驾培市场需求逐步萎缩，需求下降。一增一减之下，驾培市场陷入行业内卷（是指某个领域发生了过度同质竞争、进入内耗的状态），恶性竞争持续，价格战蔓延，驾培机构招生人数和利润持续下滑。如果仅靠拼价格、拼人力，是无法产生创新的，驾培行业要想拒绝“内卷”，取得高质量的发展，驾培机构自动自发的创新必不可少。培育创新驱动能力，是行业必须直面的问题。

2021年是“十四五”开局之年，也是开启全面建设社会主义现代化国家新征程、向第二个百年奋斗目标进军的关键之年。“十四五”时期，是开启全面建设社会主义现代化国家新征程的第一个五年，是我国由全面建成小康社会向基本实现社会主义现代化迈进的关键时期，是加快建设交通强国的第一个五年。对于驾培这个直接面向人民群众实际需求的传统服务性行业来讲，“十四五”正处于改革创新、转型升级的关键时期，处于转型升级的“瓶颈期”和攻坚期，机遇与挑战并存，面临着外部大环境、大趋势发展变化的推力，行业自身破旧除新、浴火重生的压力，以及新一轮技术革命、产业革命赋能发展的动力。

首先，几十年来积累的一些体制机制问题需要加快破解、自我革新；其次，人民群众日益增长的美好生活需要倒逼我们迎难而上、探索创新；最后，党中央、国务院深化“放管服”改革，优化营商环境的强大决心，要求我们必须顺应大势、改革图新。

为此，我们必须紧紧围绕全面提高驾驶培训教学和服务质量，增强驾培行业可持续发展能力，筑牢道路交通安全的第一道防线的总目标，进一步增强责任感、使命感、紧迫感，凝心聚力、担当有为，主动适应国家“放管服”改革的大趋势，加快推动“四个转变”：一是行业发展方式从规模扩张向提质增效转变；二是行业发展动力从传统要素驱动向创新驱动转变；三是行业服务方式从固定化、模式化向人性化、柔性化转变；四是行业管理方式从事前准入管理，转向强化事中事后监管。

随着中国驾培行业从“量的增长”进入“质的发展”，为及时反映驾培行业的最新情况，总结行业发展特征、问题及趋势，为决策部门、行业机构及社会各界提供咨询参考，从 2017 年开始，中国交通运输协会依托驾驶培训分会，每年编撰发布中国驾培行业发展报告。

作为驾培行业的全国性社会团体和自律组织，一直以来，我们始终把研究工作作为自己“服务政府、服务社会、服务驾校、服务行业”的职责之一。我们的研究“基于发展事实、基于政策导向、基于行业数据”，当然，相关研究不仅包括围绕机动车驾驶培训行业“政策、经济、营商环境”的深度剖析，也包括对行业自身发展规律的深入探讨。

2021 年的行业发展报告由中国交通运输协会组织发起，由中国交通运输协会和木仓科技的专家团队共同编撰完成，由刘治国、熊燕舞、冯晓乐负责统筹审稿工作。此外，本报告融合了辽宁省道路运输服务中心、合肥市道路运输管理服务中心、北京市交通委员会驾培处等管理部门，交通运输部科学研究院、北京交通发展研究院等研究机构和行业协会（如河南省驾培协会、合肥市驾培协会、北京市驾培协会）提出的宝贵意见。交通运输部公路科学研究院、人民交通出版社、交通运输部中国交通通信信息中心等单位的专家学者对本报告给予悉心指导，并提出了真知灼见。各会员单位和相关企业也提供了大力支持，如江西南昌白云驾校、重庆壹鹿驾校等单位提供的第一手资料，使得案例更加丰富、数据更加翔实。在此要向参与这项工作的所有编写组成员和支持编写工作的相关单位领导，表示真诚的敬意和由衷的感谢！

研究行业发展情况、撰写行业发展报告需要大量的数据和实践案例素材，由于研究团队占有的一手资料有限、数据不够广泛，实际调研工作还不够全面，因而报告中难免存在错漏、不妥之处，敬请专家与广大读者批评指正，以便我们在后续的研究和实践中参考，并进一步完善对机动车驾驶培训领域的认识。我们希望通过“记录行业发展成绩，分析行业存在问题，探讨行业创新方向”，与行业同仁一起，想得更深、看得更远，一起塑造驾培行业的崭新格局，一起为社会创造更大的价值！

最后，还要鸣谢交通运输部运输服务司一直以来对中国交通运输协会驾驶培训工作的关心指导和大力支持，不但数次派代表出席中国交通运输协会举办的驾驶培训行业会议，而且就政策研究制定征求中国交通运输协会的意见，邀请协会参与制定驾驶培训行业“十四五”发展规划，并从数据方面对驾培行业发展报告的编写给予了大量帮助。2021 年行业发展报告侧重于分析行业微观领域和市场演变，希望通过我们深入的观察、研究和分析，在交通运输部、公安部等相关管理部门的政策指引下，在行业管理部门、驾培机构和广大驾培从业者的共同推动下，共促行业的健康发展、社会交通文明的持续进步，为中国驾培行业赢得更稳定、更广阔的发展空间。

蓝皮书编写委员会

2021 年 5 月 26 日

摘　要

2021年的驾培行业发展报告，以“创新与新发展格局”为主题，共分为四部分，总报告客观全面地分析了2020~2021年的驾培行业发展现状，对2021年的驾培行业发展进行了预测；市场发展篇着重分析了驾培市场需求侧、驾培市场的营商环境以及新冠肺炎疫情对驾培市场的影响；经营管理篇侧重分析驾培行业服务创新与质量提升、驾校管理优化与升级，记录和反映行业创新的最新成果和进展；专题报告篇重点从货运驾驶员从业资格培训管理现状与发展趋势、教练车辆的选购与应用、自动驾驶与驾培智慧化转型、地方行业协会的组建与运营等方面研究了驾培行业的新情况、新趋势，并分析了2021年北京驾培行业的发展现状，进行了展望。

整体而言，2020~2021年，在国家“放管服”政策引导之下，在驾培机构行政许可改为备案管理机制的推动下，驾培行业正在充分市场化、社会化，市场竞争激烈程度加剧；地方行业管理部门继续推进学时对接工作，发挥地方行业协会的自律作用，由倚重事前监管向着重事中事后监管转变，行业管理正在向规范化、法治化推进；在人口结构调整和经济社会发展的影响下，学员群体分化、需求多样化，驾培市场细分和服务营销有了更大的实施空间；在市场竞争压力的倒逼下，驾培机构的转型升级和创新发展正在加速，在教学、服务、营销、管理应用等方面也都取得了长足的进步。驾培机构经营管理者的经营理念正在转变，驾培机构的教练员队伍正在年轻化，更加注重品牌建设、口碑推广和新媒体营销，更加注重学员满意度提升、服务体验优化，更加注重素质教育和责任担当，更加关注精细化管理和提质增效；在我国人工智能、无人驾驶和5G技术的带动下，驾培行业的科技含量大幅提高，智慧驾培初见成效，智慧驾校呼之欲出，机器人辅助教练应用逐渐成为一种行业共识，新能源教练车开始更大面积地推广；在政府部门强有力的疫情常态化防控管理下，驾培机构生产经营受到的疫情冲击总体不是很大，部分驾校的经营业绩还超过前几年。

与此同时，驾培行业还存在不少之前遗留的老问题有待解决，如市场同质化恶性竞争、侧重应试教育问题并没有得到根本性改观；驾培市场的“价格战”还在蔓延，经营利润步步压低，大部分从业者对市场前景普遍信心不高、缺乏长期发展规划；驾培机构的经营模式还较传统，员工队伍存在一定程度的老化，高学历的经营管理者和教练员还不多见；行业管理缺乏抓手，行业自律和地方行业协会的作用还没有全部发挥出来；驾培行业的创新发展还未蔚然成风，一些经营管理者处于迷惘和观望状态。

2020~2021年，尽管有疫情的影响，行业管理部门、地方行业协会、驾培机构、上下游科技企业正在从各个角度发力，共同进步、共促发展，由此驾培行业的生态圈更加活跃，驾培行业正在塑造一个崭新的发展格局：驾培机构由传统向现代进化，驾培市场由区域竞争向全国竞争演化，驾培行业由分散向集约发展。

关键词：驾培行业　驾培机构　科技创新

目 录

Ⅰ 总报告

B.1 2020~2021 年驾培行业发展状况
……………………………………………… 刘治国 姜占峰 / 001
B.2 2021 年驾培行业发展预测 ……………… 安道利 邢海燕 / 038

Ⅱ 市场发展篇

B.3 2021 年驾培市场需求侧分析 ……………… 李晓峰 陈毛香 / 061
B.4 2021 年驾培市场营商环境分析 ………………………… 刘俊利 / 079
B.5 2020~2021 年新冠肺炎疫情对驾培市场的影响分析
…………………………………………………… 袁会武 周英南 / 104

Ⅲ 经营管理篇

B.6 驾校服务质量提升与创新研究
…………………………………… 陈 燕 周 胜 罗建忠 / 113

B.7 驾校管理优化与升级分析
…………………………………… 邓晓樵 陈祖豪 何晓平 / 138

Ⅳ 专题报告篇

B.8 2021 年北京市驾培行业发展现状与展望 ………… 王 晴 / 151

B.9 货运驾驶员从业资格管理现状与发展趋势 ………… 熊燕舞 / 167

B.10 驾校教练车选购和应用研究………………………… 冯晓乐 / 189

B.11 自动驾驶技术与驾培行业智慧化转型……………… 孟 虎 / 211

B.12 地方驾培行业协会组建与运营研究
…………………………………… 董 强 冷若冰 贾贺芝 / 223

B.13 后 记 ………………………………………………… / 241

皮书数据库阅读**使用指南**

总 报 告

B.1

2020~2021年驾培行业发展状况

摘　要：2020~2021年，受疫情影响的中国驾培行业，市场需求总量下降，包括上市公司在内的部分驾校生源锐减、经营压力剧增，但总体保持了上行的力量：驾校品牌化、集约化进程加快；行业管理法治化、规范化推进；科技赋予驾培行业新的动能，驾培行业的从业者正在走出一条自强不息的新路，各种新思路、新方法持续出现，驾培市场的活力正被激发出来。

关键词：驾培行业　驾培市场　新冠肺炎疫情　科技活力

2020年是驾培行业极不平凡和特殊的一年，也是两极分化较明显的一年。

回首远去的一年，驾培行业和其他很多行业一样，也经历了停工停产、复工复产，一些地方随着疫情的反复，几番停工停产、复工复产，经营上遇到了不少困难；也有一些地方驾校迎来了业绩小高峰，真的是苦乐不均，各有千秋。

凡是过往，皆为序章。为了更好地梳理全国驾培市场运行情况，中国交通运输协会驾驶培训分会组织了 2020~2021 年全国驾培市场运行情况与营商环境调查，得到了诸多管理部门、驾校校长的大力支持，大家认真填写，积极反馈。本文利用这些数据，对驾培市场运行情况和驾培行业出现的老问题、新情况、新现象、新趋势进行深入的分析。

一　2020~2021 年驾培市场发展情况

（一）机动车及驾驶人数量增长情况

机动车的数量变化与驾驶人的增长互为促进。截至 2020 年底，全国汽车保有量达 2.81 亿辆，2020 年全国新注册登记汽车 2424 万辆，比 2019 年减少 153 万辆。其中载货汽车新注册登记 416 万辆，比 2019 年增加 65 万辆，创十年来新高。尽管新注册登记汽车数量略有下降，但摩托车数量大幅增长。新注册登记摩托车 826 万辆，比 2019 年增加 249 万辆，增长 43%。

强制性国家标准《电动自行车安全技术规范》（GB 17761—2018）（以下简称电动车新国标）从 2019 年 4 月 15 日开始正式实施，但很多地方规定了不同期限的过渡期，从 2020 年 8 月 1 日开始，福建、贵州、江西、湖南、广东等多地过渡期结束，交管部门开始对超标电动自行车进行查处。年销量超过 2000 万辆的超标电动车市场，根据消费者的选择划分为电动自行车与电动摩托车两类。对于不符合电动自行车强制性国家标准的电动两轮车辆，将纳入机动车范畴，按照电动摩托车或电动轻便摩托车进行管理，上牌照及获取驾照的流程与机动车类似，这也为驾校开辟了摩托车驾驶培训新业务。

在考摩托车驾照的学员中，除了通勤或者短途出行的上班族和摩托车骑行爱好者外，还有不少快递员、外卖骑手。以北京为例，2020 年大约有 16 万人学习摩托车驾驶。从全国来看，很多驾校开设了摩托车培训班。目前，摩托车驾驶培训收费为 1000~2000 元。

2020 年，全国有 70 个城市的汽车保有量超过百万辆，31 个城市超过 200 万辆，13 个城市超过 300 万辆，其中北京、成都、重庆超过 500 万辆，苏州、上海、郑州超过 400 万辆，西安、武汉、深圳、东莞、天津、青岛、石家庄 7 个城市超过 300 万辆。

截至 2020 年底，全国新能源汽车保有量达 492 万辆，比 2019 年增加 111 万辆。其中，纯电动汽车保有量 400 万辆，占新能源汽车总量的 81%。新能源汽车增量连续三年超过 100 万辆，呈持续高速增长趋势。

2020 年，全国公安交管部门共办理机动车转移登记业务 2521 万笔。其中，汽车转移登记业务 2481 万笔。近五年汽车转移登记量与注册登记业务量之比由 0.59 上升至 1.02，反映出二手车交易市场日益活跃。

2020 年，全国机动车驾驶人数量达 4.56 亿人，其中汽车驾驶人达 4.18 亿人。受新冠肺炎疫情影响，2020 年全国新领证驾驶人（驾龄不满 1 年）达 2231 万人（见图 1），比 2019 年减少 712 万人，创五年来新低。从驾驶人性别看，男性驾驶人达 3.08 亿人，女性驾驶人 1.48 亿人。从驾驶人年龄看，26~50 岁的驾驶人 3.27 亿人；51~60 岁的驾驶人 6086 万人。

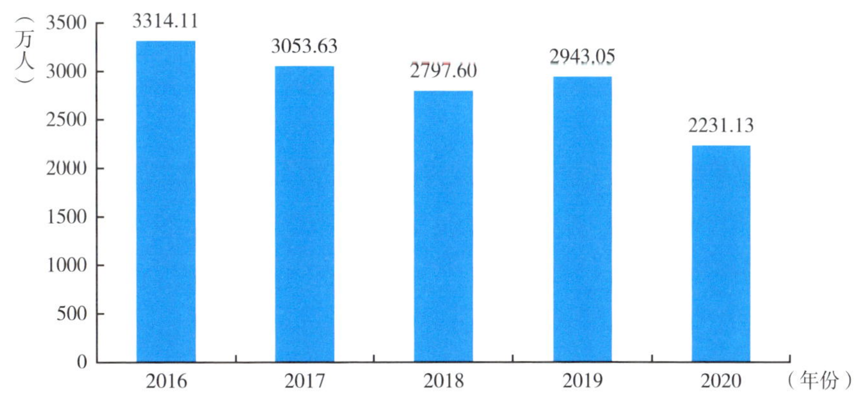

图 1　近五年机动车驾驶人新领证情况

第七次全国人口普查结果显示，全国人口共 141178 万人。从发展趋势看，机动车驾驶人占总人口的比重逐年上升，2020 年机动车驾驶人（其中还包括摩托车、农用车、拖拉机等驾驶人）占总人口的比重达 32.6%。但与发达国家相比，我国驾照持有比例仍较低（美国驾驶证持证人口占比为 70%），因此，从长期来看，我国驾照渗透率仍有较大的提升空间。

（二）机动车驾驶员培训发展情况

1. 受疫情影响，新增驾驶人创五年来新低

自 2016 年以来，全国新增驾驶人数量几乎是连年下降。2020 年比 2019 年下降幅度接近 1/4，创降幅新高。因防控疫情需要，公安交通管理部门对考试人数进行了限制，教育部门对大学生外出进行了管控，很多地区新增驾驶人数量出现下滑。同时，人口红利消失、市场下滑的惯性、学车意愿下降等因素同样影响新增驾驶人的数量。

（1）疫情全面影响

受到新冠肺炎疫情的影响，2020 年全国驾培市场招生量、考试量、毕业量、营业额、利润额下降幅度较大。

（2）大学生市场的影响

疫情使得大学开学延迟，导致以大学生市场为主的驾校恢复营业后仍无法正常运转；大学开学后大学生因心理因素和受学校规定限制等原因降低了学车意愿，以大学生市场为主的驾校受影响很大。

2. 驾培市场总体不景气，但信心有所回升

截至 2020 年底，全国共计有驾培机构 2.0 万户，机动车驾驶教练员 87.2 万人，教练车 79.4 万辆。按每辆教练车年培训 72 人的产能，全国年培训供给能力达到 5688 万人。

众所周知，驾培市场早已产能过剩，市场总供给远远大于总需求，行业早已过了暴利时代。而 2020 年突如其来的疫情对于部分驾校而言，更是雪上加霜，让大家信心低落。

例如，问卷第 1 题：对于 2020 年驾培市场的变化，您认为以下哪几个字

最能代表您的整体感受？有46.41%选择“不景气”，有7.29%选择“不正常”，有16.63%选择“无序”（见图2），这些都是偏负面的评价。

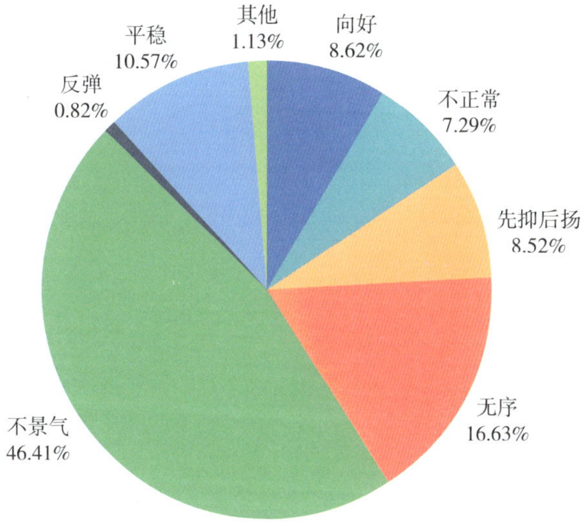

图2　对2020年驾培市场的整体感受

问卷第11题：针对驾培市场的现状，2021年您对驾校的投资意向如何？由于从业者总体信心不足，一些驾校选择收缩投资，或者无意继续在驾培行业发展。其中，19.20%选择“收缩场地规模、裁员或减少教练车辆”，7.91%选择“转行，或者转型做其他业务”（见图3）。

3. 品牌驾校领跑市场，两极分化更加明显

我国是市场经济国家，市场在资源要素配置中发挥着主体作用。近年来，随着驾考驾培“放管服”政策的不断推进，行政力量的影响逐渐变小，市场力量发挥的作用越来越大。“市场自动调控的无形之手”正在逐步代替“行政主动干预的有形之手”。

其他行业的发展案例早已证明，充分市场化的行业一定会出现“优胜劣汰”和“马太效应”，驾培行业亦是如此。当前的驾培行业，没有人再称它为

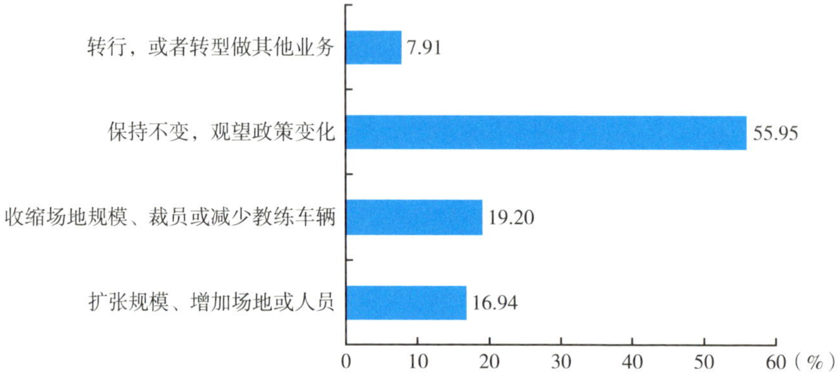

图 3　2021 年对驾校的投资意向

垄断行业，包括央视等主流媒体都播报了驾培行业竞争激烈的新闻。2015 年启动的新一轮机动车驾驶培训考试制度改革，降低了市场准入门槛，放开了价格管制，取消了教练员从业资格证，强化了驾校自主经营权。经过几年的深度市场化发展，驾培行业已经充分市场化。一些驾校通过苦练内功，教练员队伍年轻化，转变经营理念，提升教学服务，主动开展全员、全域营销等，塑造特色品牌，走在了市场的前列，成为品牌驾校。例如，2020 年 5 月 22 日，江西南昌白云驾校新洪城校区逆势开业，举行了盛大的开业典礼。至此，白云驾校拥有高新总校、樟树林校区、新建校区、新洪城校区四大校区，其中新洪城校区占地 60 余亩，投资近千万元。开业盛典当天就吸引了大量学员前来报名。

在受新冠肺炎疫情影响较大的 2020 年，有些驾校生源不降反升，交出了一份满意的业绩单。这些驾校对行业发展信心满满，斗志昂扬。而有一些驾校，却是江河日下，无力回天，只能黯然离场或者准备离场——有的已经采取了“关停并转”的方式退出了市场，有的还在苦苦挣扎、亏损经营，勉强维持。

问卷第 20 题：2021 年，您对当地以及全国驾培市场是否更有信心？尽管平均分为 57.27 分，没有达到 60 分，但其中有约 50% 的驾校经营管理者信心高于 60 分；只有约 15% 的受访者打分低于 20 分。对 2021 年驾培市场信心的选择情况见图 4。

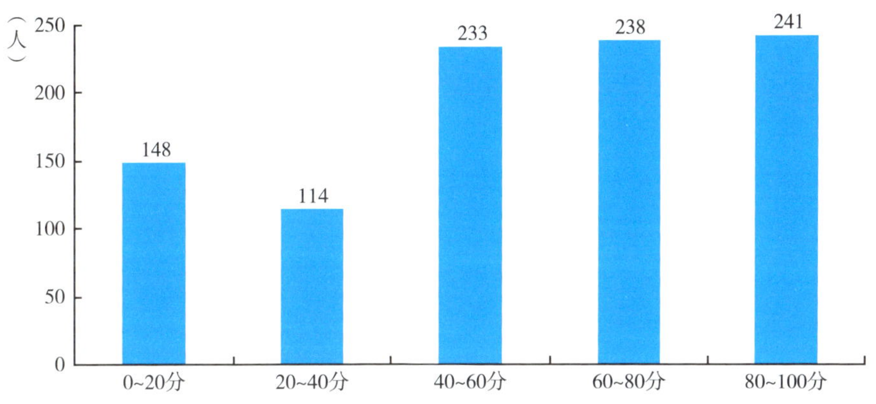

图 4　对 2021 年驾培市场的信心

为什么一些驾校如此信心满满？

这是因为，在市场的洗礼下，有些驾校先知先觉，开始苦练内功，向市场要前景，向管理要效益，靠教学服务质量打口碑创品牌，经过几年的创新发展、转型升级，厚积薄发，领跑行业，成为品牌驾校；还有一些后知后觉的驾校，步步追随领跑驾校，也慢慢地适应了新时期驾培市场的竞争要求；但仍然有一部分驾校，还是不知不觉，总在埋怨管理部门和驾培驾考政策有问题，希望环境来适应自己，而不是主动适应环境；或者也想改变，却由于各种各样的原因依然原地打转，已然落伍，在激烈的市场竞争中逐渐掉队成为首先被淘汰的出局者。而 2020 年突如其来的疫情，让一些原本“弱不禁风”的驾校更是元气大伤，对市场前景失去信心、有无力回天之感。

4. 行业并购更活跃，集约化渐成气候

当前，驾培行业已经步入成熟期，竞争异常激烈、经营利润微薄。任何一个行业到了成熟期，在严酷的市场形势倒逼下，都需要主动或被动去产能，在此过程中一定会发生整合并购重组，从分散走向集中，形成规模效应，借此降低经营压力、抵御经营风险和提高经营利润。这也是很多驾校校长特别关心的话题。

例如，问卷第 15 题：以下哪几个问题，可以代表您对当前驾培市场的关注热点？21.66% 的受访者关注“并购重组驾校的时机是否合适”，32.14% 关注当前“驾校品牌联盟或者集团化、集约化是否可行”。

现实中，不少驾校经营者已经有了这种意识，并采取了行动。例如，2020 年底，浙江嘉兴大陆驾校出资收购了本驾校隔壁的银龙驾校。这样做的好处如下。首先，消除了两个单位的区域恶性竞争，并置换了一块郊区场地；其次，统一了经营模式和管理手段，在全市大部分驾校生源不足、教练车闲置、供大于求、经营成本不断攀升的情况下，通过集约化、规模化，让驾校经营业绩稳中向上。再如，2021 年 2 月，马鞍山市联运、快捷、金盾、金苹果、金鹰 5 所驾校进行资产重组、合作经营，成立了马鞍山合纵机动车驾驶员培训有限公司（简称“合纵驾校”）。重组后的合纵驾校拥有各类教练车辆 120 台，员工 150 人，年培训能力 1.2 万人，培训项目齐全，企业规模为全市同行业之最。通过重组，合纵驾校优化了教学资源，精简了管理人员，有效地降低了运营成本，增强了行业的整体抗风险能力，提高了服务社会、服务学员的能力与水平，为马鞍山市驾培行业科学、健康、有序和可持续发展奠定了坚实的基础。

问卷第 12 题：您觉得驾校未来最佳的经营模式会是以下哪种？有 32.44% 的受访者认可集团（集约化）模式；6.06% 认可连锁经营模式。选择挂靠模式的只有 5.75%，选择承包模式的占 6.26%（见图 5）。

（三）机动车驾驶员培训机构经营情况

2020~2021 年，驾培市场存在的一些问题，大都是近几年老生常谈但一

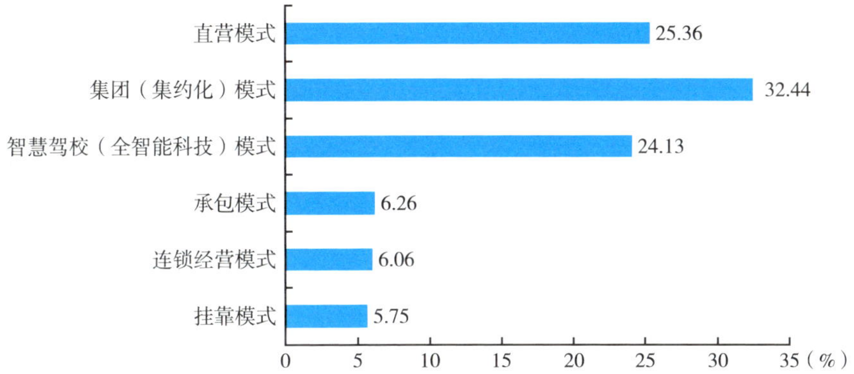

图 5　对驾校未来最佳经营模式的选择

直没有得到解决的问题。随着驾培行业的演变，又出现了一些新情况。这些新情况，有的是正面的，有的是负面的。

1. 疫情之下量价齐跌，盈利空间进一步压缩

目前，我国驾培行业中在上海证券交易所上市的驾校只有东方时尚驾驶学校股份有限公司（股票简称：东方时尚，代码：603377），在香港证券交易所上市的驾校是河南驻马店通泰驾校（股票简称：向中国际，代码：01871.HK）。

从两家上市公司发布的 2020 年度财务报告来看，营业收入和净利润比 2019 年均有不同程度的下降。其中，东方时尚 2020 年实现营业收入 8.48 亿元，同比下降 23.88%；归属于上市公司股东的净利润 1.61 亿元，同比下降 34.07%。向中国际 2020 年营业收入为 6796.3 万元，同比下降 27.3%；净利润为 682.5 万元，同比下降 64.2%。

另外，与驾驶培训考试业务相关的上市公司如下。中公教育（代码：002607，原为亚夏汽车）是安徽省最大的汽车经销服务商，近年来涉足汽车教育、汽车金融服务等业务板块，同时经营着多家驾校。北巴传媒（代码：

600386）控股子公司公交驾校始建于1954年，是可同时容纳千余辆教练车训练，考试、场校合一的大型国有汽车驾驶培训学校，主要面向公交和社会学员提供车辆驾驶员培训一条龙服务。多伦科技（代码：603528）涉及移动互联网、云计算、大数据、物联网、北斗卫星定位和三维虚拟仿真等六大技术领域，旨在以O2O方式向行业主管部门、驾校、教练、学员等提供关于驾考培训的全方位信息服务。

由于市场需求不足以及新冠肺炎疫情突袭而至，驾培行业从业者对未来的不确定性增加。为了实现稳定的现金流和市场竞争的需要，有从业者依然高举“价格战”的大旗，希望以价换量，却适得其反，结果是量价齐跌，盈利空间进一步压缩，亏损面加大。

问卷第3题：贵校2020年的学费价格与2019年同期相比，下降还是上升？答卷里只有38.91%的受访者选择“基本持平”，有48.66%的驾校下调了价格（见图6）。这一点在问卷第2题［2020年贵校的总体学费（含考试费）平均在以下哪个区间？］的答案中得到了印证：有52%的驾校收费不到3000元（见图7）。

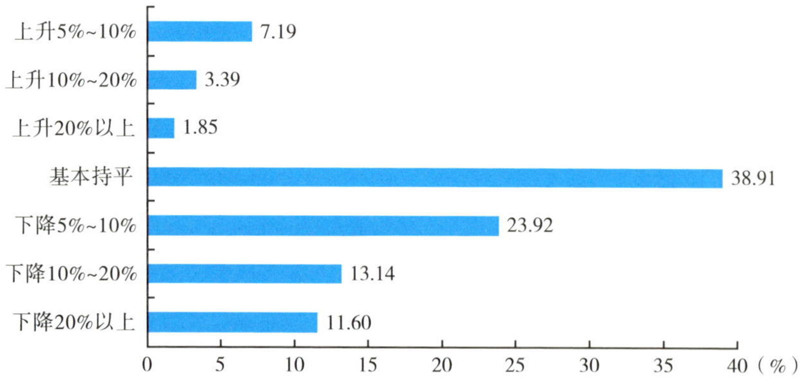

图6　对驾校学费价格升降的选择

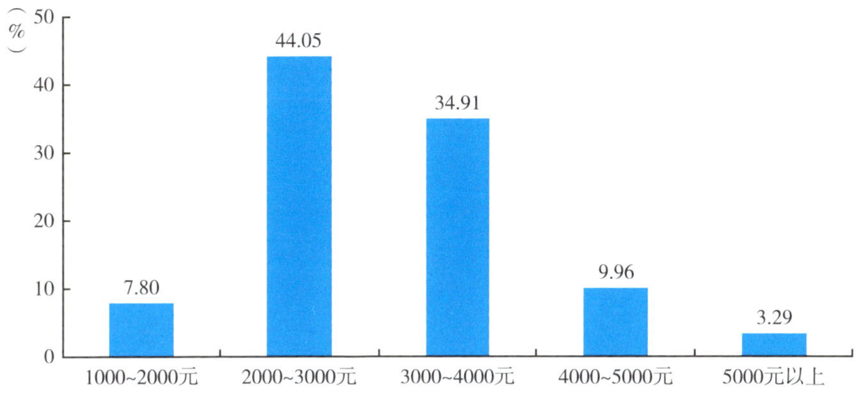

图 7　对驾校学费价格区间的选择

招生数量方面，由于疫情的原因，2020 年招生数量和考试数量大大少于上年，降幅比较明显。

问卷第 4 题：2020 年驾校招生的数量与 2019 年相比表现如何？有约 60%（见图 8）的驾校招生数量下降。这在公安部交通管理局 2021 年初发布的 2020 年新驾驶人取证人数中也得到了印证——2020 年新领证驾驶人比 2019 年减少 700 余万人，下降了 1/4 左右。

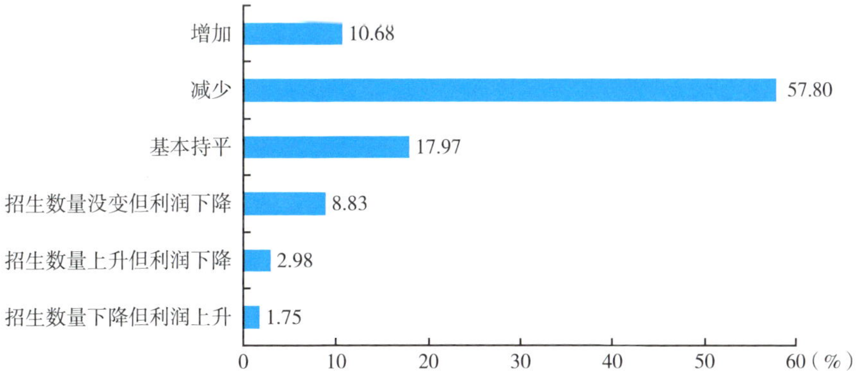

图 8　对 2020 年驾校招生情况的选择

随着量价齐跌而来的是，驾校的利润进一步拉低，一些驾校游走在生死边缘。驾培行业全面进入微利时代。

问卷第 6 题：驾校 2020 年经营利润与 2019 年同期相比如何？有 70.53%（见图 9）的驾校利润下降。

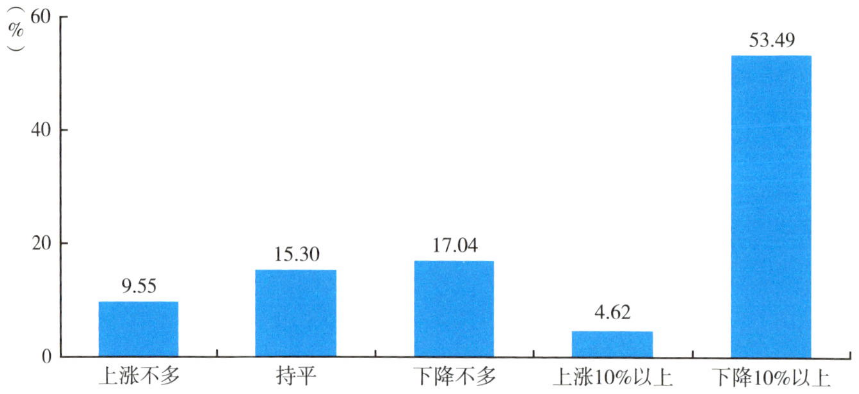

图 9　对 2020 年驾校经营利润升降的调查结果

问卷第 7 题：2020 年驾校全年经营是否盈利？有 44.35%（见图 10）的驾校处于亏损状态。

2. 新增驾校多于退出驾校，但增幅减小

截至 2019 年底，全国正规注册的驾培机构达 19741 户，教练车约 80 万辆，教练员 92 万余人，年培训能力近 6000 万人。尽管驾培市场早已饱和、产能过剩，但仍然抵不住社会投资者追逐利润的热情和在驾培行业淘金的梦想。

问卷第 10 题：驾校目前教练车产能利用率情况如何？有 40.45%（见图 11）的驾校产能利用率不到 50%，只有 3.08% 的驾校存在产能缺口。

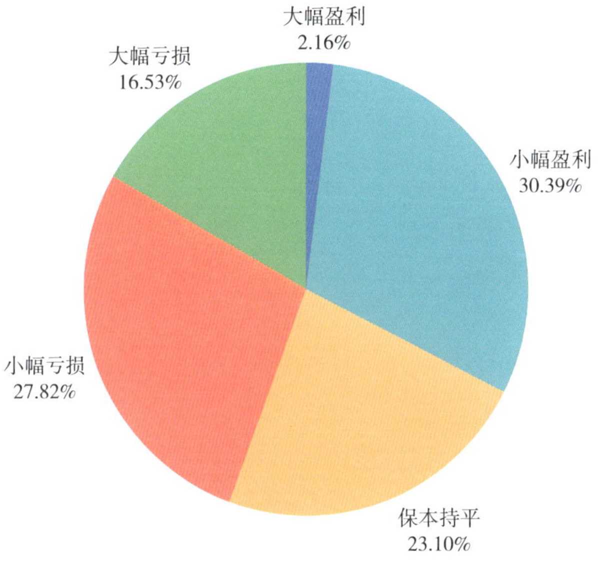

图10　对2020年驾校是否盈利的选择

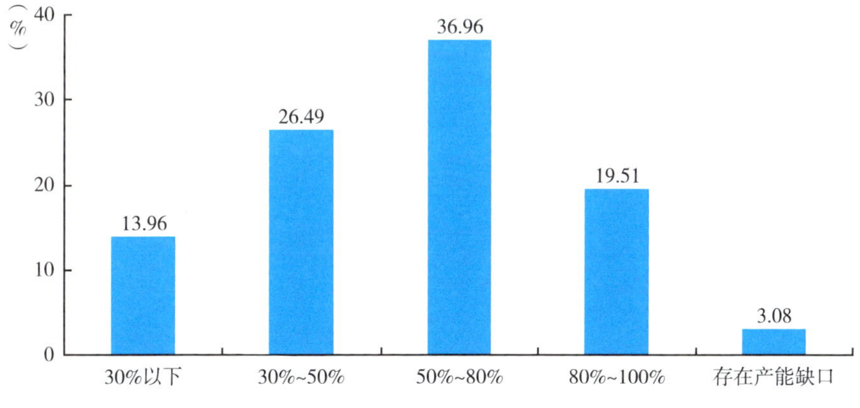

图11　对驾校教练车产能利用率情况的选择

2020 年，驾培市场的总供给继续小幅增加，全国驾培机构数量继续攀升，但增加幅度明显放缓。虽然从总量上看，2020 年驾培机构的总户数比 2019 年多，但教练员人数、教练车辆数均有小幅下降，从中可以看出，疫情加速了行业洗牌，一些驾培机构和教练员主动或被动退出，驾培行业去产能步伐加快。

问卷第 5 题：相比 2019 年，2020 年当地的驾校总数量是否有变化？29.16% 的受访者回答增加 1%~10%，12.01% 回答增加 10% 以上，41.79% 回答没有变化，10.57% 回答减少 1%~10%，6.47% 回答减少 10% 以上（见图 12）。

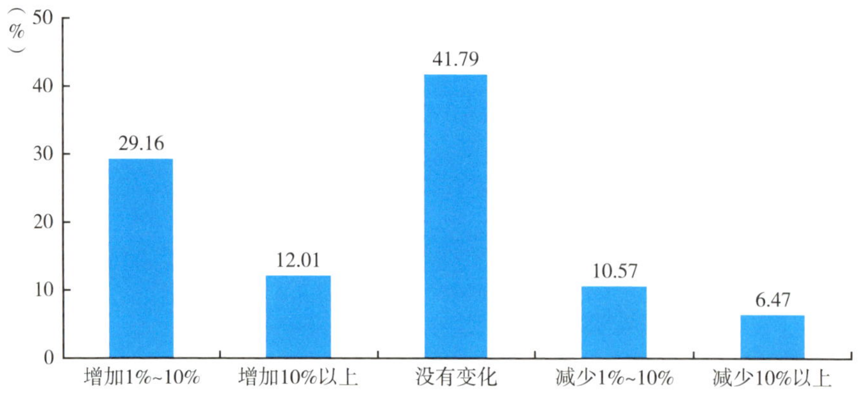

图 12　对 2020 年驾校数量变化情况的选择

而在 2019~2020 年全国驾培市场运行情况与营商环境调查报告中，第 8 题：相比 2018 年，截至 2019 年底当地的驾校数量是否有变化？有 34.71% 回答增加 1%~10%，18.66% 回答增加 10% 以上（见图 13）。

两相比较，我们可以发现，驾校增幅明显放缓。2020 年全国驾校有增加的地方仅为 41.17%，2019 年为 53.37%，减少了 12.2 个百分点；2020 年全国驾校有退出的地方为 17.04%，超过 2019 年的 13.03%，增加了 4.01 个百分点。

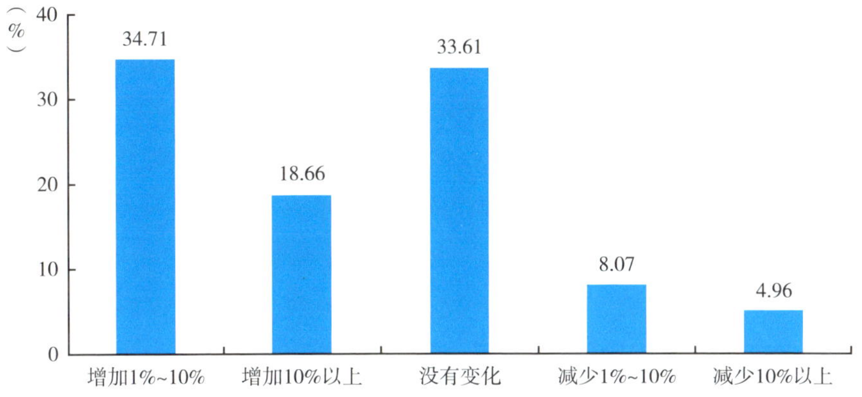

图 13　对 2019 年驾校数量变化情况的选择

由于目前各地很少有驾校被关停以及取消行政许可的现象，因此，这是在市场这只“无形之手”的左右下资本做出的选择，资本开始大规模撤出驾培行业，流向其他行业。曾经立志在驾培行业深耕的互联网连锁驾校趣学车，是行业互联网企业的模范生，传播正能量，打造虎狼团队，给行业吹来了一股清新之风，却架不住 2020 年的疫情和市场寒冬，宣告退出驾培行业，转战其他行业，令人唏嘘不已。

3. 驾培机构为降本增效，主动去产能

一乘驾校 2011 年成立，2015 年 12 月在“新三板”挂牌上市。号称“驾校第一股”的云南一乘驾校，在行业内享有诸多殊荣，但同时也承受着其他中小型驾校无法想象的运营成本和管理压力。

2017 年以来，一乘驾校连年亏损，且逐年扩大。2017~2019 年，公司净利润分别为：-996 万元、-1.39 亿元、-2.09 亿元。事实上，2016 年，一乘驾校净利润为 -3188 万元。也就是说，自该企业上市以来，仅有 2017 年表现略好。

鉴于一乘驾校经营出现重大亏损、净资产为负值的情况，在面临国家驾驶培训政策改革风险、驾培服务市场竞争风险，以及持续亏损等诸多风险的情况下，一乘驾校不得不实施“瘦身运动”，轻装上阵。

2020年4月27日，一乘驾校与晋宁区土地储备中心和晋城镇人民政府分别签订了《国有土地使用权收购补偿协议书》和《云南泛亚驾驶员培训基地土地租赁协议终止协议》，并将另行选址进行搬迁。通过本次土地置换，一乘驾校预计收回投资约8.5亿元，公司资产负债结构也将有所改善。

上述现象的发生，一方面是因为驾校的学费步步拉低，收入减少，利润摊薄；另一方面是因为驾校的人力、土地成本还在继续攀升。

尽管2020年国家对中小企业实施了各种税收优惠和社保减免政策，但驾培机构受惠并不是特别明显，对于问卷第8题：贵校是否觉得当前驾校的经营成本（土地、人员工资、税务成本）在变化？感觉“降低”的受访者不到5%，67.6%的受访者认为经营成本在升高（见图14）。

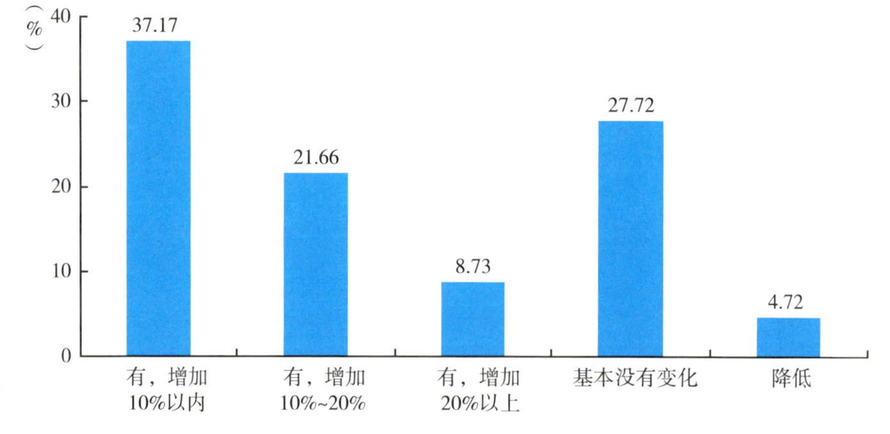

图14 对驾校经营成本情况的选择

很多驾校经营者意识到，驾校规模大而不强是“虚胖”，是经营不善的表现。在此情形之下，一些驾校主动断臂求生，精兵简政，强化管理，去除过剩产能，降低经营成本，再图做精做强。而采取的主要措施除了不更新或者少更新教练车外，有43.53%（见图15）的驾校通过自然减员和主动减员减少了在职员工的人数，这是对调查问卷中第 9 题“与 2019 年同期相比，2020 年贵校教练员及其他员工的数量增减情况”的选择结果。

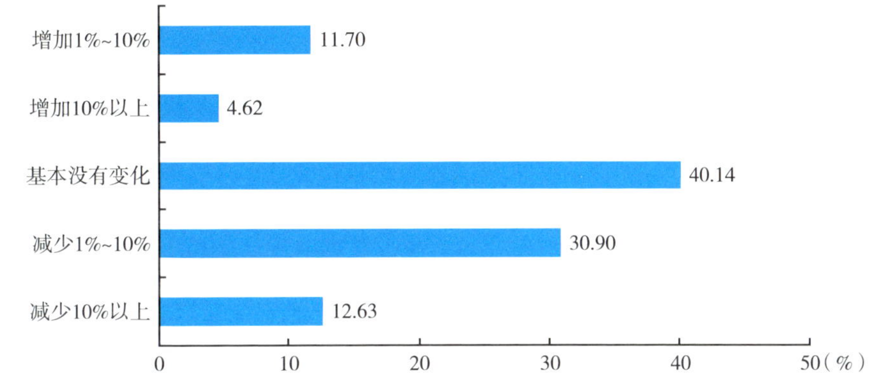

图 15　对驾校员工增减情况的选择

其实，如果跳出行业看行业，驾培人应该感到庆幸。尽管 2020 年生源总量减少，但需求并没有消失，只是延迟了；而且，驾培行业仍有一些驾校实现了盈利。要知道，2020 年很多行业如酒店等服务行业同样艰难度日，它们的市场需求消失了很多，而且以后也无法弥补回来。2020 年，驾培行业还有部分现金流和较旺盛的需求，已经算是幸运的了。同时，驾培行业本身也在发生着变化，包括行业驾培驾考政策的变化、营商环境的变化、科学技术的变化、市场需求的变化、同业竞争格局的变化等，这些变化都给行业发展带来很大的冲击。在驾培市场求生存、求发展的情况下，不管是学员需求的变化、竞争对手的变化，还是市场环境的变化，我们接下来要做的都是拥抱变化、把握机会、迎接挑战、顺势而为，为驾校“活着”并活得越来越好而努力！

（四）机动车驾驶培训市场需求分析

1. 人口流动和疫情对市场的影响明显

第七次全国人口普查结果显示，目前城镇人口占比为 63.89%，10 年来我国新型城镇化进程稳步推进。我国的城镇（市）化主要呈现大城市化的特征，人口主要从农村向城市、从小县城向大城市流动。流动人口的学车需求对各地驾培市场影响较大。例如，经商、务工、求学的人们经常不在家乡学车考照，而是在异地学习。另外，新冠肺炎疫情的发生及常态化防控同样对驾培市场产生较大的影响。

这点也得到了问卷调查结果的佐证。例如，问卷第 16 题：在下列营商环境因素中，哪些方面对贵校发展影响最大？有 27.41% 的受访者选择当地城乡规划和人口流动情况，有 24.44% 认为是当地政府疫情防控措施。

2020 年，大部分省会城市的驾校生源都有不同程度的减少，而地处县城的驾校尤其是经营管理优良的驾校生源都有不同程度的增加。以北京为例，由于受疫情的影响，同比 2019 年，2020 年学驾总人数下降约 30% 左右。同时，实地调查发现，不少县级驾校相比 2019 年招生总量约有 10% 左右的增幅。这也说明，当前驾培市场的竞争已经真正地全国化了，区域条块限制已经被突破，驾校不仅面临着本地同行的竞争，也面临着全国其他地区同行的竞争。

2. 市场需求更加多样化

机动车驾驶培训的对象是成年人，年龄跨度大，涵盖社会各行各业，学员的需求越来越多样化。

从驾培学员的年龄结构看，分为青年、中年和老年学车群体。中年和老年学车群体对服务比较敏感，对学车费用相对不敏感。

“95（含）后”以下学员占比达到 67.3%，其中 18~25 岁学员超过 30%，对照 2018 年同年龄段学员占比 12.55% 有了大幅度提高，说明驾驶培训学员正在向年轻化发展。年轻化的学员群体自我意识强，对取证时间更加敏感；同时，作为互联网“原住民”的“90 后”“95 后”“00 后”学员，从网络及社交媒体获取信息的能力很强，对驾校的口碑和品牌更加关注。在驾培学员的性别结构上，仍以男性学员为主，占比为 62.7%。和过去相比，女性学员增加，占比达到 37.3%，对照 2018 年的 30.1%，提高显著，应该成为今后驾驶培训重点关注的细分客户群体。

从驾培学员的身份情况看，可以分为城市居民、农村居民、大学生、高考生等市场群体。目前，没有学车的城市居民和农村居民大多数是学历较低的人，他们在理论学习方面比较困难，希望得到更好的理论培训和贴心服务。

任何一个企业要想获得更多的利润，除了单个产品（服务）利润高之外，最好的办法，一是将同一个产品（服务）卖给更多的人；二是将更多的产品（服务）卖给同一个顾客。从当前驾培市场的情况看，第一种办法可行性较小，因为驾培市场尤其是占主流的小车培训市场目前是存量市场，不是增量市场；但第二种办法越来越成为可能。

很多人都觉得，驾培市场是一次性消费，学员基本没有重复消费的可能。但从 2020 年的发展情况来看，这个观点正在被改写。

首先，比较明显的是，大车培训市场一枝独秀。由于近年来大客车、大货车司机用工短缺严重，聘用工资节节走高，吸引很多拥有小车驾照的老司机开始增驾；加之 2020 年公安部降低了增驾的驾龄限制，交通运输部降低了货运从业资格取证的门槛，很多驾驶人回到驾校继续学车考取大车驾驶证。

其次，近两年摩托车培训市场开始爆发，很多人因为电动车新国标的实施重新来驾校学车，也有部分人因为爱好摩托车而来驾校考取摩托车驾照，这部分需求不可小视。

再次，道路运输驾驶员从业资格培训和继续教育也是一个很大的市场，尽管单次收费不高，但成本也不高。目前一些社会培训机构开展了针对危险货物司机和机关企业专职司机的有关防御性驾驶的专业培训，收费不低，但比较受欢迎。未来驾驶员从业资格培训和继续教育很可能降低行政许可门槛，三级驾校也可以申请培训资质。

最后，共享出行及自动驾驶的出现和发展，为一些大型出行公司培训网约车司机，为特斯拉、百度等公司的自动驾驶车培养安全员、驾驶员，也是很有潜力的市场。

2021 年 5 月 10 日，特斯拉全球副总裁陶琳在接受新华社采访时表示，“在车辆使用环节，需要加强消费者教育，比如和驾校或者交通部门合作”。陶琳认为：“我们需要跟驾校、交通部门合作，让消费者了解新型汽车的使用方法，避免误操作，减少因为不太了解功能而带来的其他问题。”

未来，随着自动驾驶技术的成熟和普及，很多机动车驾驶人可能要重新回炉考取自动驾驶证，驾校要教他们如何操控无人驾驶系统，如何在无人驾驶和有人驾驶之间进行切换等。

以上这些方面理论上都有可能成为驾校的新业务，也就是说学员以后一生可能要学好几次车。因此关键在于社会认不认可驾校的价值，驾校能不能提供物有所值、社会所需的驾驶培训服务，驾校的教学质量、师资储备、教练水平能否到位；以及驾校有没有“私域流量”意识，愿不愿意、能不能服务好每一位学员。驾校要摒弃赚快钱的幻想，把教学服务和管理工作做精做实，不但要提高学员的满意度，还要提高学员的忠诚度，让结业取证的学员除了说驾校好话、推荐转介绍外，将来还会来驾校再次报名学习驾驶培训。

如果能在以上这些方面做好准备，就能布局产业链，和上下游企业开展买车、推荐二手车、修车、汽车金融、汽车美容、车辆检测、汽车保险、驾驶考试等方面的增值服务，从而增加新的利润增长点。

3. 多地继续发布市场预警

为了引导社会资金理性进入驾驶员培训市场，保持驾培行业可持续发展，本着对申办驾校投资者负责的态度，防止投资人盲目筹建驾校，减少或避免投资人损失和资源浪费，结合驾培市场实际，2020 年全国多地管理部门发布了驾培行业投资风险预警公告。

案例 1　广东发布 2020 年上半年驾培市场预警信息

为进一步加强道路运输市场经营状况监测、完善驾驶培训市场供求信息定期发布机制，引导社会资金理性进入，推动市场健康良性发展，2020 年 7 月 7 日，广东省道路运输事务中心委托广东省道路运输协会每半年对广东驾驶培训市场进行一次分析评估，2020 年上半年结论为：广东省驾培行业产能利用率为 45%，行业整体产能过剩，供大于求，市场竞争非常激烈，市场风险较大。

案例 2　南充市机动车驾驶员培训市场风险预警公告

2020 年 7 月 24 日，南充市交通运输局根据该市驾培市场监管突出问题专项整治工作相关要求，发布了筹建驾校投资风险预警公告。

截至 2020 年 7 月，全市共有驾校 46 户，其中：一级驾校 6 户，二级驾校 19 户，三级驾校 18 户、摩托车驾校 3 户。各行政区域分布数量为：顺庆区 9 户、高坪区 9 户（含摩托车驾校 1 户）、嘉陵区 4 户、西充县 4 户（含摩托车驾校 1 户）、南部县 6 户、阆中市 5 户、蓬安县 4 户、仪陇县 4 户（含摩托车驾校 1 户）、营山县 1 户。全市驾校共有教练车 2358 辆，教练员 2702 人，教练场地 2552.43 亩。全市驾校 2019 以来年培训供给能力约为 16.9 万人次，但是从实际培训人数来看，2019 年全市实际培训人数仅为 6.8 万人次，驾培市场产能利用率仅为 40%，大约有 60% 的培训资源被浪费。从近几年驾培行业培训供给能力和实际培训人数分析，该市驾培行业产能严重过剩，产能利用率逐年降低。

案例 3　山东临沂费县驾校投资风险告知书

2021 年 3 月 31 日，山东临沂费县交通运输局向社会发布告知书。

目前，临沂市驾校共 93 户，各驾校配备教练车 4700 多辆，在职教练员 4900 余人，培训车型涵盖大型客车（A1）、牵引车（A2）、城市公交车（A3）、中型客车（B1）、大型货车（B2）、小型汽车（C1）、小型自动挡汽车（C2）、残疾人专用小型自动挡汽车（C5）。

从驾培行业的发展趋势看，随着私家车拥有量的饱和，学车群体存量大部分已消化，学驾热潮将有所退却，下一阶段学车群体主要是年满18周岁的适龄青年。截至2021年3月，费县有驾校6户，培训车型涵盖牵引车（A2）、大型货车（B2）、小型汽车（C1）、小型自动挡汽车（C2）。配备教练车348辆，其中牵引车11辆，大型货车27辆，小型汽车304辆，小型自动挡汽车6辆。另外兰山兰陵费县界、费县平邑界等均建有驾校，费县及周边区域驾校及教练场地数量较多，能够辐射全县各乡镇，满足市民就近学驾需求。

根据教学大纲规定各车型最低学时、教练车数量及使用效率，根据省交通运输厅“驾校培训能力核定建议计算方法”，费县驾校现有教练车培训能力已超过2.3万人。2020年费县机动车驾驶学员报名人数15034人，远远低于培训能力。

各地交通运输管理部门，大多定期或者不定期地发布本辖区内机动车驾驶培训市场供求情况分析及市场风险预警信息，希望行业投资者密切关注机动车驾驶培训市场动态。各驾培机构经营者以及拟投资驾培行业的投资者要结合当地实际，综合评判相关风险因素，认真做好可行性调查和风险评估，谨慎分析市场走向，避免盲目新增投资，有效降低经营风险，推动我国机动车驾驶培训行业健康稳定发展。尤其建议拟新申办驾培机构的投资者，在申办驾培机构前期要对当地驾培市场进行全面的调查研究，正确评估投资风险，谨慎投资，避免造成投资损失。

二　2020~2021年行业政策调整和推进情况

自2015年国务院推动机动车驾驶培训考试制度改革以来，驾培行业的相关驾考驾培政策持续推进“放管服”，2020年又取得了长足的进展。

(一)驾驶考试政策主要调整举措

1. 12 项公安交管优化营商环境新措施

为贯彻习近平总书记在向中国人民警察队伍授旗仪式上的重要训词精神，落实全国深化“放管服”改革优化营商环境电视电话会议部署，服务“六稳”“六保”工作，优化营商环境激发市场主体活力和发展动力，服务构建以国内大循环为主体、国内国际双循环相互促进的新发展格局，公安部持续推出深化“放管服”改革新措施。2020 年 10 月 22 日，公安部召开新闻发布会，通报“异地办”“便捷办”“网上办”等三个方面 12 项公安交管优化营商环境新措施，其中以下几项和驾培行业密切相关。

(1)进一步推行“异地通办”。简化办事程序，更好满足群众异地工作生活需要，更好降低企业办事运营成本，更好适应常态化疫情防控要求。具体如下。

推行摩托车驾驶证全国“一证通考”。在实现小型汽车驾驶证“全国通考”的基础上，推行摩托车驾驶证全国“一证通考”，申请人可以凭居民身份证在全国范围内任一地申领摩托车驾驶证，无须再提交居住证或者居住登记凭证，每年惠及 30 万异地考领摩托车驾驶证的群众。

推行摩托车转籍异地通办。在已实行非营运小微型客车转籍档案网上转递的基础上，推行摩托车转籍信息网上转递，申请人可以直接到车辆迁入地车辆管理所申请办理，无须再回迁出地验车、提取纸质档案，减少面对面接触式办理，减少群众两地间往返成本。

试行私家车登记持身份证全省通办。在 12 个省(区市)试点推行非营运小微型客车登记持身份证通办，对本省户籍居民省内异地办理新车注册登记的，申请人可以凭居民身份证直接申请，无须再提交居住证或者居住登记凭证，便利群众省内异地购车登记，助推省域经济一体化发展。该措施实施后，每年惠及 100 万省内异地登记的车主。

(2)进一步推进“简政放权”。坚持放管结合，不断优化办牌办证条件程序，不断拓展交管城乡服务覆盖面，更好服务社会群众和市场主体，更好服务乡村振兴、扶贫攻坚等战略深入实施。具体如下。

放宽小型汽车驾驶证申请年龄。为更好地适应老龄化社会发展的新需求，取消申请小型汽车、小型自动挡汽车、轻便摩托车驾驶证70周岁的年龄上限。对70周岁以上人员考领驾驶证的，增加记忆力、判断力、反应力等能力测试题，确保其身体条件符合安全驾驶的要求。

优化大中型客货车驾驶证申请条件。申请大型客车、牵引车驾驶证的年龄下限由26周岁、24周岁降至22周岁，申请大中型客货车驾驶证的年龄上限由50周岁调整至60周岁。同时，缩短增驾时间间隔，对无相应记分周期满分记录，申请大型客车驾驶证的，由取得大型货车驾驶证至少5年缩短至3年，申请牵引车和中型客车驾驶证的，由取得大型货车驾驶证至少3年缩短至2年，进一步满足群众生产生活和客货运输企业需求。

扩大体检医疗机构范围。对申请机动车驾驶证需要提交身体条件证明的，体检医疗机构由县级或者部队团级以上医疗机构扩大到符合健康体检资质的二级以上医院、乡镇卫生院、社区卫生服务中心、健康体检中心等医疗机构，适应我国公共卫生事业发展新形势，提升农村、偏远地区服务覆盖面，方便县乡群众就近办理。

便利残疾人家庭共用车辆。对于持有小型自动挡汽车驾驶证（C2）以上的人员，可以驾驶上肢残疾人专用小型自动挡载客汽车，便利残疾人家庭成员及其他服务残疾人出行的人员共用车辆，更好地保障残疾人权益。

2. “我为群众办实事”12项便利措施

2021年5月10日，公安部发布了“我为群众办实事”公安交管12项便利措施。其中以下几条和驾培行业相关性较大。

试点机动车驾驶证电子化。在天津、成都、苏州3个城市试点发放机动车电子驾驶证，驾驶人可通过全国统一的“交管12123”App申领电子驾驶证，在办理交管业务、接受执法检查时出示使用，并拓展至客货运输、汽车租赁、保险购置等社会应用场景，为驾驶人提供在线“亮证”“亮码”服务，更好便利群众办事出行。

优化驾驶证考试内容和程序。调整小型自动挡汽车考试内容，取消科目二考试“坡道定点停车和起步”项目，考试项目由 5 项减少为 4 项，更加贴近实际驾车要求，减轻考生考试负担。调整考试预约时间，对申请小型自动挡汽车驾驶证的，科目三约考间隔时间由科目一考试合格后30日调整为20日；增驾大中型客货车驾驶证的，间隔时间由 40 日调整为 30 日，减少待考时间。小型汽车异地分科目考试允许申请变更考试地的次数由 1 次调整为不超过 3 次，更好地满足群众异地考试需求。

进一步推行定制化服务。推进便民惠民全覆盖，坚持政策差异化、措施精准化、服务精细化，更好地服务保障老年人、军人、出国（境）人员等便捷办理交管业务，保障更多群体共享改革红利。

便利老年人办理交管业务。适应我国老龄人口数量快速增长的趋势，提供线上线下温馨服务，优化网上代办服务，60 周岁以上老年人可使用亲友的“交管 12123” App 账号，由亲友代办网上机动车牌证、驾驶证业务。优化窗口服务流程，推行在车辆管理所等公安交管服务窗口设立老年人办理业务绿色通道或者专门窗口，鼓励为老年人提供免费代办服务。

便利退役军人换领驾驶证。推进与军队有关部门建立驾驶证信息联网核查机制，便利持军队和武警部队驾驶证的人员换领地方驾驶证，实现信息自动核查、自动比对，避免往返核查，提高办事效率。军人在部队的驾驶经历和驾龄可以连续计算，更好地服务保障退役军人就业从业、驾车出行。

便利出国（境）人员延期换领驾驶证。对出国（境）人员因新冠肺炎疫情无法回国（入境）及时办理驾驶证期满换证、审验、提交身体条件证明业务的，可以委托国（境）内人员申请延期办理。2021 年底前未及时换证、审验导致驾驶证被注销的，可以在回国（入境）后 6 个月内正常办理驾驶证换证、审验手续，恢复驾驶资格。

进一步提升“互联网 + 交管”服务，推进网上服务“应上尽上、全程在线”，优化交管线上服务体验，为群众提供方便快捷、公平普惠、优质高效的网上交管服务。

推行办理交管业务网上委托。在办理机动车登记、补换领驾驶证、车辆牌证等交管业务时，申请人不方便本人现场办理的，可以通过“交管

12123”App 委托他人代为办理，无须再出具纸质委托书，减少证明材料。

“我为群众办实事”公安交管 12 项便利措施自 2021 年 6 月 1 日起实施，其中 4 项试点措施自 6 月 1 日起在部分地方先行先试，2021 年下半年再选择部分地方扩大试点，2022 年全面推行。公安部交通管理局领导表示，为保证新措施顺利实施、精准落地，将制定配套制度规范，组织信息系统升级，精心组织推进，狠抓改革落实。同时，将广泛听取社会各界的意见，进一步深化公安交管“放管服”改革，不断增强人民群众的获得感、幸福感、安全感，以优异成绩庆祝建党 100 周年。

（二）驾驶培训政策主要调整举措

1. 改革道路货物运输驾驶员从业资格考试制度

2020 年 12 月 14 日，为贯彻落实《国务院办公厅关于进一步优化营商环境更好服务市场主体的实施意见》（国办发 [2020] 24 号，以下简称《意见》）的部署要求，推动取消除道路危险货物运输之外的道路货物运输驾驶员从业资格考试，方便道路货物运输驾驶员从业、就业、择业，经交通运输部同意，交通运输部办公厅就做好道路货物运输驾驶员从业资格考试制度改革发布通知，主要内容摘录如下。

（1）明确培训机构，及时公开信息。

各地交通运输主管部门要根据有关法规和《意见》规定，指导具备通用货车半挂车（牵引车）、大型货车其中一种及以上车型培训条件的机动车驾驶员培训机构采取有效措施，提升道路货物运输从业知识培训能力，有序开展相应车型的机动车驾驶员培训。要通过互联网道路运输便民政务服务系统、12328 交通运输服务监督电话系统、驾驶培训监管服务平台以及有关政务网站等渠道，向社会公布具备培训条件的相关机动车驾驶员培训机构名称及其负责人、地址、培训规模、报名方式、联系电话、监督电话等信息，并及时予以更新。

（2）优化培训内容，减轻学员负担。

在《机动车驾驶培训教学与考试大纲》全面修订前，各地交通运输主管部门应当根据《中华人民共和国道路运输条例》《机动车驾驶员培训管理规定》《道路运输从业人员管理规定》有关要求，督促和指导相关机动车驾驶员培训机构严格按照 2020 年制定的《道路货物运输驾驶员培训教学大纲》（以下简称《货运教学大纲》）开展培训，推动实现学员“一次报名、一次培训、一次考核”，避免培训内容交叉重复，切实减轻学员负担。

（3）严把培训质量，落实主体责任。

各地交通运输主管部门要落实机动车驾驶员培训质量监管责任，压实机动车驾驶员培训机构培训主体责任，切实加强培训质量管理。要督促机动车驾驶员培训机构如实填写教学日志和培训记录，对完成《货运教学大纲》培训的学员，及时组织开展结业考核。结业考核内容应包括机动车驾驶和道路货物运输相关法律法规、机动车维修和道路货物运输专业知识以及实际操作技能等。结业考核合格的，按照《机动车驾驶员培训管理规定》有关要求，颁发《机动车驾驶员培训结业证书》（以下简称《结业证书》）。

各地交通运输主管部门要指导监督机动车驾驶员培训机构将《结业证书》信息存入学员档案，并及时将培训记录、《结业证书》等信息上传至驾驶培训监管服务平台。要加强机动车驾驶员培训机构教学质量日常监管，通过驾驶培训监管服务平台、远端视频监控、查阅管理档案、结业考核巡查等多种途径，加强结业考核的动态监管，依法严格查处未按照规定开展培训、《结业证书》发放时弄虚作假等违法违规行为。

（4）改进服务方式，提高便民水平。

各省级交通运输主管部门要结合本地实际，加快推进驾驶培训监管服务平台建设与应用，做好与全国驾驶培训数据交换和服务平台的联网对接，强化与互联网道路运输便民政务服务系统的信息共享，方便机动车驾驶员培训机构上传信息，便利驾驶员信息查询、异地申领道路货物运输驾驶员从业资格证件。设区的市级交通运输主管部门要积极利用互联网道路运输便民政务服务系统等信息化手段，开展道路货物运输驾驶员从业资格证件申领和发放工作，并为驾驶员从业资格证件的换证、补证、变更和注销提供便利。

（5）实施分类管理，确保平稳过渡。

对于已通过从业资格考试且成绩在有效期内的，设区的市级交通运输主管部门要按原规定颁发道路货物运输驾驶员从业资格证件。在道路货物运输驾驶员从业资格考试制度改革实施前，对于已报名未参加从业资格考试，或已参加但未通过从业资格考试的，设区的市级交通运输主管部门要根据驾驶员考试需求，优化道路货物运输驾驶员从业资格考试安排，方便驾驶员参加考试。

对于在道路货物运输驾驶员从业资格考试制度改革实施前取得通用货车半挂车（牵引车）、大型货车车型机动车驾驶证，制度改革实施后初次申领道路货物运输驾驶员从业资格证件的，各地交通运输主管部门要指导相关机动车驾驶员培训机构按照《货运教学大纲》，对驾驶员组织开展道路货物运输从业相关知识的培训并进行结业考核。驾驶员凭《结业证书》和机动车驾驶证申领道路货物运输驾驶员从业资格证件。

对于道路货物运输驾驶员从业资格考试制度改革实施后申领相应车型机动车驾驶证的，各地交通运输主管部门要指导相关机动车驾驶员培训机构按照《货运教学大纲》开展培训并进行结业考核。驾驶员凭《结业证书》和机动车驾驶证申领道路货物运输驾驶员从业资格证件。

（6）把握工作节奏，稳步推进改革。

各地交通运输主管部门要加快推进道路货物运输驾驶员从业资格考试制度改革有关工作，自 2021 年 3 月 1 日起，不得再组织开展除道路危险货物运输之外的道路货物运输驾驶员从业资格考试。已完成道路货物运输驾驶员从业资格考试制度改革工作的，设区的市级交通运输主管部门应根据驾驶员提供的《结业证书》和相应车型的机动车驾驶证，经登记并与驾驶培训监管服务平台或互联网道路运输便民政务服务系统信息比对核实后，颁发道路货物运输驾驶员从业资格证件，并将相应材料存入道路货物运输从业人员从业资格管理档案。各省级交通运输主管部门，要及时掌握本辖区内道路货物运输驾驶员从业资格考试制度改革工作进展情况，在改革工作全面落地实施后，要及时向交通运输部书面报告。

（7）强化组织领导，营造良好氛围。

各地交通运输主管部门要充分认识道路货物运输驾驶员从业资格考试制度改革工作的重要现实意义，从深化“放管服”改革、建设人民满意交通的高度出发，切实加强组织领导，制定实施方案，统筹部署安排，确保改革工作顺利实施。要做好改革工作的政策宣传和舆论引导，合理引导社会预期，加强市场运行监测，切实营造良好的道路运输改革发展环境。

2. 交通运输部职业资格中心调整机动车驾驶教练员职业技能鉴定工作

2021 年 1 月，交通运输部职业资格中心发布了第 2 号通告。通告称：根据《人力资源社会保障部关于公布国家职业资格目录的通知》（人社部发［2017］68 号）、《人力资源社会保障部办公厅关于做好水平评价类技能人员职业资格退出目录有关工作的通知》（人社厅发［2020］80 号）的要求，交通运输行业职业技能鉴定站自 2021 年 1 月 1 日起，停止开展机动车驾驶教练员等 7 个水平评价类技能人员职业技能鉴定工作。预计 2021 年，机动车驾驶教练员职业技能鉴定工作将由用人单位和相关社会组织按照职业标准或评价规范开展职业技能等级认定、颁发职业技能等级证书。

（三）地方学时对接继续推进

学时对接是《机动车驾驶培训教学与考试大纲》实施后交通运输部门和公安部门联合推进的一项举措，将交通运输部门的培训平台与公安部门的考试系统对接，学员在驾校报名后学习数据将同步上传到交通运输部门的培训平台，培训平台自动将确认后的数据信息推送至公安部门的考试系统，学员在参加考试前考试系统将核查培训学时及学驾里程，达到相应科目培训要求方可参加考试。这样的做法有助于保证驾培机构的培训质量，提升驾驶员的安全文明意识和驾驶技能。

当前，学时对接还没有做到全国一盘棋，一些地区已经全面对接，一些地区还在对接，一些地区完全没有对接，还有一些地区先接后断。总体来看，对接的或者有意愿对接的地区越来越多。

交通运输部中国交通通信信息中心驾驶员培训工作组对全国驾驶培训数据交换与服务平台（以下简称“全国驾培平台”）2021 年 1 月的运行情况进行了分析，具体情况如下。

截至 2021 年 1 月 31 日，全国驾培平台除吉林外共收到 30 个省区市以及新疆生产建设兵团传输的驾驶员培训行业数据，累计收到驾培机构信息 17662 家，教练员信息 81.99 万人，培训车辆信息 69.64 万辆。其中：一类驾培机构 984 家，开展计时培训业务的驾培机构 547 家；二类驾培机构 4599 家，开展计时培训业务的驾培机构 1551 家，三类驾培机构 11078 家，开展计时培训业务的驾培机构 3859 家。开展计时培训业务的教练员 8.72 万人，开展计时培训业务的车辆 8.66 万辆。

教练车计时培训率（开展计时培训业务的教练车在教练车总数中的占比）较高的省份依次为：海南省教练车计时培训率为 67.66%、甘肃省教练车计时培训率为 58.80%、江西省教练车计时培训率为 52.65%。

2020 年以来，又有一些地区正在陆续推进学时对接工作，具体如下。

1. 河北省规范驾培市场，2020 年 8 月 1 日实现学时对接

2020 年 7 月，《河北省道路运输管理局关于全力做好机动车驾驶培训与考试系统联网对接工作的紧急通知》对相关工作时间节点进行了明确，各单位确保在 2020 年 7 月 31 日前完成驾校计时培训系统与各级驾驶培训监管服务平台之间互联互通，数据传输顺畅，内容真实有效，务必保证“主动脉”及“微循环”全部畅通；从 8 月 1 日起，正式启动网签电子机动车驾驶员驾驶培训服务合同，作为学员信息录入的前提条件，全省驾驶培训监管服务平台将予以严格审查，同时作为解决学驾双方各类矛盾纠纷及省域范围内学员转籍的必要条件。

2. 云南全面要求严格实施驾培驾考学时对接工作

据云南省昆明市道路运输管理局消息，从 2021 年 3 月 1 日开始，所有驾校学员在约考时需要核查相应科目学时，学员必须完成《机动车驾驶培训教学与考试大纲》规定的培训项目、内容和学时才能预约考试。

明确在计时培训系统启用后，培训合同依然由驾培机构根据经营实际自行制定，培训费收费方式可以为一次性收费、分阶段收费或按学时收费三类，按学时收费不做硬性规定。

云南省道路运输管理局和云南省公安厅交警总队联合印发的《关于开展

机动车驾驶培训监管平台与交通安全综合服务管理平台考试系统联网对接工作的通知》中要求，3 月 1 日以后，除公安部规定可直接报考机动车驾驶证的情形以及境外换证、军警换证、满分考试、注销可恢复和摩托车驾驶人申请考试外，公安交通管理部门受理驾培机构培训的汽车类学员预约考试申请时，通过交管服务平台自动核查学员培训情况，将培训监管平台共享的审核合格的培训记录作为受理考试的依据，确保学员正常参加培训和预约考试。

3. 湖北省交通驾培监管平台与公安互联网服务平台联网对接

2021 年 2 月 10 日，为进一步加强湖北省机动车驾驶人培训与考试管理，确保驾驶培训与考试有效衔接，提高驾驶人培训质量和驾驶技能，从源头上预防和减少道路交通事故，保障道路交通安全，湖北省交通运输厅、湖北省公安厅联合下发《关于做好省交通驾驶培训监管服务平台与省公安互联网交通安全综合服务管理平台联网对接工作的通知》(以下简称《通知》)，决定实施湖北省交通驾驶培训监管服务平台（以下简称交通驾培监管平台）与湖北省公安互联网交通安全综合服务管理平台（以下简称公安互联网服务平台）联网对接。

《通知》明确，自 2021 年 3 月 1 日起，各市州交通驾培监管平台采集的驾驶培训学时信息一律实时上传至省交通驾培监管平台，由省交通驾培监管平台、省公安互联网服务平台共享信息；除法律法规另有规定的情形外，公安部门要将以上两个平台审核合格的培训记录信息作为受理驾驶人考试申请的依据。

《通知》还就监管工作提出具体要求，对擅自减少培训内容和学时、伪造或篡改计时培训系统数据、在核定的教练场地外开展培训等违法违规行为，要依法依规予以处理，构成犯罪的，移交司法部门追究法律责任。下一步还将借助联网对接提高智能化管理水平，及时向社会公布驾培机构培训质量以及学员考试合格率、学员投诉率等信息，以利于引导学驾人员选择质量优、服务好的驾培机构。

4. 青岛试行驾驶员培训平台与公安部门考试系统联网对接

为给广大学车市民营造安心、透明、便捷的培训环境，在规范驾培市场秩序、遏制“黑驾培”和乱收费等驾培行业乱象的基础上，青岛市交通运输局和青岛市公安局周密部署，协同配合，决定自 2020 年 12 月 31 日起，在全市试行机动车驾驶员培训平台与公安部门考试系统联网对接，2021 年 1 月 11 日起正式实施，自此全市机动车驾驶员培训进入联网时代。

三　2019~2020 年驾培行业科技发展情况

随着科学技术的突飞猛进，各个行业的有效运行都离不开日新月异的科学技术。未来驾培行业势必需要科学技术的加持，驾培行业的服务对象将把“科学技术服务能力”作为选择驾校的重要标准。

（一）智慧驾培呼之欲出

放眼全世界，我国的驾驶培训行业是科技化水平最高、科技产品装备最多的。从十多年前开始，驾驶模拟器、驾驶培训计时设备、电子围栏的广泛应用，到近年来的电子化驾考、人脸识别、云平台、网络远程理论教学、“互联网 +”，再到 VR 汽车智能驾驶模拟系统（虚拟现实）、新能源电动车的推广应用，中国驾培行业一直在科技化创新发展的路上。2020 年，最受行业关注的是机器人教练和机器人客服，以及系统的解决方案——智慧驾培、智慧驾校的推出。

案例 4　路路通驾校人工智能驾培体系落地

长春市路路通驾驶员培训学校的学驾人群 80% 为大学生，结合年轻化人群的需求，驾校更为注重创新和服务。在新一代信息革命浪潮下，该驾校积极探索科技创新驱动发展新举措，于 2020 年引入人工智能驾培体系，建设 AI 智能学车培训基地，利用虚拟仿真、云计算、大数据、物联网、人工智能等前沿技术从传统管理模式转变为信息化管理模式，从传统培训方式转变为人工智能培训模式，在实现转型的同时提供更好的服务，将传统的学车服务向量身定制、个性化的服务方向升级。

目前，该校人工智能驾培体系应用于科目二场地培训，颠覆原传统人工教学模式，升级为“理论 + 实践”的分阶段教学。理论阶段应用汽车驾驶模拟设备，其智能引导式教学让学员从易到难、逐步递进地完成训练，在提升学员学车体验的同时，达到了“安全驾驶、绿色驾培、节能减排”的目的。理论教学后衔接实车机器人教练，设计多重安全防护让学员自主训练，降低了教练重复教学的劳动强度，一名人工教练可以管理 10 辆教练车，教练更专注于利用大数据智能分析结果更精准地指导学员，纠错补差，服务好学员。

至今，该驾校利用人工智能驾培体系已培训 8000 多名学员，合格率达到 88% 以上，驾校整体运营成本对比同期明显降低。另外，从驾校品牌化发展的角度来看，以人工智能为主的新的培训方式很受年轻学员的青睐，学员体验感好，美誉度高，提高了学员及市场对驾校的认知度，增强了学员对驾校的忠诚度。

案例 5　淄博开启数字化驾培新模式

2020 年 9 月 16 日，易显科技机器人教练 5.0 暨东方时尚驾驶学校股份有限公司（以下简称“东方时尚”）2018~2020 年企业社会责任报告新闻发布会在淄博举行。同时，易显科技与东方时尚共同打造的“人工智能 +5G+ 新能源”驾培应用场景项目正式落地淄博，项目通过布局 5G 网络，运用机器人教练、新能源车打造数字化驾培新模式。

山东省交通运输厅城市交通处领导在致辞中指出，过去的几十年，我国经济飞速发展，汽车保有量持续增加，新增驾驶员数量稳步攀升。然而，驾培始终作为传统行业，与年轻人的实际需求差距越来越大，在产业转型升级和服务质量提升上亟待优化。有人工智能、大数据加持的机器人教练让驾培行业有了科技的基因。本次

"人工智能+5G+新能源"驾培应用场景项目的落地，正是我们驾培行业转型升级的重要一环，也是响应国家号召助力新基建的最有力实践。

本次发布的机器人教练5.0版本完全支持训练场内无人驾驶，可全程助力零基础新学员开展基于全自动驾驶模式的智能示范教学；同时，5.0版本在360度无死角智能安全防控的基础上强化了40公里时速下的绝对安全保障，突破实战化驾驶训练的安全极限，带给学员最贴近社会道路驾驶环境的实战化场景训练体验。此外，基于数百亿条驾驶训练行为大数据分析，5.0版本的智慧教学引擎再度进化，可敏锐洞察驾驶风格及驾驶行为中的深层次问题，并实时反馈给学员，精准施教，因材施教。

（二）智慧驾校已经形成模糊的概念

2016年，中国交通运输协会驾驶培训分会在接待奥地利驾培协会来访时，就得知欧洲的驾校也开始研发和应用电子教练（即国内的机器人教练或智能教练）。

机器人教练或智能教练，是驾培行业利用科技手段进行的自我升级。目前，下一步发展方向初显，就是向建设"智慧驾校"挺进。在2020年末海口举办的驾培行业冬季峰会上，百度公司派自动驾驶事业部门的负责人出席了大会并发表了关于智慧驾校的主旨演讲，给行业的未来提出了新的发展思路。

智慧驾校是一个全新的概念，是基于人工智能、物联网、大数据、云平台的一个驾校新物种。具体而言，应该形成从招生、教学、服务到管理的一体化驾校运营解决方案，而不只是提供单个的智能产品和服务项目，应涵盖网络搜索引流、机器人客服、机器人教练车、网络约车、学员满意度和转介绍管理、财务管理、安全管理、利润结算分配等驾校运营全过程，核心是机器人教练、机器人客服、运营数字化和信息化管理。具体来说，应具有以下几个特征。

（1）模式创新化。“智慧驾校”采用双模式（人工 + 机器）教学方式，一切以学员为中心，学员何时有空何时学，各科目可分段学习。

（2）教学智能化。“智慧驾校”采用机器人教练一对多（1~3 人）教学方法，教员相当于学员个人的“顾问式”教员，培训过程标准化，并且全心全意为学员提供指导和服务，同时降低教学人工成本。

（3）过程透明化。“智慧驾校”利用智慧系统平台的数据库，保证学员培训过程的完整性与培训信息的真实性。

（4）管理信息化。“智慧驾校”的管理系统实时采集信息，对学员从报名到取证整个过程实现信息化管理，方便学员查询。

（5）服务人性化。“智慧驾校”特别注重学员的体验，学员自主选择教员、培训时间、培训车辆，杜绝“吃拿卡要”、粗暴教学等潜规则，让学员轻松、快乐地学习。

由上可知，智慧驾校是一个复杂的大系统，是新时期驾校运营管理的系统解决方案，其目的是帮助驾校转型升级、减轻管理压力、降本增效、提高市场竞争力，推动驾培行业高质量发展，并成为我国自动驾驶的先导性示范产业。当前驾培市场的学车主要人群是“95 后”年轻学员，他们更乐于接受和尝试新鲜事物，从而倒逼驾校转型升级。随着“00 后”成为学车主力军，时尚将成为驾校的重要元素。智慧驾校的科技亮点其实就是时尚，学车时的炫酷体验能帮助驾校吸引更多的年轻学员报名学车。

当然，要搞好智慧驾校，不是小范围、封闭式的自娱自乐，而是要打造开放式创新平台，让不同领域的技术、资源整合应用于这一体系。

（三）智慧驾校需循序渐进

智慧驾校的建设可分为四个阶段循序渐进，具体如下。首先，让驾校的教练车装上机器人辅助教学设备（甚至在教练车辆出厂前预置好），教学模拟器等设备和车辆能够较好地互动；其次，驾校有机器人客服辅助进行前台和后台信息化管理；再次，让静态的设备设施、训练场与教练车、学员、教练员、管理人员之间能够畅通地交流；最后，让整个驾校植入移动互联网、大数据、云平台，把人类的智慧赋予驾校，让驾校的运营达到高效、安全、盈利。

对于形成“技术全面领先、培训相对成本低、考试合格率高、学员体验及口碑好、驾校盈利能力强”的多赢局面，智慧驾校未来将发挥越来越大的作用。行业内对此也投入了很多的关注。

例如，问卷第 15 题：以下哪几个问题，可以代表您对当前驾培市场的关注热点？有 34.91% 的受访者特别关注“机器人教练将来对驾培行业的影响到底有多大”。

问卷第 12 题：您觉得驾校未来最佳的经营模式会是以下哪种？有 24.13% 的受访者认可智慧驾校（全智能科技）模式，由此看来一些有识之士已经洞察到了市场的发展趋势。

问卷第 14 题：如果允许机器人教练计算学时，2021 年贵校是否有意购买或租用此类设备？只有 13.76% 的受访者选择“不愿意”，有 39.01% 的受访者直接回答“愿意”，还有 47.23% 选择“看情况”（见图 16）。

从 2016 年机器人教练推出至今已经过去 5 年时间，这几年，相关生产研发厂家越来越多，技术也在不断升级迭代。应该说，驾培行业应用机器人教练已成为一种共识，市场教育基本完成，这为驾培智能化、智慧驾校的普及打下了坚实的基础。

四 结束语

2020 年，驾培行业从宏观、中观、微观层面都在继续进化。在政策环境、社会环境、经济环境、技术环境，以及疫情影响的共同作用下，驾培市场在发生深刻的变革。总体来看，在市场的倒逼之下，驾培行业通过内生动力，加速创新发展、转型升级，走向规范化、专业化、集约化、品牌化、科技化，进一步迈向高质量发展，全面进入崭新的发展格局。

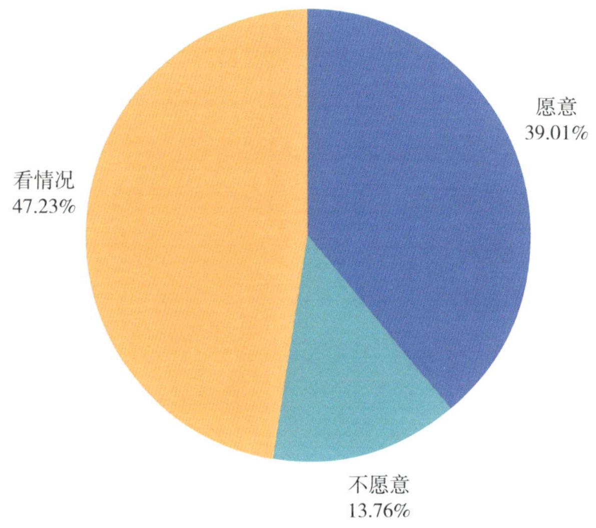

图 16　对驾校购买或租用机器人教练的选择

本文作者为刘治国、姜占峰。刘治国，中国交通运输协会驾驶培训分会秘书长；姜占峰，人民交通出版社股份有限公司信息技术总监。

B.2
2021 年驾培行业发展预测

摘　要：本文对 2021 年驾培行业发展情况做出预测。2021 年第一季度驾培市场有所恢复，第二季度开始回暖。驾培行业政策法规方面，2021 年将充分发挥市场作用、强化事中事后监管、落实企业主体责任。2021 年驾培市场情况方面，全国与区域市场需求总量将有所增加，大学生市场结构发生转变，老年市场将呈持续增长趋势，大中型客货学驾需求、自动挡车型学驾需求、摩托车学驾需求将呈增长趋势。驾培科技发展方面，新能源教练车不会有太大增幅，智慧驾培将继续探索，有所提升，更多的新技术将被应用于日常教学、辅助练习等。驾培机构发展方面，管理将日益精细化、品牌化。另外，驾培职业经理人短缺问题将得到一定程度的缓解。

关键词：驾培行业　驾培市场　驾培科技

2021 年，驾培市场需求将在短期内小规模爆发，相比 2020 年带来一定程度的消费反弹和业绩增长。与此同时，驾培行业经营管理者在市场和政策的双重压力之下，已经开始自我调整，转型升级创新发展，开启了“新驾培”的进化之路，行业的变革步伐越来越快，社会对行业的评价也会越来越好。

一　2021 年驾培市场运行情况分析与预测

根据公安部统计，截至 2021 年 3 月底，2021 年第一季度全国新领证驾驶人达 839 万人，比 2020 年第一季度增加 39.7 万人。这个增幅包括新政带来的增驾红利、老年学员红利和部分地区受疫情影响 2020 年生源转移到 2021 年的红利。

根据中央电视台、人民网等媒体的报道，2021 年驾培市场的招生从 2 月下旬开始回暖，3 月已基本恢复正常。但基于总生源减少、消费低迷的状态驾培市场达到 2019 年的水平还有较大难度。

二三月份驾培市场的回暖，将为 2021 年全年招生奠定较好基础，但这也并不意味着整个行业 2021 年会全年大丰收，驾培整体市场下滑趋势将仍然存在。

2020 年和 2021 年的疫情经历，已经让驾校及相关部门有了较丰富的疫情应对经验。同时，疫情对学车群体的心理影响基本上已经消除，即使部分地区出现疫情，对其他地区也不会产生停训、停考等形式的较大影响。因此基本上可以判定，2021 年疫情对全国驾培市场的影响越来越小，并趋于稳定。

二　2021 年驾培行业政策法规发展方向预测

2021 年 4 月 29 日，第十三届全国人大常委会第 28 次会议经表决通过了对 8 部法律的修订。其中包括对《中华人民共和国道路交通安全法》（以下简称《道路交通安全法》）做出修改，将第 20 条修改为："机动车的驾驶培训实行社会化，由交通运输主管部门对驾驶培训学校、驾驶培训班实行备案管理，并对驾驶培训活动加强监督，其中专门的拖拉机驾驶培训学校、驾驶培训班由农业（农业机械）主管部门实行监督管理。"

另外规定，驾驶培训学校、驾驶培训班应当严格按照国家有关规定，对学员进行道路交通安全法律、法规、驾驶技能的培训，确保培训质量。

《道路交通安全法》第 20 条修订的关键信息就在于驾驶培训由原来的行政许可改为备案管理，其背后的思路如下。

（一）充分发挥市场作用

原《道路交通安全法》第 20 条第 1 款规定：机动车的驾驶培训实行社会

化，由交通运输主管部门对驾驶培训学校、驾驶培训班实行资格管理。本次修订，将驾驶培训的“资格管理”即行政许可修改为“备案管理”。那么修改后国家是否会放松对驾培机构的相关条件要求和限制呢？实际上并非如此。这只意味着交通运输部门对机动车驾驶员培训的管理重心从事前监管移向事中事后监管。具体措施将在修订后的《机动车驾驶员培训管理规定》中明确。预计新的行业规定将参照驾培许可制度建立健全备案制度，并且在细化业务标准、引入社会监督、强化信用监管和信息化监管等方面制定详细措施，对不按规定备案等违法行为进行依法处罚等。

可以肯定的是，驾校经营的相关国家标准不会任意降低。例如，《机动车驾驶员培训机构资格条件》（GB/T30340—2013）规定的申办驾校所需的场地、车辆、人员等条件不会降低。《交通运输部关于加强和规范事中事后监管的指导意见》（交法发〔2020〕79 号）已指出：“对审批改为备案的事项，各级交通运输管理部门要按照法定权限和职责明确完成备案手续的条件和公开备案材料要求，备案事项原则上应当场办结，切实防止以备案之名行审批之实。要加强备案行为监管核查，对违反规定不备案、逾期备案或备案信息不准确等情形要依法处理，责令办理或更正，并依法追究责任。”

因此，那些因此盲目进入驾培行业的驾校，如果场地建设等不符合备案条件，由于事前没有主管部门把关，反而要承担更大的投资风险。

当然，随着行政许可改为备案管理，驾培机构的进入门槛进一步降低，但也意味着驾培市场竞争将更为激烈；可能会吸引更多更优的市场主体进入行业，有利于激发驾培市场的活力，同时也将进一步优化行业发展环境。整体来说，市场的作用将得到更大程度的发挥。

（二）强化事中事后监管

为深化交通运输简政放权、放管结合、优化服务改革，根据《交通运输部关于加强和规范事中事后监管的指导意见》（交法发〔2020〕79 号），结合交通运输监管实际情况，2021 年 2 月 22 日，交通运输部办公厅印发了《加强和规范交通运输事中事后监管三年行动方案（2021—2023 年）》，其中与规范驾驶培训行业事中事后监管相关的内容如下。

修订《机动车驾驶员培训管理规定》，强化驾培事中事后监管制度，落实驾培机构主体责任。（部运输服务司负责，根据上位法修订情况及时完成）

加快推进驾驶培训监管服务平台建设与应用，通过驾驶培训监管服务平台以及有关政务网站等渠道，将相关信息向社会公开，加强社会监督。（部运输服务司负责，2022 年完成）

加强机动车驾培机构信用管理，健全完善驾培机构质量信誉考核制度。（部运输服务司负责，2023 年完成）

修订《机动车驾驶培训教学与考试大纲》，加强学时管理，规范培训行为。（部运输服务司负责，修订《机动车驾驶员培训管理规定》后启动）

督促培训机构和教练员严格执行培训教学与考试大纲，落实培训内容和学时要求，提升培训质量。（省级交通运输主管部门负责，持续推进）

因此，学时管理是行业管理部门对驾驶培训有效监管的重要手段。无论是行业专家还是驾培行业普通从业者都普遍认为，学时的严格监管是必要的，驾驶培训机构监管平台与考试系统联网对接，确保培训与考试有效衔接是紧迫的。适当的学时是驾培素质教育的基本保障，也是正规驾校生存的条件，更是规范行业，强化教练员管理、学员管理的工具。如果放松了学时管理，在学员急功近利的当下，在“黑驾校”“黑教练”违法成本很低的竞争态势下，正规驾校由于合规成本很高，将处于被“黑驾校”牵着鼻子走的状态，驾培市场的健康发展将成为一句空话。

实际上，《国务院办公厅转发公安部交通运输部关于推进机动车驾驶人培训考试制度改革意见的通知》（以下简称 88 号文件）对此提出了明确要求：“推广使用全国统一标准的计算机计时培训管理系统，建立省级驾驶培训机构监管平台，强化对培训过程动态监管，督促落实培训内容和学时，确保培训信息真实有效。推进驾驶培训机构监管平台与考试系统联网对接，实现驾驶培训与考试信息共享，确保培训与考试有效衔接。”

《道路交通安全法（修订建议稿）》第 25 条第 2 款规定：“驾驶培训学校、

驾驶培训班应当严格按照国家有关规定，对学员进行道路交通安全法律法规、交通安全文明驾驶意识、应急处置、驾驶技能、风险识别、救援救助等内容的培训并达到规定的学时。”

把学时管理写入道路交通安全法，这是法律上的第一次，为未来《道路运输条例》修订中对学时的严格管理提供了法律依据，为将来公安、交通两个行业管理部门对驾驶培训监管的完美配合打下了坚实的基础，对于行业的法治化建设具有里程碑式的意义。

当然，《道路交通安全法（修订建议稿）》并没有明确规定公安交通管理部门必须审验学时，这些配套细化措施是否会在《道路交通安全法》实施条例中予以明确，还有待观察。

（三）落实驾培机构主体责任

如果说足够的培训学时是保证驾驶培训素质教育的重要举措。那么，培训的内容及形式就是驾驶培训素质教育的根本所在。2015 年以来，尽管自学直考已经在南京、大理、成都等 16 个城市试点，但选择自学直考之人少之又少。选择驾培机构，一直是人们学车的主要渠道。《道路交通安全法（修订建议稿）》特别规定：申请参加大中型客货车机动车驾驶人考试的，应当经过驾驶培训学校培训。也就是说，学习驾驶大中型客货车机动车，还是不被允许自学直考。

与原条款相比，修订稿中进一步阐明了驾培机构仍然是保证驾驶培训质量的主体，并延展了培训内容要求，强化了素质教育。这将引导驾培机构不仅要教授驾驶技能，还要着重应急处置能力的培养，同时还应结合实际道路驾驶情况加强遵章守法意识、安全文明意识、风险识别及防御性驾驶知识等教育，为社会培养和输送“既合法又合格”的高素质安全文明驾驶人。

对于培训内容的要求，也必然会落实到将来的重大道路交通安全事故责任倒查中去。无论是大车还是小车驾驶培训，驾培机构既要对培训结果负责，也要对培训过程负责，切实按照《机动车驾驶培训教学与考试大纲》规定的学时和内容进行培训，以此履行社会责任，并承担企业主体责任。因此，确保有效、完整、充足的培训时长，提供实效、实用、专业的培训内容，与培养高质量驾驶人具有显著关系。

《道路交通安全法（修订建议稿）》《道路运输条例（修订草案征求意见稿）》，已经为将来的驾驶培训考试改革确立了基本思路，指明了改革方向，意义重大、影响深远。

机动车驾驶培训考试的行业监管法规有望完善健全，将为新时期驾培行业的法治化、规范化发展提供有力保障，也必将推动行业的健康可持续发展。

三　2021 年驾培市场需求预测

2021 年的驾培市场仍然是买方市场，汽车机动车驾驶人增幅不会很大，但根据最近三年摩托车注册量，摩托车驾驶人培训市场会呈稳步增长趋势。

（一）全国与区域驾培市场需求总量

1. 全国驾培市场略有回升

2003 年，中国出生人口首次跌破 1600 万。基于新增 18 周岁人口数量仍是学车主力军的判断，2021 年全国新增学车人群会超过受疫情影响的 2020 年，但仍可能低于 2019 年。2021 年全国驾培市场新增机动车驾驶人预计达到 2500 万左右（含摩托车）。

2. 区域市场分化趋势更加严重

2021 年，区域市场会加大分化趋势，生源会流向品牌驾校及区域连锁驾校，特别是掌握了一些优质位置资源的区域连锁驾校，这一流向将更加明显。

非品牌驾校、口碑及位置较差的驾校经营会更加困难，2021 年会有区域性驾校离场，但不会出现全国性驾校倒闭关停的现象。

（二）大学生市场结构发生转变

受疫情影响，2020 年以大学生为主要生源的驾校受到较大影响。2021 年受返校时间推迟、寒暑假时间延长等因素的影响，参加驾驶培训的大学生数比 2020 年会有所增加，但增加幅度不会太大。

相对而言，会有一批大学生选择在家庭所在地学车，这对县市级驾校是利好，同时会给大学城附近的驾校带来招生压力。

（三）2021年老年驾培市场预测

1. 老年市场将呈持续增长趋势

2020 年 10 月 22 日，公安部召开新闻发布会，通报 12 项公安交管优化营商环境新措施。其中明确，为更好适应老龄化社会发展的新需求，取消申请小型汽车、小型自动挡汽车、轻便摩托车驾驶证 70 周岁的年龄上限。对 70 周岁以上人员考领驾驶证的，增加记忆力、判断力、反应力等能力测试，确保其身体条件符合安全驾驶要求，新措施已于 2020 年 11 月 20 日实施。

根据老年人口发展趋势预测（见图 1），2021 年将是老年人学车的高潮，甚至未来三年都会呈增长趋势。

2. “老年班”将成为利润增长点

在老年市场未放开之前，很多教练是不愿意带教老年学员的，因为成本高、学车慢，驾校又没有专门的老年班来服务老年学员，导致老年学员利润

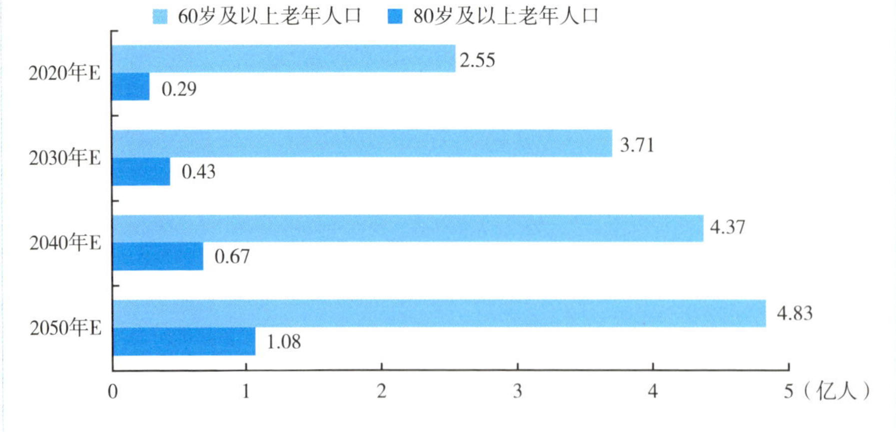

图 1　2020~2050 年中国老年人口发展趋势

并不高。

随着老年人学车的升温及生源数量的增加，2021 年可能有更多的驾校开设老年班，针对老年人设计专属服务，这样既能保障利润又能服务好学员。

老年人市场的特点是：有足够的消费能力、对价格不敏感、对服务要求高、转介绍能力强、有一定的学车圈子，这是开设高价值班别的一个良好起点，也是树立品牌的一个新起点。

因此，2021 年可以把老年市场作为一个新的利润增长点。但同时也需要有两方面思想准备：一是老年市场发展速度较慢；二是老年市场要求提供更好的服务。

（四）市场需求结构

1. 大中型客货车学驾需求将呈增长趋势

2020 年 10 月 20 日，公安部通报 12 项公安交管优化营商环境新措施，其中包括，降低大中型客货驾驶证申请条件，申请大型客车、牵引车驾驶证的年龄下限由 26 周岁、24 周岁降低至 22 周岁；城市公交车、中型客车、大型货车驾驶证年龄下限降低至 20 周岁，大中型客货车驾驶证年龄上限由 50 周岁调整至 60 周岁；大型货车驾驶证增驾牵引车、中型客车驾驶证由原来考证满 3 年降低至考证满 2 年；城市公交车、中型客车驾驶证增驾大型客车驾驶证由原来考证满 5 年降低至 2 年；大型货车驾驶证增驾大型客车驾驶证由原来的考证满 5 年降低至 3 年，牵引车驾驶证增驾大型客车驾驶证由原来考证满 2 年降低至 1 年。因此，2021 年大中型客货车学驾需求将有所增长。

2. 自动挡车型学驾需求将呈增长趋势

随着汽车工业的发展，越来越多的国家和车企制定了停产燃油车的时间表，且家用车型几乎全部倾向于自动挡，学员取得驾照后，基本上没有驾驶手动挡汽车的机会。新能源车、电动车的普及更加强了自动挡汽车的增长趋势。

自 2021 年 6 月 1 日起，小型自动挡汽车驾驶证考试中的科目二，将取消“坡道定点停车和起步”项目，从 5 项变成 4 项；考试预约时间也调整了：对申请小型自动挡汽车驾驶证的，科目三约考间隔时间由科目一考试合格后 30 日调整为 20 日。这就意味着，学 C2 车型比学 C1 车型少一个项目，降低了考试难度；同时，也减少了培训和取证的时间；如此，驾校的培训成本也会得以压缩。这还意味着，小型自动挡车型的学费很可能也会同步降低。

原来学习自动挡驾驶价格要比手动挡价格高，是因为自动挡学车人群小，人均成本高。如果自动挡驾驶人群继续增加的话，自动挡驾驶的培训成本将降低，招生价格自然也会下降，这又会刺激更多的人学习自动挡汽车驾驶。因此，驾校务必要重视自动挡班型的设计和营销推广。

3. 摩托车驾驶培训量增幅较大

在 2020 年全国大面积受疫情影响的情况下，摩托车注册量比 2019 年增加 249 万辆，增幅高达 43%，而且连续三年大幅增长。机动车注册量与机动车驾驶人增幅一般是成正比的，因此，预计 2021 年摩托车机动车驾驶人将大幅增长。

四　2021 年驾培科技发展预测

（一）新能源教练车增幅不会太大

驾培行业的新能源探索已经开始了多年，但进程较慢，至今还没有一个地区实现新能源换代，驾培行业的车辆更新受两个因素影响：一是考试车辆；二是报废年限。

考场考试用什么车，决定了驾校用什么车教学。因为，很多学员认为用考试同款车训练对通过考试有帮助。事实上，这确实也对驾考的合格率提高有帮助。此外，由于教练车的报废年限为 10 年，考虑到更新成本，驾校投资人在经营利润日渐稀薄的当下，不大可能提前更换新车。

2021 年如果考试车辆没有大面积更新新能源车辆，驾培车辆的新能源探索将仍然比较艰难，即使有更新也只是小规模小批量更新。只有某个区域符合两个上述两个因素，考试场更新且教练车报废年限到期，才会促使大规模的新能源教练车投入使用。2021 年预计新能源教练车不会有大的增幅。

（二）智慧驾培仍将继续探索

智慧驾培是驾培行业发展过程中提出的一个新概念。根据目前发展现状，智慧驾培的开发者主要集中在管理软件、驾驶模拟器、机器人教练三个方面。这三个方面均以应试教育为主要功能，因此注定短期内产生不了真正的智慧驾培。

真正的智慧驾培是以学员为中心，以提高安全驾驶功能、提升学员学车体验为目的的。除了包括上述三个方面外，还应包括学员驾驶行为分析、学员客户关系管理、学员驾驶行为测评、学员驾驶习惯培养及安全驾驶意识预警等方面。

2021 年，预计智慧驾培将在学员客户关系管理方面有所突破。基础型驾驶模拟器应用会进一步增加。随着机器人教练产品的不断优化，预计相关应用也会进一步增多。

在建设“智慧驾培”的路上，已经有企业开始探索，出现了机器人电子教练、智能模拟器、VR 教学、互联网驾校等一系列智慧驾培相关的企业。真正的智慧驾培一定是基于大数据的，在安全驾驶意识、安全驾驶习惯层级进行推进。智慧驾培产生的价值，一定是为安全驾驶服务的，而不是为考试合格服务。因此，智慧驾培仍然在继续探索的路上。

（三）教学辅助新技术应用增加

随着智慧驾培理念的发展，更多的新技术将被应用于日常教学、辅助练习。以木仓科技旗下正在研发的驾考宝典模拟器为例，它采用真车配件搭建，搭载自主研发的实车物理引擎，通过 VR 虚拟现实、三维建模 1∶1 还原真车物理系统、操控感和考场实景。模拟器可以让学员快速了解考试规则、驾驶技巧，在上真车之前先对车辆操控、考试规则及方法熟记于心。此外，在模拟器上，学员也可使用 AI 教练为自己讲解驾驶技巧。在驾驶模式及课件设置中，该模拟器加入了关卡、操作评价、任务系统等功能，让驾驶学习的趣味性更高。对驾校而言，最重要的是，模拟器的合理使用将有效降低驾校的成本，节省场地、燃油费用。据测算，5~10 台模拟器的综合成本相当于一台真车。

另外，可以显著提升教学能力的新技术产品代表为驾考宝典路考仪。路考仪可以安装在教练车上，主要通过高精度差分定位技术、AI 智能评判系统等，去模拟真实考试场景，匹配全国考试规则，并对学员驾驶行为做出实时监测、科学评估等，在科目二、科目三的教学中辅助效果明显。

以往的练车模式对学员行为的评判全靠教练完成，小细节难以兼顾，且人工监测难免存在与考试标准有所偏差的情况。使用路考仪练车，对学员行为的评判可依靠机器精准完成，对考试流程、练车数据也可以做到全真还原与展示，从而科学分析、针对练习。这种全新的教学方式，也让教练教学更加标准、轻松，学员考试通过率更高，驾校自然口碑更佳、竞争优势更为凸显。

真正的“智慧驾培”，不应单纯以注入高科技为目的，而应致力于提升培训效率，为学员提高安全指数和提升体验感。驾考宝典路考仪通过 AI 智能评判系统等新技术优化传统的教练带练模式，节省人力，全真还原考试流程，还可以通过实时展示的练车数据去做更多的针对性练习，双向提升学员、教练的效率，整体提升学车的体验感。

五　2021 年驾培机构发展方向预测

在放开市场化经营、放开数量限制后，驾培市场开始脱离粗放式管理，向精细化、品牌化、集约化方向迈进。

（一）管理精细化

目前，全国驾培行业能够达到精细化管理的驾校屈指可数，因为驾培行业的管理精细化与职业经理人密不可分，驾校的精细化管理能培育出优秀的驾培职业经理人，优秀的职业经理人又会促进驾校的精细化管理。管理精细化需要从以下几方面着手。

1. 数据化

在数据化方面，驾校多停留在档案管理和学员基本信息管理上，而精细化管理则依靠海量数据来支撑，仅靠人力很难实现，成本巨大。

2. 内部员工的数据化管理

内部员工的数据化管理，可以通过数据分析出每个员工的“人效”、每辆车的“车效”、场地每平方米的“平效”，可以分析出谁的转介绍率高、谁的拓新能力强、谁的综合能力强等。

通过这些数据，一是可以把优秀员工的优点挖掘出来发扬光大，二是可以把后进员工存在的缺点找出来进行补课。

3. 学员的数据管理

学员的数据管理不仅包括学员基础信息及培训考试的数据管理，更值得挖掘的是学员的需求数据及学员的驾驶习惯数据。

挖掘学员的需求数据可以拓宽驾校为学员服务的范围，例如，向学员提供汽车销售、陪练、保险、维修、保养、二手车推荐、自驾游等项目。

学员数据管理未来将向客户关系管理靠近，这取决于对学员的了解程度。这些信息对驾校及驾校管理软件而言都是空白，但用处很大。例如，记录学员的到校途径，驾校可以提前为学员提供超预期的班车服务；记录学员的上下班时间，驾校可以提前为学员提供最适合的培训规划；记录了学员接孩子的时间，特殊情况下驾校可以帮学员接孩子。这类数据积累得越多，驾校的服务越能打动学员，超值回报就更大。

学员的数据管理方面，更有意义的是学员驾驶习惯数据。学员驾驶习惯的基础都是在驾校养成的，所以学员从进入驾校第一天就开始积累驾驶习惯数据了，正式拿证后继续积累数据。当数据达到一定规模后，就完全可以测评出学员哪些驾驶基础没打好，哪些驾驶技能不牢固，哪些安全驾驶意识薄弱，等等。

如果能在此基础上对学员驾驶问题进行提醒和预先矫正，将大大降低交通安全事故率。车企对这些数据的需求也很大，在自动驾驶普及之前，如果车企能根据测评数据定制客户专属的功能，不但能提升驾驶体验感，更有利于交通安全的建设。

案例1　科技公司为驾校数据化提供助力

首先，通过“驾校PaaS一站式服务平台”，科技公司可以为驾校提供宏观全局的各维度数据统计报表，如招生量、学员档案、考试成绩、财务信息、车辆管理、人事统计等。此外，还针对单个学员提供精细化的全流程管理，包括学员基本信息、财务信息、考试信息、合同、回访、档案等。同时，科技公司还和相关移动端App、WEB端网站等多终端数据互通，使得驾校在管理精细化、数据化方面更添优势。

其次，适当运用驾校经营管理SaaS系统，驾校还进一步优化了运营管理方式。具体表现如下。

（1）通过SaaS系统实现学员、财务、考试等多方面的系统化管理，学员信息录入可通过学员扫码录入、身份证读取录入、信息化系统录入等多种方式完成，大大减少驾校在学员报名阶段资料收集所需的人力成本和场地成本。

（2）在财务方面可实现标准化的财务收支、财务流水、财务对账、财务编辑等管理功能，提升驾校财务管理效率，大幅度减少财务管理混乱问题。

（3）将合同、档案、报名表、收据等各类繁杂的纸质文档通过系统进行统一化管理，实现无遗漏、可追溯。

（4）通过各类统计报表实现驾校不同类型员工的标准化统一管理，如招生统计、提成统计等。

广东部分驾校使用驾校经营管理SaaS系统后，大幅提升了驾校前厅、财务、档案管理等相关人员的工作效率，招生数量稳步上升，同时逐步实现驾校全信息化办公。

（二）驾校品牌化

2020 年，部分驾校已经非常明显地表现出品牌化发展的趋势，主要表现在“三稳定三负责”上：价格稳定、生源稳定、盈利稳定，对员工负责、对学员负责、对社会负责。而这些正是将来品牌驾校发展的方向。

1. 品牌驾校与价格

一个区域驾培市场价格是否稳定，取决于定价最高的驾校价格是否稳定。所以一个区域驾培市场的价格几乎是由当地品牌口碑最好的驾校来决定的。价格最高的驾校如果降价，其他驾校必然降价。驾校的价格是否稳定？是被动稳定，还是主动稳定？这是驾校走品牌发展之路一个必然要回答的问题。

2021 年走品牌发展之路的驾校，在价格上可能将两大主动权进一步扩大。

（1）主动定价权

主动定价权指驾校可以根据自己的经营需求，随时调整价格，可降价，也可涨价，不受其他驾校的价格影响。

根据中国交通运输协会驾驶培训分会调查结果，即使在 2020 年仍有 12.43%（见表 1）的驾校价格呈上升趋势，说明这些驾校已经开始走品牌发展之路，开始掌握主动定价权。

表 1　2020 年驾培价格升降情况调查结果

选　项	小　计	占比（%）
上升 5%~10%	70	7.19
上升 11%~20%	33	3.39
上升 20% 以上	18	1.85
基本持平	379	38.91
下降 5%~10%	233	23.92
下降 11%~20%	128	13.14
下降 20% 以上	113	11.60
本题有效填写人次	974	100

（2）主动稳定权

几乎每个驾校都想让价格稳定，但价格是否稳定不是每个驾校都有话语权。2021 年将有部分区域品牌驾校开始努力保持价格稳定。

保持价格稳定是品牌驾校对行业良性发展的贡献，也是对区域驾培市场稳定发展的巨大贡献。虽然每个驾校都想稳定价格，但主动稳定价格的一定是品牌驾校，被动稳定价格的一定是品牌不够好的驾校。

2. 品牌驾校与生源

根据中国交通运输协会驾驶培训分会的调查，2020 年，在约 60% 的驾校招生量下降的情况下，仍有约 14% 的驾校招生量呈上升趋势。这说明部分驾校的品牌优势已经开始发挥作用。2021 年品牌驾校的优势将更加明显，导致市场两极分化趋势也更明显。

3. 品牌驾校与盈利

驾校的盈利与生源及招生价格成正比，当品牌驾校的生源有保障、价格也相对稳定时，其盈利一定好于其他驾校。品牌驾校的盈利主要来源于品牌增值，品牌持续增值才能带来持续盈利。

4. 品牌驾校与员工成长责任

品牌驾校的一个重大特征是具有独有的企业文化。企业文化体现在驾校员工的一言一行上，如果把驾校比喻成具有品牌的个人，驾校员工就如同品牌的一个个细胞，共同支撑着驾校这个品牌。驾校的成长需要以员工的成长为基础，员工成长是驾校的责任之一。

案例 2　河北燕赵驾校的员工成长

河北燕赵驾校在员工成长方面，俨然已成为驾培同仁学习发展的灯塔。

河北燕赵驾校成立了专门的员工培训机构，开办助力伙伴成长训练营（见图2），并且与樊登读书会等机构合作，开发了员工培训、成长系列课程，包括心态、领导力、营销等内容，使之成为员工成长的催化器。

在燕赵驾校流传着一句话：走时要比来时好。燕赵驾校要求每个管理者都要把员工成长放在第一位。员工成长拿结果来衡量，员工是否成长看业绩，没业绩等于没成长。

燕赵驾校还组织骨干员工走出去，组织专业老师走进来，给骨干员工制定个性化培训成长规划。

燕赵驾校独创的“人人是教练，人人是讲师”模式已成为驾培行业学习的榜样。在科目二、科目三上车之前，会开设基础课培训，基础课由所有教练员轮流值班讲授。基础课不但能把学员的驾驶基础打牢固，为实际驾驶培训助力，而且能把所有教练员都培育、锻炼成讲师级教练员。

图2 燕赵驾校助力伙伴成长训练营活动现场

案例 3　蓝翔驾校的“蓝翔红教练成长营”

为了培育员工适应新时期以年轻人为主的驾培市场，山东蓝翔驾校成立教研室，在教研室基础上又成立了“蓝翔红教练成长营”，专门培育新时代的驾培新教练，已经有了“抖音红教练”“快手红教练”“视频号红教练”等。

以蓝翔驾校教研室主任庞超为例，他主攻视频号，驾校为其提供一切直播拍摄便利，全面扶持庞教练成功成为“视频号红教练”，并认证为视频号全网四个教育博主之一。

庞超说：“蓝翔红教练成长营”培育项目让我们作为一名教练员，不但找到了自信，不仅能带来流量、带来粉丝，还找到另外一种贡献自己力量的途径。每天的直播、视频都是与学员和粉丝进行互动，是另一种方式的情感交流。

“蓝翔红教练成长营”项目教练介绍，这个培育项目让自己成长得非常快。增加了理论知识，提高了理论与实践相结合的教学能力，充分体验到“教，是最好的学”，每次直播前、拍视频前，都会大量补充知识，增强了学习的动力。

“红教练”直播视频内容包括学车、开车、修车、保养等常用知识，侧重点为驾驶知识、安全驾驶常识、驾培行业知识等。

在镜头前，“红教练”的一言一行都代表了自己及驾校的形象，为了保持线上线下的一致性，开通线上直播其实是请全民监督。线上表现的及线上讲的，在线下更要做到，这不但是自我素质提升，更能提升线下的实际教学与服务水平。

通过全程参与“蓝翔红教练成长营”项目，教练员提升了自己适应互联网时代的能力，对自己成为一名“红教练”“好教练”越来越有信心。

“蓝翔红教练成长营”不但是驾校员工成长的摇篮，更是驾培行业展示新形象的窗口。越来越多的驾校已经认识到“员工强则驾校强”，2021 年会涌现出各种不同形式的员工成长典型案例，以员工成长来促进驾校发展，将成为一种趋势。

5. 品牌驾校与客户责任

驾校品牌体现在数据上就是招生量、招生价格，但有些东西不能完全通过数字来体现，如对学员的责任心。驾培行业所承担的客户责任更大，因为这是一份关乎人命安全的责任。

河北燕赵驾校在承担客户责任方面的做法值得行业学习。在燕赵驾校，除了教会学员开车、开好车之外，还要教会学员为整个交通环境贡献自己的一分力量。

从燕赵大讲堂到模拟教学，从模拟教学到燕赵基础教学中心，从基础教学中心到实车基础教学，从实车基础教学到考前辅导，从考前辅导到安全文明宣誓（见图 3），走完了燕赵驾校的整个学车流程就会发现燕赵驾校有多重视对学员的责任，教练员会见缝插针地植入安全驾驶教育观念，时时刻刻让学员铭记自己是创造中国交通安全环境的重要一员。

2021 年，将有更多的驾校开始关注并践行“客户责任”。

6. 品牌驾校与社会责任

中国驾培行业每年都涌现出一批勇于承担社会责任的驾校，特别是在疫情期间，全国不少驾校纷纷以自己的独有优势贡献了自己的一分力量，不但捐款、捐物，还承担志愿者、免费提供场地、免费提供车辆等公益工作。

驾校品牌成长过程是驾校社会责任提升的过程，2021 年，越来越多的驾校经营者意识到：承担社会责任不仅是人力物力财力的成本支出，更是一种收益，除了能够铸造企业文化、打造团队自豪感之外，也能反哺驾校品牌成长。

图 3 燕赵驾校安全文明宣誓现场

案例 4 双安驾校勇于承担社会责任

双安驾校由十几位下岗职工创立，在创建过程中积极为地方政府分忧，吸纳下岗职工、复员军人，为他们纾困解难，下岗职工、复员军人占员工总数的 70% 左右。

双安驾校的爱心文化已成为行业的榜样，具体表现如下。免费为员工提供两年一次的全面体检；员工生日或生病住院，学校派人看望，发放慰问金；每年端午节、中秋节、重阳节、春节、教师节、建军节，都发放慰问金，座谈聚餐，重阳节、儿童节专门给员工父母、子女发慰问信、礼金及礼品。每年春节，员工与家人欢聚双安驾校，让家人也分享双安驾校的快乐，其乐融融。为了员工子女健康成长，学校多次请来亲子培训专家举办“NLP 卓越少年训练”活动，大大提升了他们的上进心、恭敬心、自信心。

双安驾校自觉赈灾助困，履行社会责任。另外，把国际级 NLP 大师李中莹的“和谐导师学院”引入内江，已对一百多名内江教育资深人士进行了培训，取得了很好的社会效应。内江师范学院已把李中莹的“轻松快乐教与学”列为选修课；还将“大学职场能力培训”“大学生心理素质培养”“留守儿童关爱”“开心屋”项目落户到内江及威远县。

双安驾校先后聘请舞蹈、声乐、普通话、书画、摄影、茶艺、武术、新闻老师和企业管理系统、财务系统、营销系统导师 50 余位，开展系列培训 400 余场次。

双安驾校响应内江市委“践行十爱、德耀甜城”的号召，持续开展系列活动，在全校 300 余名员工中全面推广戏曲、广播体操等，并在内江、威远各单位表演 11 场，推动全民健身活动常态化开展。

双安驾校筹建了四个文化传播阵地——双安青少年心灵成长夏令营、双安公益大讲堂、双安沙龙和双安艺术团，引进好的老师，采取“请进来、送上门”的方式，在内江市人社局、内江二医院、威远县妇联等各单位举办公益讲座、培训 110 余场，受到社会各界的好评。

（三）驾培行业转型整合

2019 年前驾培行业转型之际，一批驾校关停并转，一批驾校开始扩张，整合之风盛行。中国交通运输协会驾驶培训分会的调查数据显示，2020 年，驾校招生量下降、利润下降，驾校经营者对行业的前景不明朗，驾校转型明显降速，驾校经营者投资、整合意愿度也大大降低，其中仅有 17% 的经营者在 2021 年有投资意向，而计划转行退出驾培行业的经营者已高达 8%（见表 2）。

表 2　驾校经营者 2021 年的投资意向		
选　项	小　计	占比（%）
扩张规模、增加场地或人员	165	16.94
收缩场地规模、裁员或减少教练车辆	187	19.20
保持不变，观望政策变化	545	55.95
转行，或者转型做其他业务	77	7.91
本题有效填写人次	974	100

1. 2021 年是“大中小整合”扩张的机会

驾校招生数量减少会导致两个极端：越是小规模驾校人均成本越高，越是大规模驾校总成本越高，这会使小规模驾校和中大型驾校均感到生存困难。

中大型驾校最头疼的是学员学车的便利性和学员路途时间问题，而中大型驾校与小型驾校的整合，是较佳的扩张模式，特别是有考场的中大型驾校和无考场的小型驾校进行整合，将形成位置互补、资源互补、生源互补。

因此，2021 年扩张的主力军将是“大中小”驾校整合，使大驾校拓展生源圈，小驾校也融入大驾校的经营圈。

2. “承包托管型”经营将减少

根据中国交通运输协会驾驶培训分会驾校经营者行业感知调查数据，将近 50% 的人认为目前行业“不景气”（见表 3）。

表 3　驾校经营者行业感知调查数据		
选　项	小　计	占比（%）
向好	84	8.62
不正常	71	7.29
先抑后扬	83	8.52
无序	162	16.63
不景气	452	46.41

续表

选　项	小　计	占比（%）
反弹	8	0.82
平稳	103	10.57
其他	11	1.13
本题有效填写人次	974	100

在经营者认为行业前景不景气的情况下，承包、挂靠经营模式在 2021 年将呈减少趋势，特别是位置不太便利、周边居民偏少的驾校经营将更加困难。

六　2021 年驾培职业经理人发展预测

和其他行业相比，驾培行业的职业化进程才刚刚开始，各类学校都没有开设驾校管理专业，这就导致短期内无法让学校毕业生直接对接驾培行业的职业化。

驾培职业经理人队伍是在驾校培训体系和行业培训体系健全的情况下诞生的，随着驾校培训体系的建立和行业培训架构的完成，职业经理人队伍即将出现。

目前全国没有专门的驾校管理培训专业，而且多年来整个行业管理松散，导致驾培职业经理人紧缺。驾培职业经理人不仅指驾校校长，其他岗位也同样需要合格的职业经理人，如分管训练的管理者、分管服务的管理者等。

目前走上驾培职业经理人道路的驾校校长，主要在一些管理比较规范的驾校，他们的能力是所在驾校管理系统磨炼出来的。这种职业经理人身上带着原驾校的血液和文化，但往往只能适应其所在驾校的环境，难以做到适应任何环境。

因此，真正系统性地培育驾培职业经理人，必须通过大学设计系统的教学管理课程，从驾校管理理论到驾校管理实践，用理论指导实践、用实践验证理论。

本文作者为安道利、邢海燕。安道利，中国交通运输协会驾驶培训分会专家、山东蓝翔驾校校长；邢海燕，中国交通运输协会驾驶培训分会副会长、河北燕赵驾校董事长。

市场发展篇

B.3
2021年驾培市场需求侧分析

摘　要：在目前白热化的驾培市场竞争中，以需求为导向，设计培训产品，已经逐渐成为企业转型或者可持续发展的核心竞争力。本文从需求侧入手，简要分析当前整体驾培市场需求侧的特点，包括学驾群体年轻化、服务需求个性化、培训方式科技化、培训考试人性化等，驾培市场学员的关注点，如学驾时间成本、驾培价格、取证保障、驾校口碑、驾校服务、学驾便利性、驾校培训质量等；分析了驾培市场存在的主要问题，如消费理念仍需逐步完善、驾培市场需求存量将逐步减少、培训服务质量有待提高、市场秩序有待规范等；同时还分析了城市化和人口流动等因素对驾培需求侧的主要影响，具体体现为二三线城市成为驾培需求侧的增长点、小型汽车的学驾需求逐年增加、城市公交车学驾需求发生变化、老年人学车需求增大、摩托车学驾市场成为新亮点等；最后对驾培机构在需求侧方面的改进提出建议，包括耐住寂寞、守住底线，市场细分、差异竞争，人性化管理、优质服务等；从而，引导供给侧的优化布局调整，帮助驾校更有针对性地调整经营策略。

关键词：　驾培行业　驾培市场　需求侧

我国已经进入汽车工业时代，机动车进入普通家庭，社会公众学驾需求逐渐增加，驾培行业得到快速发展，并且成为与人民生活息息相关的基础性行业。驾培行业作为重要的民生服务业，在服务民生以及为我国社会经济建设做出贡献的同时，也守护了道路交通安全的第一道防线，从源头上保障了我国道路交通安全。但驾培行业的迅猛发展也暴露出诸多问题，与满足广大人民群众的美好学车需求仍有较大差距。国家制定出台了一系列改革文件，直击行业痛点，随着改革的深入推进，驾培行业的供给侧改革已经成为制约行业健康发展的关键问题，处理和解决好驾培行业的供给侧改革，首先就要做好市场的需求侧分析。本文将从五方面对需求侧进行重点研究分析，为引导驾校转型升级、提升服务质量、满足学员的个性化需求提供借鉴。

一　驾培市场需求侧

随着经济的发展，人们对驾培市场的需求是与时俱进的。概括起来，我国驾培行业的发展经历了四个阶段。

第一阶段，主要由交通部门统一管理，从 1949 年 10 月 1 日到 1955 年 8 月 5 日。此阶段主要需求是基于专业服务和运输，通过驾驶来完成经济生产，该阶段驾驶工作岗位限量。

第二阶段，由公安和交通部门分别管理，从 1955 年 8 月 6 日到 1986 年 10 月 5 日。分别管理是指公安和交通部门按城市级别分别管理，即六大行政区直属市内的交通安全管理工作由公安部门管理，县镇由交通部门管理。驾驶员主要来源是公安、交通部门自己举办的驾驶培训班、委托专业运输企业开办的培训学校，以及技工学校驾驶专业开办的培训班。此阶段主要需求仍是完成经济生产，学员学车的主要目的是持证上“岗”，核心在于驾驶证件的管理；同时，“师傅带徒弟”的驾驶培训教学模式以及较长的培训周期，在一定程度上保证了培训质量。因此，从某种意义上讲，第一、第二阶段还不能称作“市场需求侧”。

第三阶段，由公安部门统一管理，从 1986 年 10 月 6 日到 1993 年 11 月 9 日。公安部门负责驾驶证的考试、发放工作。此阶段学车需求已经从生产技能、生存技能慢慢转向生活技能，私家车已经开始走入寻常百姓家，但是人们学车的主要目的仍是持证上“岗”。在此阶段公安部门已基本“建立一套完整的驾驶证管理体系”，后续的管理基本是在此基础上的延伸和拓展。

第四阶段，由公安和交通部门分工管理，从 1993 年 11 月 10 日至今。此阶段实现了真正意义上的考培分离，交通管理部门和公安机关考试部门逐渐开始协调、配合，培训与考试制度逐渐完善，驾驶员培训走上社会化、市场化道路。此阶段学车需求更多的在于满足生活技能，“短平快”的培训模式、科技含量更高的培训方式，以及对服务质量的更高要求，成为需求侧的显著特点。同时国家、社会以及人民群众开始更多地关注培训质量，虽然其结果仍是持证上“岗”，但消费理念已经开始逐步调整。

综上，在深入推进驾培行业改革以及转型升级的过程中，我们在研究供给侧改革，解决行业“去库存、降成本、补短板”的同时，作为行业管理部门以及驾校的经营者，更应深入考虑驾培行业的需求侧情况。在好评为主、信用优先的消费大环境下，作为道路运输服务行业的驾培行业，更应顺应时代发展，调整经营理念。

二　2021 年驾培市场需求侧情况

（一）当前驾培市场需求侧基本情况

研究发现，社会学驾需求和汽车保有量、人口持证比例等因素密切相关。据公安部交管局统计，截至2020年6月，全国机动车保有量达3.6亿辆。其中汽车保有量2.7亿辆，比上年同期增长3.85%。尽管汽车保有量逐年增加，但我国千人汽车保有量绝对指标仍远远低于发达国家。据世界银行统计，2018年我国千人汽车保有量为173辆，而美国为837辆，澳大利亚为747辆，日本为591辆，差异显著。据国家统计局统计，我国人口已超14亿人，而根据公安部交管局2020年6月统计数据，当前，我国仅有4.4亿人取得了机动车驾驶证，人口持证比例仅为30%左右，远远低于美国的69.39%和日本的63.1%（日本为2012年数据），人口红利优势明显。同时将机动车驾驶证的增驾培训需求纳入考虑后，从长远来看，我国仍有大量人员存在驾驶培训需求。

综上所述，结合我国近5年机动车驾驶培训人次基本维持在2700万的现状，并考虑当前我国10.48‰的人口出生率，以及经济发展与发达国家还存在一定差距等因素，未来我国驾培行业培训市场将趋于稳定，每年驾驶培训人次可能会长时间保持在2500万~2700万。总体来看，我国驾培市场需求侧向好，并将作为刚性需求在短期内呈持续态势。

（二）当前驾培市场需求侧的主要特点

1. 学驾群体年轻化

随着我国学驾群体存量逐渐被消化，当前我国学车主力人群由原来的存量逐渐转变为适龄人群，25周岁以下的学员群体占比达39.98%，35周岁以下的学员群体更是达81.54%。这表明驾驶培训的学驾群体年轻化趋势非常显著，年轻人作为驾培消费的主力军，其简洁、方便、科技含量高的消费需求应引起足够的重视。

年轻的学员群体中又以大学生、高考生为主，18岁及以上的适龄人口每年有60%左右会参加高考。他们中大多数人学历高、学习速度快、自我意识强。根据教育部公布的数据，2020年全国高考报名人数1071万，创下2010年以来的历史新高。近年来，高考录取率呈升高趋势。2020年，在高职继续扩招200万人后，全国整体录取率超过85%，这意味着每个高考生都有可能是准大学生。高考生读大学，绝大部分会去外地，主要是向省会城市、地级市等有大学的地区集聚。而一旦读了大学，他们极有可能在大学所在城市的驾校报名学车。因此，高考生市场本质上就是县城驾校与省会、地级城市驾校的竞争，是本地生源和外地生源的竞争，是全国范围内驾校的竞争。

2. 服务需求个性化

随着汽车生活的深入普及，驾驶车辆成为当今成年人必备的技能之一。随之而来的，是学驾群体年轻化、多样化。年轻学员思想活跃、喜欢冒险、追求时尚和新颖，易于接受新鲜事物，追随时代潮流，喜欢个性化、定制化服务。70周岁以上的学员往往学习能力较弱，掌握知识和技能的速度慢，则要求教学更耐心、讲解更详细。另外，还存在不少“资深”学驾困难户。由湖南卫视2020年推出、木仓科技“驾考宝典”参与其中的原创驾考纪实类真人秀《新手驾到》，一经播出就引发了许多观众的共鸣。为了有效满足不同人群的个性化需求，驾培机构不但要在培训方式、服务方式上寻求转变，而且要设计出符合个体需求的教学计划、教学方案，甚至为每名学员量身定制培训计划。

3. 培训方式科技化

近年来，随着培训考试制度改革，互联网的触手也慢慢伸展到驾培行业，机器人教练员、驾驶模拟器已经司空见惯，VR技术、5G传输、无人驾驶等新技术也逐渐被列入部分驾校和科研机构的工作计划。新技术的应用可以降低培训过程中的人工成本、车辆成本等刚性成本支出。远程教学可以让学员利用碎片化的时间进行学习，学习时间灵活，学员可自主安排教学进度。VR技术、5G传输的应用，让驾培可以通过游戏的方式进行，寓教于乐。同时，对于教学经验、驾驶习惯的养成也可通过更为直观的体验、沉浸式教学模式实现。

随着科技的发展，万物互联，汽车已经不单纯是一种交通工具，更将成为我们生活中重要的一部分，汽车驾驶也将是我们办公、休闲、娱乐的一部分，所以，未来简单的驾驶技术培训已经不能满足部分高品质生活追求者的需求，驾培行业作为汽车消费的起点，应更多地拓展产业链，充分发挥驾培行业的汽车消费上游的优势，通过不断的科技创新持续激发市场活力。

在这一点上，木仓科技的做法值得参考借鉴。木仓科技是国内用户数量最多的互联网学车平台之一，也是行业知名的互联网道路交通安全教育平台，为学车用户提供驾校报名、法规学习、安全教育、模拟考试、3D 练车等一系列相关服务。同时，木仓科技基于学车服务的用户积累，提供汽车导购信息服务及互联网广告服务，其中学车业务为最核心的部分。

目前，木仓科技学车平台主要包括驾考宝典 App、驾考宝典 3D 练车 App、教练宝典 App 等，汽车导购平台主要包括买车网、买车宝典 App、平行之家 App、车友头条 App、全国违章查询 App、小猪二手车 App 等。根据百度移动统计，2020 年 1~6 月，木仓科技主要 App 月平均活跃用户超过 2400 万。

4. 培训考试人性化

目前，驾培和考试已逐步趋于人性化。学员可以根据自身情况和特点选择普通班、高级班等不同类型的培训班，可自行选择教练员，自主预约培训日期、培训时段和日培训学时。驾校界限也已被打破，可以进行跨校培训；学员参加理论培训可以选择网络远程学习方式。申请小型汽车驾驶证可以自学直考，并取消了 70 周岁的年龄上限，只要身体符合条件，不受年龄上限限制。大型客车和牵引车的年龄限制也得到调整，并缩短了增驾的间隔年限……培训考试的人性化无疑助推了驾培市场的需求，也符合国家拉动经济内需的政策。

（三）当前驾培市场学员需求关注点

我们对辽宁省 50 户驾校的 400 名学员进行随机问卷调查，请其对 9 个培训过程涉及的关键要素进行投票，得票排名如下。

1. 学驾时间成本

相比上千元的学费，学员学驾过程中的时间成本已经成为在驾驶培训过程中最大的费用支出。以小型车为例，四个科目总计 62 学时，按照交通与公安部门的相关考试要求，正常学车周期在 3.5 个月至 7 个月，其间正常的培训以及考试需占用 20 个半天左右。综合现有工资水平、误工以及交通成本等，费用合计在 3000 元左右。

2. 驾培价格

虽然近些年驾驶培训市场已日趋理性化，但是部分驾考巧立名目、制造价格陷阱仍是顽疾。模拟收费、VIP 收费、通勤费、补考费、包过费等收费名目，很难让学员分辨是否合理，部分学员在几百甚至上千元的优惠面前，往往简单粗暴地选择低价，但有时贪小便宜却吃了大亏。

3. 取证保障

由于缺少对现有法规常识的了解，有一大部分学员将驾考等同于公安考试，加之驾校对于自建考场“功效”的不实宣传，部分学员认定“包票”是可以实现的，因此对于驾校承诺的“包票”深信不疑。甚至极少部分人仍然相信不训练、只交钱就可以买到驾驶证。事实上，目前驾驶证考试设施设备比较完善，有效地避免了人为因素的影响。大多数学员选择设有驾驶技能考场的驾校，一是为了节省考场模拟费用，二是为了避免对其他考场的重新适应。在这一点上，驾校承诺补考复训不收取费用，将更受欢迎。

4. 驾校口碑

口碑的重要性甚至大于品牌。口碑的形成借助人与人之间的相互传播，而且基本上是朋友、同事、亲戚、同学之间的传播，可信度非常高。因此，在没有明确的选择对象时，口碑好的驾校往往是学员的重要参考依据。

5. 驾校服务

由于绝大部分适龄学驾学员缺少社会经验（尤其是高中毕业生、大学生），加之网络上对教练员有各种负面说法，选择一名安全可靠、最好是和颜悦色的教练员为其提供服务，是绝大多数家长为子女挑选驾校的重要考量要素。

6. 学驾便利性

学员希望就近学车，希望驾校的地理位置离学员的住所近、交通方便。学员从交通、出行时间、费用等成本因素以及学车便捷性的角度考虑，一般只会在其居住、工作或学习地附近学习驾驶，学驾集中度高。因此驾培机构的位置很重要。

7. 驾校培训质量

学员选择驾校进行培训的主要目的是学会“驾驶”这项技能，拿到驾驶证、独立驾驶汽车是根本需求，因此较高的培训质量是学员比较看重的因素。

8. 学车模式

已经参加工作的学员更看重学车的自由性，希望能够自主选择学时模式。

可安排学车时间、可选择教练员、可自主选择缴费模式等，才能满足学员希望得到的自主权和话语权。

9. 学车环境

主要是指舒适的教学场地环境和齐全的配套设施、服务设施等。随着生活水平的提高，学驾已经慢慢从技能传授变成享受服务，优美的学车环境更体现驾校的人文关怀和企业实力。

三 当前驾培市场存在的主要问题

（一）消费理念仍需逐步完善

虽然驾驶车辆是当今成年人必备的技能之一，但“考取驾驶证”“会开车”与“安全开车”仍有较大的区别，学员往往更侧重考取驾驶证。人们对驾驶培训的消费心态，已经逐步从“短平快拿驾照”向踏踏实实学车、凭本领考取驾照转变，但仍有部分人持有考证优先消费心理，使其在考虑价格等因素的同时，更侧重通过“取证快”来衡量一所驾校的好坏，从而忽略优质驾校的服务与教学质量等核心竞争力，造成一定程度上的“劣币驱除良币”。

（二）驾培市场需求存量将逐步减少

中国驾培市场的人口红利已逐渐消失，学员以青年人为主，老中青三代同时学车的情况已成历史，很难再现，学员总量已经从峰值开始下降。从存量方面看，中国社会科学院人口学者研究认为，21 世纪末中国人口将减少到 1980 年的水平，也就是 10 亿人。

当前，我国人口结构正在经历重大变化，人口老龄化和少子化问题日益严重。从增量方面看，第六次人口普查结果显示：“80 后”共有 2.28 亿人，“90 后”1.75 亿人，“00 后”1.46 亿人，“90 后”人口比“80 后”少 23.25%，“00 后”比“80 后”少 35.96%，20 年时间内，出生人口减少了 36%。可见，作为主力军的年轻学员也将逐步减少。因此，对于驾培行业而言，这意味着学车人群增量基数的大幅下降，驾校的生源不是无限量的。

（三）培训服务质量有待提高

当前，驾校仍以应试教育为主，主要表现是轻理论重操作，理论教学仍以背题库为主。据公安部交管局统计，2018 年三年以下驾龄驾驶员的交通违章占交通违章总数的 26.3%，肇事致死人数占总死亡人数的 11.3%，新驾驶员的综合素质有待提升。此外，服务意识差、教练员服务态度差、教学不规范、学员学驾体验差等问题也仍然存在。

（四）市场秩序有待规范

驾培市场的供需失衡导致行业无序的同质化竞争，有些驾校采用降低学费招揽生源后再巧设名目增收费用的方式，给行业的有序发展带来负面影响，市场秩序需得到进一步规范和净化。

（五）土地规划成为驾校发展的“卡脖子”问题

教练场是驾培市场准入的必备条件，由于过去驾校的教练场用地没有纳入城乡建设用地的政策，各地驾校大多采取租用闲置土地的做法，因此绝大多数教练场用地存在改变土地用途问题。2017 年 11 月 1 日发布的《土地利用现状分类》(GB/T21010—2017)，将机动车驾驶培训教练场地划分为“交通运输用地”项下的“交通运输场站用地”。

一方面，随着城市化进程的推进，部分地区对驾校用地进行清理，大批驾校训练场地被收回。但目前不少新一线城市和二三线城市没有将驾校用地纳入规划，驾校面临“无地可用”的局面。由于建设训练场地和服务设施投入巨大、回收期较长，一旦场地被收回，驾校经营者承担的经济损失巨大，资金难以为继，极易引发驾校破产、“经营者跑路”等后果，从而引发群体性事件。

另一方面，随着城市化进程的推进，政府通过集中规划形成了一些特色产业区域。部分城市驾校场地设置相对集中，进一步加剧了驾校场地资源分布的不均衡。

例如，合肥市经济开发区对辖区内的训练场地进行集中清理，29 处刚建好不久的场地被拆除，给驾校造成巨大的经济损失。许多驾校被迫关门停业，导致大批学员学车出现了困难，行业管理部门压力很大，无形中又增加了学车人的经济负担。

同时，合肥市共有 119 个训练场，占地总面积达到 153.6 万平方米（见表 1）。其中，瑶海区是最多的一个区，与较少的滨湖区相差很多。瑶海区训练场数量、面积均排在首位，相对集中的市场布局导致市场竞争激烈，但由于驾培市场的特性，大部分竞争为同质竞争。合肥市区（不含三县一市）2020 年实际培训人数为 8.75 万，而年培训能力是实际培训人数的 2.5 倍，产能严重过剩，土地资源浪费严重。

表 1　合肥市各区驾校场地统计

序号	所属区域	场地数（个）	场地面积（平方米）
1	包河区	19	217456
2	滨湖区	2	16549
3	高新区	14	133851
4	经开区	7	70083
5	庐阳区	14	186492
6	蜀山区	20	337840
7	新站区	14	197351
8	瑶海区	29	376339
合计		119	1535961

同样是土地使用问题，一边是无地可用，一边是资源浪费，冰火两重天，严重影响了市场的健康发展。针对教练场用地问题，合肥市道路运输管理服务中心联合合肥市驾培协会进行调研，向市政府提交了《关于合肥市驾驶培

训用地情况的调查报告》，希望政府将驾校用地纳入合肥市“十四五”规划，实现合肥市驾培行业“集约化运营，提高场地利用率”。

四　城市化和人口流动等因素对驾培需求侧的主要影响

城市化是社会生产力发展到一定阶段的必然产物，是人类生产与生活方式由农村型向城市型转化的历史过程，既包括人口和非农业活动在各类城市环境中集中的过程、非城市景观逐渐转化为城市景观的过程，也包括城市文化、城市生活方式和价值观念的扩散过程等。

我国经济社会的持续发展和城市化的推进，为人口的迁移流动创造了条件，人口流动趋势更加明显，流动人口规模进一步扩大。第七次全国人口普查结果显示，我国人户分离人口为49276万，其中，市辖区内人户分离人口为11694万，流动人口为37582万，其中，跨省流动人口为12484万。与2010年相比，人户分离人口增长88.52%，市辖区内人户分离人口增长192.66%，流动人口增长69.73%。城市化进程对驾培需求侧的主要影响如下。

（一）二三线城市成为驾培需求侧新的增长点

随着城市化进程的推进，二三线城市常住人口增长速度大大快于一线城市。因而，一线城市驾培市场规模增长趋于稳定，汽车驾驶员年增长数据也趋于平稳。而在二三线城市，随着常住人口的快速增长和人均可支配收入的提高，道路交通及用车环境等基础设施配套日趋成熟，汽车驾驶服务市场空间逐步增大。

（二）小型汽车的学驾需求逐年增加

按照车型教学车辆可以分为大型客车、牵引车、城市公交车、中型客车、大型货车和小型汽车等。我国大型客车和大型货车的教练车近5年来出现递减的趋势，这从侧面反映出最近5年大型客车和大型货车的学驾需求逐年减少，驾校根据市场需求减少了相应的教学车辆。相反的，近5年来牵引车和小型汽车的教学车辆逐年增加，这表明最近 5 年这两种车型的学驾需求逐年增加。

从学驾车型角度分析，由于民航、高铁等运输方式的发展，以及国家积极推进公转铁、公转水等运输结构的调整，道路客运行业和普通货运行业受到了较大影响，行业降低了对大型客车和大型货车驾驶员的需求。同时，由于近年来交通运输部积极在行业内推广甩挂运输模式，提高运输效率，牵引车培训需求增大。随着私家车的普及，普通家庭拥有一辆甚至几辆小型汽车已是常见现象，相应地带动了小型汽车培训需求。

（三）城市公交车学驾需求发生变化

城市公交车教学车辆数量近年来出现较大波动，这反映出城市公交车学驾市场并不稳定。

尽管随着我国城市化进程的加快，城市居民的公共出行需求也相应增加，但当前大部分一二线城市大力发展城市轨道交通，大大分担了城市公交车的运输任务，城市公交车行业对驾驶员的需求不增反减；而在三四线城市，城市公交车行业对驾驶员的需求在不断增加。

（四）老年人学车需求增大

随着我国经济社会的发展，人民生活水平不断提高，现在很多年过古稀的老年人身体依然十分健硕，越来越年轻化，他们身体健康、心态年轻，对老年生活更有追求。但因为法律法规限制，老年人不能考取驾照，成为一大遗憾。

另外，有的老年人由于没有考取驾照，只能开老年代步车，既不合法，也不安全。更为重要的是，很多老年人承担了照看第三代的任务，需要接送孙子孙女上下学等，因此也急需考取驾照。还有一部分老人，子女不在身边，也希望能够扩大生活半径、出门去看看世界，非常希望考取驾照、进行自驾游。

根据最新规定，自 2020 年 11 月 20 日起，公安部发布的 12 项公安交管优化营商环境新措施开始实施，其中就包括放宽小型汽车驾驶证申请年龄。新政取消了申请小型汽车、小型自动挡汽车、轻便摩托车驾驶证 70 周岁的年龄上限，对 70 周岁以上考领驾驶证的人员增加记忆力、判断力、反应力等能力测试，保证身体条件符合安全驾驶要求。新政的出台，让老人只要身体条件允许就可以学车，拥有了合法驾驶的权利。

根据中央电视台财经频道的调查，对于实施的这一便民新政，老人们普遍持积极态度。部分老人认为：“如果身体条件能通过测试的话，我还是想试着学一下的，不管以后是否真的驾车上路，对老年人来说至少是一种新体验。”放开老人学车考驾照的年龄限制，最需要解决的问题还是如何针对老年人的特点，制定更适合他们的训练计划，同时重点保障他们的安全，防止发生意外。

老年人其实是不可小觑的强大学驾消费群，他们“有钱有闲”，学习也很认真用心。他们最大的顾虑就是自己记忆力差、学习接受能力差、反应慢、学得慢，怕被教练骂、被驾校嫌弃，这也无形中“拦”住了很多老年人。因此，驾校要进一步提升教学服务水平，用心服务好这一细分市场群体，解除他们的后顾之忧。从目前的情况看，不少驾校开设了“老年班”，为老年人学车提供专门的教学服务。事实上，经过多年激烈的市场竞争倒逼和服务改进，现在教练员的服务态度已大为改善，教学方法也针对老年群体进行了相应的调整，老年学员无须过度担心。

（五）摩托车学驾市场成为新亮点

摩托车运动作为“世界三大赛车运动”之一，是一项群众基础广泛的体育运动项目。现在学摩托车的群体分为三类，一类是“刚需”，一类是出于爱好，一类是从事专业运动。自 2019 年 4 月 15 日起，新的《电动自行车安全技术规范》（以下简称电动车新国标）正式实施。电动车新国标推出后，电动摩托车和电动轻便摩托车都需要上牌照，驾驶人需要考取驾驶证，并且缴纳交强险，才能正常上路行驶。

这一政策直接催生了摩托车考驾照刚需和热潮，骑行电动车的上班族、外卖人员及快递员等均纷纷加入了学车阵营。在北京的一些驾校一年的摩托车学驾人数竟然高达数万。而第二类人则是由于摩托车的炫酷、动感，把开摩托车变成一项爱好。近几年，北京海淀驾校举办了约十次摩托车嘉年华活动，吸引了大批摩托车爱好者前来参观、表演。另外，摩托车驾驶证“全国通考”，是一项极好的便民利民措施，在一定程度上增加了更多的摩托车学驾需求，从而使驾校生源得以扩充。

案例 1　北京海淀驾校摩托车班型

为满足广大学员学车需求，海淀驾校决定从 2020 年 5 月 26 日起，新增摩托车周末班型，并予以一定优惠。

两轮摩托车（E 本）平日班，原价 1600 元，优惠价 1000 元

两轮摩托车（E 本）周末班，原价 1900 元，优惠价 1300 元

三轮摩托车（D 本）平日班，原价 2000 元，优惠价 1400 元

三轮摩托车（D 本）周末班，原价 2300 元，优惠价 1700 元

轻便摩托车（F 本）平日班，原价 1400 元，优惠价 800 元

轻便摩托车（F 本）周末班，原价 1700 元，优惠价 1100 元

五　驾培机构针对需求侧的改进建议

（一）耐住寂寞、守住底线

随着人口红利的消失，驾培行业已经从卖方市场迅速转入买方市场，市场竞争加剧，“价格战”愈演愈烈。面对残酷的市场竞争，驾校到底何去何从，是急流勇进，还是剑走偏锋？每个驾校都有自己的选择，每个答案或许都有一种合理的解释，但是有一个原则必须出现在所有答案之前，那就是守住初心底线，履行社会责任。

（二）市场细分、差异竞争

在同质化价格竞争的同时，应考虑差异化、特色经营，进行市场细分。

为了更好地吸引和服务学员，驾校需要将驾培市场按照学员的需求，细分为若干个子市场，比如大车市场、高考生市场、大学生市场、社区市场、农村市场、女性市场、老年人市场和低学历人群市场，等等，再选取其中的某一个或几个市场作为目标市场。

例如，高考生一直身处象牙塔，没有直接的经济来源。因此，为高考生学车“埋单”的人大部分不是学生本人，而是他们的父母亲或者爷爷奶奶等。影响和决定高考生报名学车的首先是父母亲，其次是老师，最后是同学。而针对高考生的营销时间紧、任务重，是场艰巨的大会战，考验着每个驾校校长的组织动员能力和员工的营销能力，更考验着驾校的经营管理和品牌营销水平。

近年来，很多驾校都为高考生开设了专门的班型、优化了学车价格，也推出了很多配套服务。比如，有的驾校推出了高考生专属班、暑期绿色通道班等，并要求教练员全程戴白手套，全程网络视频监控，家长也可以在家观看或来校陪同学车（提供专门的休息室）。同时，驾校会郑重承诺，针对高考生学员，挑选有爱心、纪律严明的优秀教练员执教，不抽学员一支烟，不要学员一瓶水，不打骂学员，有耐心，净化学车环境。

（三）人性化管理、优质服务

驾驶培训行业属于服务行业，提供的产品（教学服务）好坏更多地取决于员工，也就是教练员。他们不但要“传道授业解惑”，更要充分体现上善若水、服务至上的教学理念，为学员提供优质的服务，做到让每一位学员都满意，甚至让每一位学员都感动。

一流的管理创造一流的教练队伍，一流的队伍提供一流的教学服务。换言之，没有满意的内部客户——教职员工，就没有满意的外部客户——学员。因此，必须做到人性化管理，给予教练员和学员更多人文关怀。

具体说来，一要切实履行驾校教练员管理的主体责任。认真落实教练员聘用制度、录用程序和录用标准，强化教练员业务培训，通过岗前培训和继续教育，实现教练员在职业上心灵美、形象美、语言美、行为美，在专业知识储备上知汽车、知法规、知教育、知管理，在教学培训过程中会讲解、会示范、会指导、会考核。健全以学员评价为核心的教练员培训与服务质量评价制度，严肃认真处理学员对教练员的投诉，并建立投诉处理台账，按规定公布结果。二要努力为教练员排忧解难办实事。教练员队伍作为驾培行业中最为核心的生产要素，调动其积极性，是绝大多数驾校努力的目标。随着经营理念的不断创新，部分驾校校长尝试摒弃老板身份，把教练员变成合伙人，取得了不错的成效。

案例 2　锦州远通驾校的人性化管理

一个人单打独斗，一定不能创造更大的价值，老板身份也永远会让员工有距离感。就此，锦州黑山县远通机动车驾驶员培训学校有限公司（以下简称远通驾校）从教练员管理上下功夫，实现了教练员身份的转换。具体如下。

（1）深入了解员工的需求和期待

经过了解调整了作息时间，由原来的 7：30 打卡改成 8：00，由原来的全年无公休改成依照国家法定公休，增加早餐，奖罚制度变为只奖不罚，让员工减压。看似微小的举措，在员工中却产生了巨大的良性影响。

（2）调整薪酬，让员工拿大头

把企业设计成平台模式，让员工感受到不是在为老板打工，而是在为自己打工。在停工停产期间，教练员甚至足不出户、单靠招生实现了月薪过万，让大家有了很大的满足感。当不再是为生存而工作后，员工更注重自己的形象、素质、教学质量，自发遵守规章制度，工作自然而然做到了更佳。老板从服务员工、让员工满意出发，成为他们的托起者，也不再需要为员工的着装、对待学员的态度、教学质量等问题发愁，企业也真正成为员工收获回报、展示自我的平台。

员工满意度、幸福指数增加，也引发员工去更多地思考如何服务好学员、让学员更满意。员工的智慧是无限的，大家会根据学员的不同需求自发增加服务项目。有的员工自己掏钱装饰美化教练车，打造网红车；有的员工公休走亲戚会朋友也不忘宣传自己、宣传企业，自主招生；有的员工在学员过生日、科目合格后送上暖心礼物；有的员工利用私家车服务学员，报名、练车温馨接送……正因如此，远通驾校年招生量达到本县招生总量的 70% 以上。图 1 是远通驾校的荣誉墙。

当然，作为消费者黏性较低的行业，如何提升学员的忠诚度，也是所有驾培从业者需要考虑的问题。近年来驾培行业进行了很好的尝试，女子教练员、双语教练员等模式层出不穷，何种形式更加适合？八仙过海、各显神通。

图 1　远通驾校的荣誉墙

六 结束语

近年来，一边是驾培市场供给不断增多，一边是需求总量不断减少，这一多一少挤压之下，部分驾校经营者对前途失去了信心。驾培行业“去产能”的号角已经吹响；而同时，学驾这个刚性需求的特有属性，确立了驾培行业必将长期存在。任何一个行业都存在兴盛期和衰弱期，真正的衰弱不是行业的衰弱，而是人思维的衰弱。“不知全局者不足谋一域”，驾校只要认识到困难与希望同在、机遇与挑战并存，只要以市场需求为导向，不断地锐意创新、积极整合内外部资源，就一定能走出一条适合自己的道路。

本文作者为李晓峰、陈毛香。李晓峰，辽宁省道路运输服务中心副主任；陈毛香，合肥市道路运输管理服务中心驾培科科长。

B.4

2021年驾培市场营商环境分析

摘　要：本文从市场特征入手，研究了驾培市场营商环境引发的2020~2021年驾培市场变化，分析了驾培市场营商环境综合情况、驾培市场生源饱和度情况、驾培市场规模变化情况、驾校盈利情况、驾校经营成本变化情况、驾校教练员数量变化情况、驾培市场投资意向情况、驾校经营模式、驾校转型升级需求情况、驾培市场热点情况、营商环境影响因素、投诉情况、改进营商环境情况、加强信用体系建设情况，从市场准入的收与放、驾培考试环境、驾培价格管理等方面剖析了当前驾培市场的营商环境，并提出驾培市场营商环境方面存在的问题，如驾校法律定位存在矛盾与冲突、市场思维与法治思维不平衡等，提出建立健全信用体系是形成良好营商环境的重要途径。

关键词：驾培行业　驾培市场　营商环境

我国驾培市场随着经济社会的发展而不断变化。当驾培市场处于卖方市场的时候，营商环境的影响微乎其微，但驾培市场进入买方市场的时候，营商环境的影响日渐凸显。一方面，国家已提出改善营商环境的政策，另一方面，驾校面临水深火热的艰难经营局面。研究分析并改善营商环境在当下显得尤为必要。

一　驾培市场营商环境

营商环境是指市场主体在准入、生产经营、退出等过程中涉及的政务环境、市场环境、法治环境、人文环境等有关外部因素和条件的总和。作为道路运输范畴的驾培市场营商环境，毫无疑问应是驾培市场主体在驾培准入、培训经营等过程中涉及的考试环境、市场环境、法治环境、人文环境等有关外部因素和条件的总和。

为了持续优化营商环境，不断解放和发展社会生产力，加快建设现代化经济体系，推动经济高质量发展，2019 年 10 月 22 日，国家公布《优化营商环境条例》。条例中对营商环境的定义是“企业等市场主体在市场经济活动中所涉及的体制机制性因素和条件”。为持续深化“放管服”改革，优化营商环境，更大激发市场活力，增强发展内生动力，2020 年 7 月 21 日《国务院办公厅关于进一步优化营商环境更好服务市场主体的实施意见》发布。2020 年，交通运输部为贯彻落实《优化营商环境条例》等相关要求，持续深化交通运输领域“放管服”改革，聚焦事中事后监管，坚持问题导向，制定了《交通运输部关于加强和规范事中事后监管的指导意见》。

正确解析营商环境，既应关注市场表面，也应关注环境现实，更应关注深层梗阻。三者互相关联、互相作用、不可分割。既然驾培定位于市场化，就会有生源、价格、成本、利润等要素。市场之所以存在或有活力，离不开所处的环境或土壤。因此，优化营商环境，激发市场活力，是保障民生之需，是交通强国之路。

二　2020~2021 年全国驾培市场营商环境调查

为深入调查驾培市场营商环境，中国交通运输协会驾驶培训分会立足驾培行业进行了网络调查，调查对象主要是驾校经营管理者及驾培从业人员。截至 2021 年 2 月 20 日，共有 974 人参与调查。现将调查结果整理分析如下。

（一）驾培市场营商环境综合评价指标

综合评价指标分为整体感受和价格两部分。整体感受是被采访者的主观个人感受。价格是关于驾培收费价格的客观统计。整体感受与价格统一起来看，可信度会更高。

1. 驾培市场营商环境整体感受度调查

由图1可以看出，点击率最高的是“不景气”，占点击总人数的46.41%；“不正常”“不景气”“无序”之和（都属于负面评价）占70.33%。“向好”“平稳”之和占19.19%。可见，2020年营商环境负面整体感受度远远大于正面整体感受度。

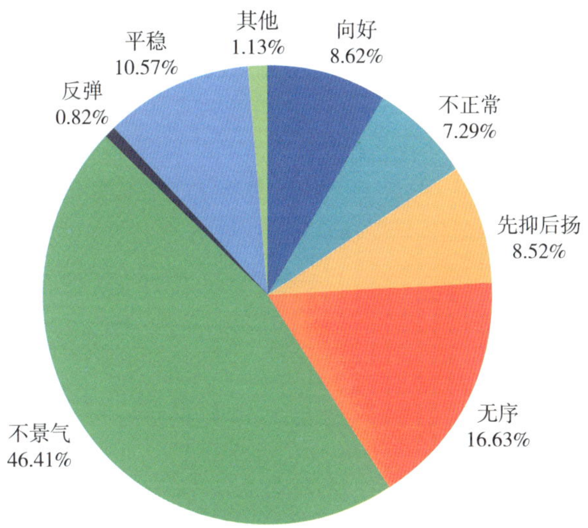

图1 驾培市场营商环境整体感受度

2. 驾培收费调查

根据国家有关规定，驾培市场实行市场调节价，政策上允许存在差异。

由表1可以看出，全国2020年驾培收费（含考试费）占比最大的是2000~3000元，占44.05%；其次是3000~4000元，占34.91%；最低收费为1000~2000元，占7.80%。如果扣除驾考费（行政事业性收费，由考试部门收取）500元左右，驾培收费最大占比在3000元以下。

表1　2020年驾培收费（含考试费）调查结果		
选　项	小　计	占比（%）
1000~2000 元	76	7.80
2000~3000 元	429	44.05
3000~4000 元	340	34.91
4000~5000 元	97	9.96
5000 元以上	32	3.29
本题有效填写人次	974	100.00

由表 2 可以看出，2020 年的驾培收费与 2019 年相比基本持平或略有下降。考虑到 2015 年前后全国驾培市场出现的拐点，本文预测后续几年应该也会呈现此走势。

表2　2020年驾培收费与2019年对比情况		
选　项	小　计	占比（%）
上升 5%~10%	70	7.19
上升 10%~20%	33	3.39
上升 20% 以上	18	1.85
基本持平	379	38.91
下降 5%~10%	233	23.92
下降 10%~20%	128	13.14
下降 20% 以上	113	11.60
本题有效填写人次	974	100

（二）驾培市场生源饱和度调查

在驾培市场可持续发展方面，生源是不可或缺的重要一环。智研咨询发布的《2020~2026 年中国人口老龄化行业市场营销战略及供需形势分析报告》显示，2019 年，我国出生人口 1465 万，人口出生率为 10.48‰；死亡人口 998 万，人口死亡率为 7.14‰（见图 2）；人口自然增长率为 3.34‰。

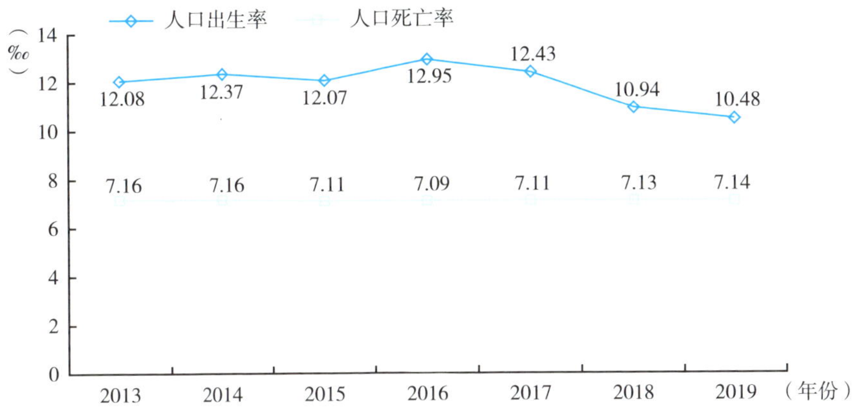

图 2　2013~2019 年中国人口出生率和死亡率

据公安部统计，截至 2020 年 6 月，全国机动车保有量达 3.6 亿辆，其中汽车 2.7 亿辆；机动车驾驶人 4.4 亿人，其中汽车驾驶人 4 亿人。而我国人口目前达 14 亿。受制于人口、全国机动车保有量、驾校教练车等各个因素，2020 年（与 2019 年比较）我国驾培市场生源以下降为主（见图 3）。

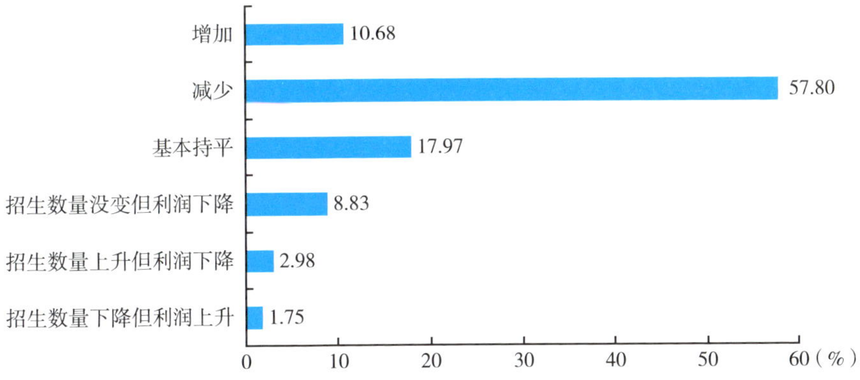

图 3　2020 年（与 2019 年比较）驾培市场生源变化

驾培市场营商环境主要与生源饱和度（生源与教练车规模之比）有关。一般情况下，如果生源饱和度在 80% 以上为营商环境良好、50%~80% 为营商环境合格，50% 以下为营商环境恶劣。

2020 年，我国驾培市场生源饱和度在 50% 以下的占比为 40.45%（见图 4），说明营商环境已达恶劣的程度。

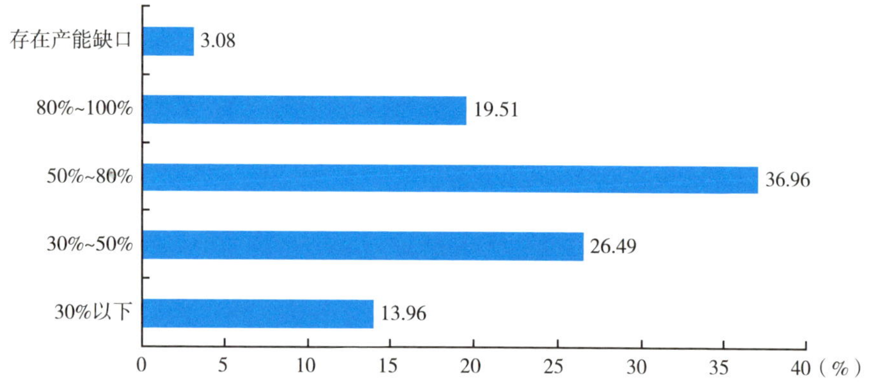

图 4　2020 年驾培市场生源饱和度

（三）驾培市场规模变化调查

驾培市场的主体就是驾校。驾培规模是指地区市场每年培训能力（量）的变化。衡量驾培市场驾培规模的主要指标是驾校数量、教练车数量。

从图 5 可以看出，驾校数量不变的占比最大，这意味着驾校退出的理由还不够充足，或者营商环境还有可圈可点的地方，但也不否认有拼个鱼死网破的可能。

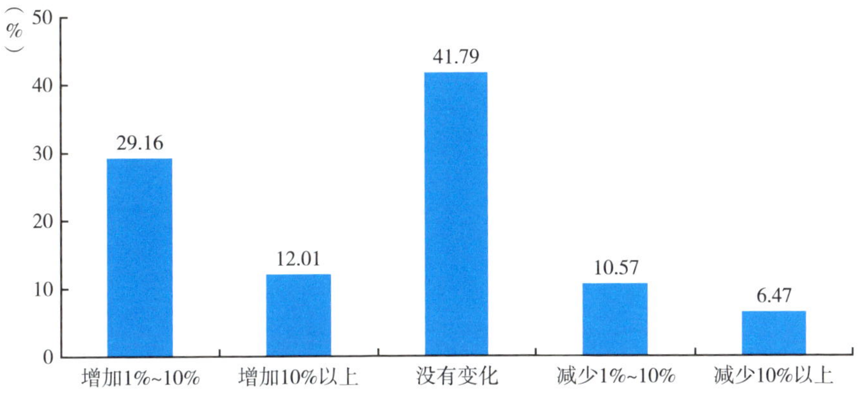

图 5　2020 年与 2019 年相比驾校数量变动情况

（四）驾校盈利情况调查

驾校属于企业，追求利益最大化是其使命之一。因此，不谈经济效益只谈社会效益是站不住脚的。只有生存下来，才能承担社会责任。因此，我们应当关注驾校的盈利情况。

从盈利情况看，如果大多数驾校盈利，至少说明良好营商环境是其因素之一。相反，如果大多数驾校不盈利或亏损，营商环境差也必然是影响因素之一。从图 6 中可以看出，利润下降 10% 以上的驾校占比最大，达到了 53.49%，营商环境较差可能是影响因素之一。

与之相反，2020 年有 4.62% 的驾校利润上涨 10% 以上，这是难能可贵的。这是驾校苦练内功的结果；同时，这也说明一个信号：当前驾校两极分化现象开始凸显。

（五）驾校经营成本变化调查

驾校是企业，考虑成本是自然而然的事情。驾培成本主要由汽车价格、

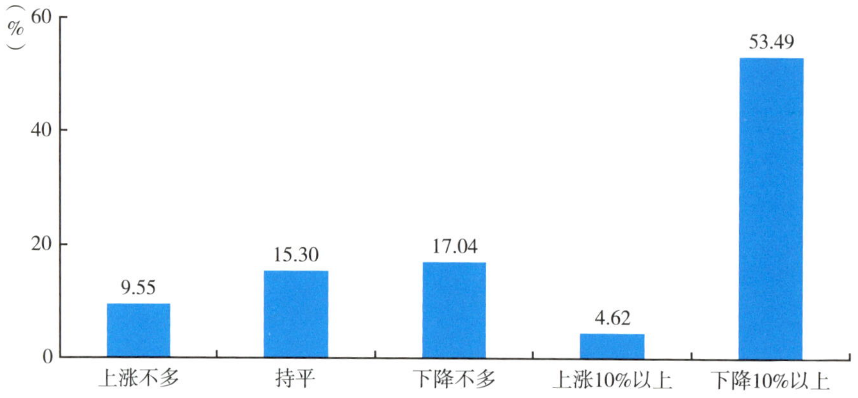

图6　2020年驾校利润变化情况

燃油费、人工费、场地费、管理费等组成，其存在地域差异和时间差异。

2020年驾培成本增加的占多数（见图7），其中占比较大的汽车价格、燃油费、场地费等变化不大，但人工费、管理费涨幅较大。但这种情况与营商环境的关系不明确。

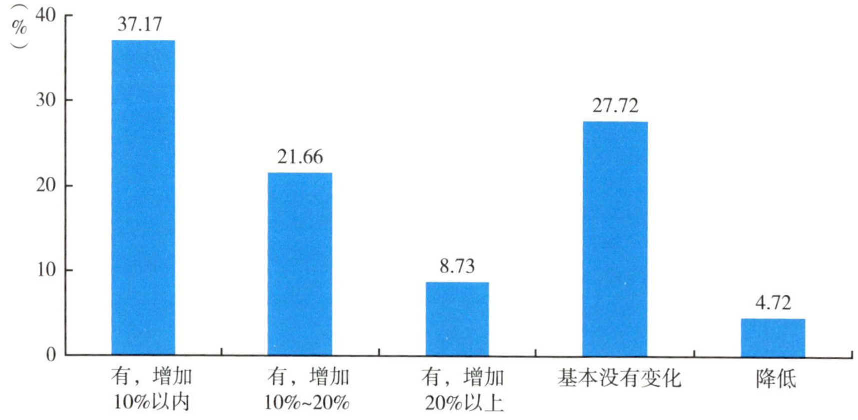

图7　2020年驾培成本变化情况

（六）驾校教练员数量变化调查

教练员是传统驾校发展的关键。一个驾校的教练员队伍如果稳定，表明驾校具有较好的潜力。教练员的增减情况，在一定程度上能说明驾培市场营商环境的好坏。

如图 8 所示，2020 年驾校教练员及其他员工数量持平或略有减少的占比较大，这与驾校产能过剩下的去库存是一致的，也与驾培市场营商环境不良有关。

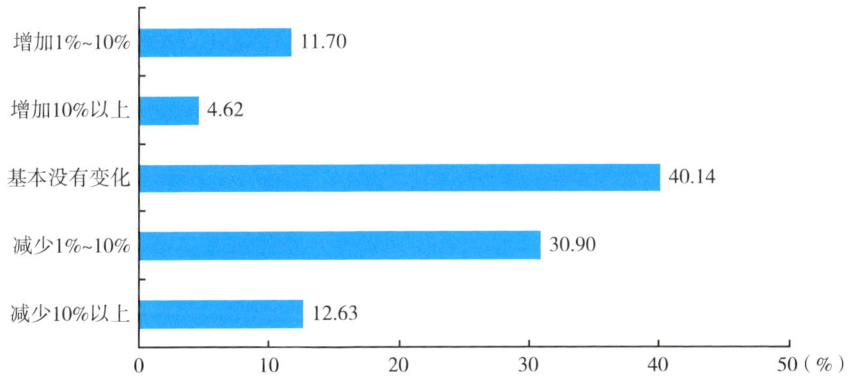

图 8　2020 年与 2019 年相比驾校教练员及其他员工数量变化情况

（七）驾培投资意向调查

对驾培市场投资意向的调查，能部分反映驾培市场营商环境状况。营商环境越好，投资意向越高。

从图 9 可以看出，对 2021 年驾培市场的投资，“保持不变，观望政策变化”者最多，占 55.95%，说明投资者对驾培市场营商环境的怀疑占有较大比重。

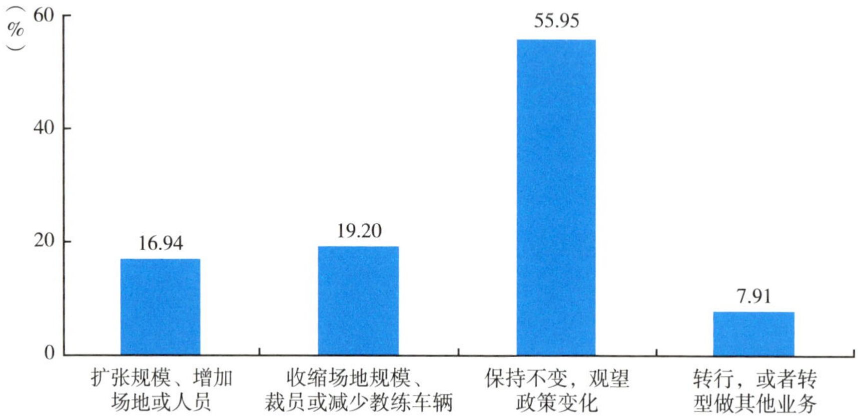

图 9　驾培市场投资意向调查结果

（八）驾校经营模式调查

驾培市场主体的经营模式，按照性质、内容、角度等不同可以划分为很多种，如直营模式、集团（集约化）模式、挂靠模式等，其模式变化同样受营商环境的影响。例如，如果市场的法治环境较差，就难以催生集约化模式、智能模式的驾校。

《道路运输条例》第六条规定，“国家鼓励道路运输企业实行规模化、集约化经营”。但选择集团（集约化）模式的占比仅为 32.44%（见图 10），而且还可能不是完全意义上的集约化。一是因为驾培市场形成较晚（严格说来，始于 2004 年《道路交通安全法》的实施），二是因为驾校经营管理者文化背景薄弱，对驾培经营集约化模式缺乏认知；三是驾培市场长期是卖方市场，导致驾校的无模式化经营。

另外，“承包模式”“挂靠模式”占比之和为 12%，从中可知，不良营商环境占比较大。据估计，在个别地区，“承包模式”“挂靠模式”占比可能比本次网上调查的结果还高。

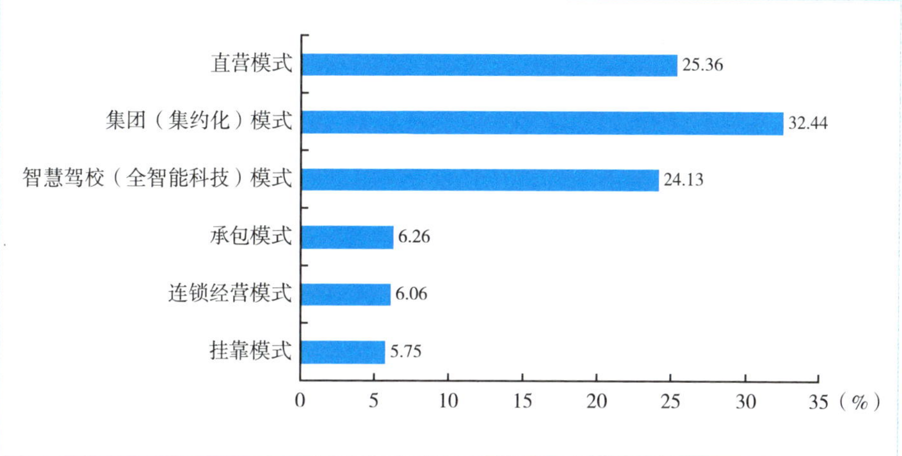

图 10　驾校经营模式调查结果

（九）驾校转型升级需求调查

转型升级是近几年国家提出的发展策略。购买新能源汽车作为教练车和使用机器人教练是驾校转型升级的重要表现。

从表 3、表 4 中可以看出，购买新能源汽车作为教练车的意向仅占 16.43%。更多的选择“没有”或“看政策”；“愿意”升级购买机器人教练的占比为 39.01%，可见驾校对机器人教练的兴趣远远大于新能源教练车。但“不愿意”和“看情况”购买机器人教练的占比还是很高的，为 60.99%。

很多专家认为，用机器人教练替代传统训练模式的实际效果较好，这与调查结果并不一致，可能与各地管理部门对待机器人教练的态度有关。

表 3　新能源教练车购买意向调查结果

选　项	小　计	占比（%）
有	160	16.43
没有	448	46.00
看政策	366	37.58
本题有效填写人次	974	100

表 4　机器人教练购买意向调查结果		
选　项	小　计	占比（%）
愿意	380	39.01
不愿意	134	13.76
看情况	460	47.23
本题有效填写人次	974	100

（十）驾培市场热点调查

驾培市场发展的瓶颈，往往是行业关注的热点，也与驾培市场的营商环境紧密相关。

从表 5 可以看出，受关注比较多（超过 50%）的是“驾培行业的未来发展趋势是什么”（60.27%）、“学时是否全面对接和严格管理”（58.83%）、“驾驶培训考试内容和政策是否还会变化”（52.77%）、“‘黑驾培’如何得到有效管控”（52.67%）等。这些均与驾培市场营商环境关系密切，这些数据反映的就是经营者对驾培市场营商环境的焦虑和担心。

表 5　驾培市场的关注热点		
选　项	小　计	占比（%）
驾培行业的未来发展趋势是什么	587	60.27
疫情对驾培市场会持续影响多久	353	36.24
驾驶培训考试内容和政策是否还会变化	514	52.77
驾培行业需求侧改革到底如何进行	356	36.55
学时是否全面对接和严格管理	573	58.83
“黑驾培”如何得到有效管控	513	52.67
驾校行政许可何时改为备案制	198	20.33
政府购买服务，政府对社会化考场的采购费用能否到位	246	25.26
实行备案制后，驾校的建设标准是否会降低	258	26.49
并购重组驾校的时机是否合适	211	21.66
驾校品牌联盟或者集团化、集约化是否可行	313	32.14
驾校用地问题如何解决，怎么避免被强拆	334	34.29

续表

选　项	小　计	占比（%）
驾校安全责任倒查如何做到尽职免责	208	21.36
机器人教练将来对驾培行业的影响到底有多大	340	34.91
对教练员怎么进行有效管理	365	37.47
当前建社会化考场的政策风险和市场风险大不大	217	22.28
其他	34	3.49
本题有效填写人次	974	—

（十一）营商环境影响因素调查

从表 6 可知，超过 50% 的被调查人认为“机动车驾驶人考试政策和考试机制”（54.72%）、“同业非理性竞争”（60.16%）是影响驾培市场营商环境的重要因素。前者属于管理部门的政务环境，后者属于经营主体自身的价格管理环境。

表 6　驾培市场营商环境影响因素调查结果

选　项	小　计	占比（%）
机动车驾驶人考试政策和考试机制	533	54.72
机动车驾驶培训管理政策	359	36.86
驾校训练场用地政策	368	37.78
当地城乡规划和人口流动情况	267	27.41
当地政府疫情防控措施	238	24.44
当地交通运输（驾培）管理机构	397	40.76
当地公安机关交通管理部门（车管）	361	37.06
驾校审批数量	423	43.43
同业非理性竞争	586	60.16
当地经济发展状况	197	20.23
当地税收政策	90	9.24
当地用工和劳动保护政策	110	11.29
其他	33	3.39
本题有效填写人次	941	—

（十二）投诉情况调查

投诉是市场中因为纠纷或矛盾，行业从业人员向主管部门寻求解决方式的行为。及时地回应并处理投诉的问题，对于建立良好的营商环境具有重要意义。从表7中可以看出，“投诉过但没有得到解决”的占比为35.83%，多于“投诉得到及时解决”的占比（23.31%）。

表7 投诉情况调查结果

选　项	小　计	占比（%）
投诉过，问题得到了及时解决	227	23.31
投诉过，受理了但没有得到解决，也没有给出解决时限	349	35.83
投诉过，但未被受理	95	9.75
未投诉过，不了解投诉渠道	408	41.89
本题有效填写人次	974	—

（十三）改进营商环境调查

当驾培市场的营商环境成为阻碍发展驾培市场的瓶颈时，身处驾培市场的仁人志士对改进营商环境提出了更多的期望。从表8中可知，“营造公平法治环境”占比为60.57%，“规范涉企经营性收费”占比为49.49%，“提升政府公共服务质量”占比为46.51%。可以看出，人们对改善营商环境有着很高的期望。

表8 改进营商环境调查结果

选　项	小　计	占比（%）
规范涉企经营性收费	482	49.49
提升政府公共服务质量	453	46.51
营造公平法治环境	590	60.57
加强涉企政策宣传	211	21.66

续表

选　项	小　计	占比（%）
创业辅导	121	12.42
创新支持	260	26.69
产权保护	136	13.96
创新监管方式	288	29.57
金融支持	156	16.02
培训和引进人才	284	29.16
其他	48	4.93
本题有效填写人次	974	—

（十四）加强信用体系建设调查

从表 9 可以看出，就如何加强信用体系建设，排名第一的是“发挥行业协会的作用，加强行业自律”，占比为 74.74%，说明对行业协会给予厚望；其次是“建立白名单、黑名单制度，完善失信人曝光和惩罚机制，让失信付出代价，并警示他人”，这代表着驾校对改善营商环境具有强烈要求。

表 9　加强信用体系建设调查结果

选　项	小　计	占比（%）
发挥行业协会的作用，加强行业自律	728	74.74
健全完善企业信用公示系统等信用公示平台	521	53.49
建立白名单、黑名单制度，完善失信人曝光和惩罚机制，让失信付出代价，并警示他人	663	68.07
加强道德和精神文明建设，形成良好社会氛围	432	44.35
利用第三方机构，发挥社会评价的作用	385	39.53
本题有效填写人次	974	—

从上述对营商环境调查的结果来看，2020 年被采访者的负面整体感受度高于正面整体感受度，占 70.33%；2020 年全国驾培收费（含考试费）2000~3000 元最多，占 44.05%，最低收费 1000~2000 元的占 7.80%；2020

年占比 40.45% 的受访者认为营商环境已经达到恶劣的程度；2020 年占比 53.49% 的驾校不仅亏损，且利润比 2019 年下降了 10% 以上；2020 年 54.72% 的被调查人认为影响营商环境的最大因素是“机动车驾驶人考试政策和考试机制”；2020 年占比为 60.57% 的受访者认为应“营造公平法治环境”。

三 当前驾培市场营商环境现状分析

（一）市场准入的收与放

驾培市场准入包括驾校资质准入和教练员职业准入，目前改革方向和定位已经基本确定。

1. 驾校准入变动前后的营商环境分析

（1）驾校许可改为备案制，有利于改善营商环境。改许可制为备案制的最大优势是降低行政成本，主要原因是“部分制度设计与国家持续推进‘放管服’改革精神不相符，与国家优化营商环境决策部署不相适应”。

（2）驾校资质实行备案制是大幅度的“放”，驾校资质取消行政许可之前的措施，则是小幅度的“放”。国办发〔2015〕88 号文件发布后，取消法规之外设定的驾培机构限制进入条件，取消以规划、听证等方式对驾培机构数量、类别和规模的管控。凡是符合驾培机构许可条件的申请者，都必须予以许可，不得以任何理由、任何形式限制符合许可条件的申请者进入驾培市场。因此，许多地区一时间增加了大量驾校。

这种无止境放开，符合“放管服”改革的要求，也符合市场规则。以某市为例，国办发〔2015〕88 号文件发布前该市只有几十户驾校，2020 年增加到一百多户，驾培市场竞争激烈。

2. 教练员职业资质的收与放

教练员职业资质相关政策几经变迁，至今有人认为教练员已经架空驾校，这也许是 2020 年驾培市场营商环境的真实写照。

（1）教练证取消前驾培市场营商环境分析

2016 年 2 月，《国务院关于第二批取消 152 项中央指定地方实施行政审批事项的决定》（国发［2016］9 号）的发布，结束了自 2006 年起实施的“机动车驾驶培训教练员从业资格证”（以下简称“教练证”）认定制度。

从 2004 年《道路交通安全法》颁布，至 2016 年开始实施将“机动车驾驶教练员职业资格”列入国家职业资格目录清单，驾校教练员受法治化管理。前期以政府名义核发的只有省级运管机构核发的教练证（称“单证阶段”）。后期，增加了人社部核发的机动车驾驶教练员评价类国家职业资格，至 2016 年 2 月之前，称为“一岗二证”阶段。

这两个阶段的政策各有利弊，直接影响的就是营商环境。“单证”能保证教练员的职业底线（如驾龄），但有一定的行政成本，且不一定能激发职业活力。“一岗二证”吸收了两种制度的优点（既能保证教练员职业底线，又能确保激发职业活力），但行政成本加大，因此“一岗二证”曾在多数地区遭到排斥。

（2）教练证取消后驾培市场营商环境分析

2016 年，宣布取消“教练证”，教练员仅受国家职业资格目录清单的约束，这造成教练员职业有岗无证、有证不用的近似无证的尴尬局面。这不仅影响了营商环境，更重要的是存在很多无底线的教练员，对道路交通安全构成很大的威胁。

案例 1

2017 年 7 月 12 日，某地一名实习司机教练员所培训的学员，在训练中驾车撞墙，致 4 名学员受伤。根据规定，教练员须取得相应的机动车驾驶证，并拥有安全驾驶经历 5 年以上，以及相应车型驾驶经历 3 年以上等。但这位教练员显然不具备上述教学资质，最终被判定对事故负全责。经过协商，受害者分别得到赔偿。

（3）机动车驾驶教练员退出国家职业资格目录清单后的营商环境分析

2020 年 7 月 10 日，人力资源和社会保障部发布公告，2020 年底前将有

76 项职业资格退出国家职业资格目录清单，涉及 185 个职业，其中就包括“机动车驾驶教练员”。

将技能人员水平评价由政府认定改为实行社会化等级认定，接受市场和社会认可与检验，这是推动政府职能转变、形成以市场为导向的技能人才培养使用机制的一场革命，有利于破除对技能人才成长的制约，促进产业升级和高质量发展。

但机动车驾驶教练员与其他职业不同，其作业环境包括公共道路，其教学工具是汽车，其职业目标是培养安全驾驶人，这些均与公共安全息息相关。

凡是与安全有关联的事项，国家在职业顶层设计中，也明确提出应纳入国家准入类职业。如果用驾校替代政府完成与安全有关的公共规则相关内容、意识等的培养，隐患可能更大。

综上，机动车驾驶教练员职业与公共安全息息相关，是否作为准入类项目纳入国家职业资格管理，影响的不仅仅是驾培市场的营商环境。

（二）驾培考试环境

驾培考试环境，是驾培市场营商环境的核心因素，其好坏直接关系到健康有序的驾培市场的形成。

1. 考试机制设计相关的营商环境分析

考试机制是一个国家对驾驶人考试的过程、标准、方法以及执考人等所有要素的统称。

（1）考试组织

驾考是驾校获取经济利益的重要影响因素，包括考试合格率及频次。驾考合格率越高、考试频次越多，驾校的经济效益越好。

但考试频次不取决于驾校的规范或考试合格率，而主要取决于车管所的驾考约考机制。例如，自主约考机制满足了学员随机约考的需求，却打乱了驾校统一上车、统一教学、统一培训、统一考核的组织模式，破坏了驾校的统一教学秩序。约考体现了便利性，但教学秩序是提高安全意识的重要途径，二者不可偏废。正确处理这一关系，有助于改善驾培市场的营商环境。

（2）驾考能否让优秀驾校承担

十八届三中全会决定提出，机关事务性管理服务要引入竞争机制。这主要指凡属事务性管理服务，原则上都要引入竞争机制，通过合同、委托等方式向社会购买。涉及内容主要是政府采购、招投标等项目。事务性特征比较强的驾考，目前仍然由公安机关自身承担，显得与政策导向格格不入。在日本、韩国等国家，警察可以监管驾校的驾考，但不会直接与考生接触。

同时，驾校本身就是国家承认的法人单位，对社会承担着责任和义务。如果驾考可以由信誉良好的优秀驾校承担，一方面能够减少政府开支；另一方面，驾考与驾培的关联作用可以让驾校输出更合格的驾驶人；另外就是能够真正实现驾校法人的社会责任。2020 年 12 月，《交通运输部办公厅关于做好道路货物运输驾驶员从业资格考试制度改革有关工作的通知》（交办运〔2020〕66 号）的实施，开启了我国从业资格证由政府实施行政许可改由企业（驾校）实施的先河。如果驾考由部分驾校实施，驾培市场营商环境或将有新的突破。

（3）驾考机制引发的应试教育倾向

驾考是驾驶技能培训过程中的鉴定环节。将驾考活动由一个政府管理部门管理，一方面，孤立地考察鉴定一个考生的驾驶技能，让其承受了难以承受之重（安全责任）；另一方面，人为断裂了驾考与驾培之间的联系，驾培不得不沦为驾考的附属品（应试教育倾向所致）。

驾考合格率高低直接影响驾校的经济效益、社会声誉，也直接影响教练员个人的业绩及经济利益。驾培“应试教育”倾向的直接结果就是抛弃培训的灵魂——教学大纲，最终可能引发公共安全环境的恶化，反馈至驾培行业，就是营商环境的恶化。

另外，“考试经济”的核算原则是尽可能降低考试成本，全国不同地区应试难度的差异，也导致考生的自由流动。这种流动举着合法的旗帜，看起来类似“市场在资源配置中起决定性作用”，实质上是应试教育倾向的泛化与蔓延，这与营商环境的改善无疑是背道而驰的。当前学时对接改革之所以举步维艰，应试教育倾向“功不可没”。

2. 考场布局相关的营商环境分析

驾考考场是用来考核机动车驾驶人的场所，考场的便利性不仅方便考生，也同样方便驾校。

根据《道路交通安全法》相关规定，我国的驾考机关是公安交通管理部门，它们按照法律法规履行驾考行政管理职能。根据国办发［2015］88 号文件，“驾驶人考试场地布局、数量应当满足本地考试需求”。然而，现实却是有些地市级行政区域范围内的科目二考场不仅数量有限，布局也不合理，这不利于驾培市场营商环境的优化。

有些地区，在国办发［2015］88 号文发布之前，还设置了社会化考场，但发布之后则一律被清除。这不仅违背了国办发［2015］88 号文的精神，而且违背了《优化营商环境条例》第 34 条“政府及其有关部门应当进一步增强服务意识，切实转变工作作风，为市场主体提供规范、便利、高效的政务服务”。

3. 考试车辆相关的营商环境分析

目前，考试车型选取的决定权在车管所。但从《优化营商环境条例》保护市场主体的角度来说，车管所如果不征求驾校意见、随意更换考试车型，会导致成千上万辆教练车被迫更新，给驾校造成很大的成本压力。

从逻辑上看，教练车的选购本来应该毫无争议地由驾校决定。但是，为了让学员顺利练好车考好试，教练车往往选择考试车型，这种做法也无可厚非。因为从练习驾驶技能到考试驾驶技能，应该尽可能减少因车辆差异而非技能本身带来的操作失误，这是可以理解的。但是，现实中，一些管理部门不顾驾校反对，随意更换考试车型的做法屡见不鲜。按一辆教练车价格 10 万元计算，更换几千辆教练车，就意味着几亿元瞬间蒸发，这对市场经营主体来说无疑是毁灭性打击。

所以，不要随意改变考试车型，如果非要更换，需对驾培市场主体进行必要的调查，获得其认可，是改善驾培市场营商环境的重要环节。

4. 自主约考相关的营商环境分析

自 2016 年开始允许学员自主约考获取驾照，事实证明，这在一定程度上否定了驾培的作用，否定了驾校的法律地位，致使“黑驾培”“黑驾校”数量大幅增加。

同时，驾培收费断崖式下降，直接消解了驾培市场赖以生存的正当竞争行为，极大地挫伤了规范经营的驾校的积极性，导致“劣币驱除良币”，使驾培市场的发展停滞不前，秩序不良，驾培市场的营商环境遭到极大的破坏。

（三）驾培价格管理

1. 公开驾培成本是市场主体自身维护健康营商环境的基础

在驾培成本项目（见表 10）中，有两点情况需要说明。

（1）燃油费是最大成本，但并非最大可变成本。燃油费几乎占了驾培成本的主要部分，而且与其他项目相差很大。但从全国范围来说，地区之间的燃油费成本差异很小，不同年限之间的差异也不是很大，故燃油费对驾培市场营商环境的影响很小。

表 10　驾培成本构成

管理费用等间接成本	实际操作直接成本	理论教学直接成本
（1）管理人员人工费 （2）房屋等建筑物折旧费 （3）水、电、暖费用 （4）办公费 （5）其他	（1）教练车折旧费 （2）教练车维修费 （3）教练车保险费 （4）教练车年审费 （5）教练车第三者责任险 （6）场地租赁费 （7）场地建设费 （8）燃油费、润滑油费 （9）教练员人工费	（1）理论教学设备设施折旧费 （2）理论教练员人工费

（2）人工费用等是最大可变成本但非主要成本。在成本项目中，人工费、租赁费等随着市场物价指数的攀升会随之提高，与物价成正比关系。

由此可见，驾培市场的主要成本变化不大，变化较大的成本不是主要成本。

2. 价格限高和限低是目前建立良好营商环境的关键

从价格高低角度看，驾培市场要警惕涨价，但主要是防止低价倾销。因为目前低价倾销在驾培市场大行其道，有导致驾培市场崩溃的危害性。

多年来，驾培行业一直处于多头管理的半官方经营状态，2004 年之后才在政策上规定了市场化路径，但是还未形成价格市场调节机制。国办发［2015］88 号文明确提出“驾驶培训费用实行市场调节价”，才真正终止了全国政府指导价的存在，但遗憾的是，此时全国驾培能力供过于求的历史性拐点开始出现。

根据初步调研，2016~2018 年，驾培价格在经过小幅下降期和大幅振荡期之后，各地驾培收费价格出现极度混乱状态。但从官方查到的驾培收费情况来看，价格管理部门只对涨价、垄断提出了限制，没有对下限问题提出过限制（封上不封下）。如表 1 所示，2020 年全国驾培收费（含考试费）2000~3000 元的居多，占 44.05%；1000~2000 元的竟占 7.80%。低价倾销几乎成了近几年驾校屡试不爽的发展手段，一方面是造成学车、考试不方便、不安全，另一方面是危害道路交通安全。据交警部门提供的驾校培训质量与违法率，许多驾校毕业 3 年内学员的违法率有逐年上升的趋势。可见，低价倾销不仅破坏了驾培市场的营商环境，更重要的是为社会制造了许多“马路杀手”，其危害之大不言自明。

与低价倾销、恶意降价相抗衡的是主动提高收费价格。从表面上看，提高培训收费价格，似乎是价格管理部门打击的对象。然而，以教学行为为主要服务特征的驾培机构，在提高综合服务水平、服务透明度的同时，敢于提高收费价格，反而成为当前最难能可贵的现象。如表 1、表 2 所示，虽然 2020 年全国驾培收费在 5000 元以上的驾校占比仅为 3.29%，2020 年价格上升 20% 以上的驾校仅占 1.85%，但在一定程度上可以看到驾培行业发展的希望和未来。

四 驾培市场营商环境存在的问题及改善思路

（一）驾校法律定位的自身矛盾与冲突

1. 素质教育与追求利益最大化的法律冲突

由于驾培行业已经市场化，驾培机构具有市场属性，作为自主经营、自负盈亏的市场主体，驾校可以按经济效益最大化进行经营。

驾培教学大纲规定的学时是基本的教学时间，按照驾培教学大纲增加学时以提升素质的教学，水平更高，但要求学员和教练员付出的时间、精力及成本更大。既让驾校最大可能地赚钱，又让驾校提供更高水平的教学，实际上是顶层设计中存在的一个不可调和的矛盾。

2. 政策逐步加大驾培安全责任，驾校显得无所适从

市场经济体制下的驾培教学与驾校利益最大化的法律冲突，本质上在于让驾校替代政府承担安全教育责任。2012 年 7 月，国务院将严格驾培大纲培训、驾培机构监管等列入《国务院关于加强道路交通安全工作的意见》（国发［2012］30 号）。2017 年 8 月 8 日，国务院安全生产委员会，将驾培视为“提升交通参与者安全素质”的重要组成部分，并纳入《关于印发道路交通安全“十三五”规划的通知》（安委［2017］5 号）中。2018 年 6 月 13 日，交通运输部办公厅、公安部办公厅、应急管理部办公厅联合发文，以“深化驾驶员素质教育工程”为题将驾培列入《道路运输安全生产工作计划（2018~2020 年）》中。

这意味着政策在逐步加大驾培行业的安全责任。从法律上看，驾校追求利益最大化是企业的应尽本分，使驾校提高培训质量、提高驾驶人的安全意识，则是公共安全的需要。二者之间的关系，在卖方市场时期较容易处理，但当前驾培市场处于买方市场，二者关系遇到了前所未有的挑战。重新审视驾校的法律定位，已经迫在眉睫。

（二）市场思维与法治思维不平衡

从表 8 可知，“营造公平法治环境”占 60.57%，“规范涉企经营性收费”占 49.49%，“提升政府公共服务质量”占 46.51%。从表 5 看出，关注比较多（超过 50%）的是“驾培行业的未来发展趋势是什么”（60.27%）、“学时是否全面对接和严格管理”（58.83%）、“‘黑驾培’如何得到有效管控”（52.67%）等。概括起来，占比较高的均为对驾培法治环境的关注。

驾培遵循的是市场思维，驾考遵循的是法治思维，二者相互协调，才能

营造良好的营商环境。以驾培中对教学大纲的遵守为例，执行教学大纲就是依法培训。依法治国、依法行政、依法经营是当前国家极为重视的重要国策。依法培训是机动车驾培行业的核心理念和核心任务。如果不能依法培训，一个行业的发展大厦就会垮塌。

如果不能严格执行教学大纲，势必侵害学员的利益，同时也会影响合格驾驶人的培养和输送。这种侵害可能暂时看不到效应，但长此以往，必将病入膏肓。

另外，关于驾培学时，学员利用副驾驶位置刷学时、使用照片刷学时、通过跑马机设备刷学时等一些作弊现象较为常见。部分驾校为了逃避学时监管，将学员送到未实行学时对接的地区报名，然后再从那里转入本市参加考试。驾校与黑培训点合作的现象十分普遍，对此，当地政府、土地资源、综合执法等部门都没有给予足够的重视。

（三）建立健全信用体系是形成良好营商环境的重要途径

社会信用体系的建立和完善，是我国社会主义市场经济不断走向成熟的重要标志之一。社会信用体系是以相对完善的法律、法规体系为基础，以建立和完善信用信息共享机制为核心，以信用服务市场的培育和形成为动力，以信用服务行业主体竞争力的不断提高为支撑，以政府强有力的监管体系做保障的国家社会治理机制。

2015 年 5 月 12 日，交通运输部发布《关于加强交通运输行业信用体系建设的若干意见》（交政研发［2015］75 号），旨在贯彻落实国务院《社会信用体系建设规划纲要（2014~2020 年）》和中央文明委《关于推进诚信建设制度化的意见》精神，切实加强交通运输行业信用体系建设，推动交通运输科学发展，其中“驾驶员培训以及相关服务机构等”被列入重点领域。

2019 年 7 月 9 日，国务院办公厅发布《关于加快推进社会信用体系建设构建以信用为基础的新型监管机制的指导意见》（国办发［2019］35 号），旨在深入推进“放管服”改革，进一步发挥信用在创新监管机制、提高监管能力和水平方面的基础性作用，更好激发市场主体活力，推动高质量发展。

纵观我国驾培市场的发展，驾培法律法规的顶层设计缺陷仍然存在。尤其在执法层面，执法不到位、执法力度不足、执法不严、违法不纠的现象非常严重。在表 9“加强信用体系建设调查结果”中，排名第二位的是“建立白名单、黑名单制度，完善失信人曝光和惩罚机制，让失信付出代价，并警示他人”，足以看出驾培同仁对建立良好营商环境的强烈愿望。74.74% 的被调查者认为，提升信用应“发挥行业协会的作用，加强行业自律”，反映出大家对行业协会有所作为的厚望。

五　结束语

在国家顶层设计的支持下，在行业主管部门的统筹规划下，在行业协会的配合下，在驾培机构和相关人员的努力下，共同构建驾培行业良好的信用体系和市场秩序，才能营造出良好的营商环境，从而促进行业的健康有序发展，进一步激发驾培市场的活力。

本文作者为刘俊利。刘俊利，山东交通学院驾驶培训中心高级研究员。

B.5
2020~2021 年新冠肺炎疫情对驾培市场的影响分析

摘　要：本文以 2019 年驾培市场发展分析和辽宁省驾培机构经营情况为基础，分析了 2020 年新冠肺炎疫情对驾培市场的影响；基于疫情常态化的背景，深入探究疫情前后驾培行业供求关系的改变，分析总结疫情对驾培市场招生、成本支出、培训方式、资源整合等方面的影响，总结经验，提升士气，提出应对疫情的相关合理化建议，持续增强行业的抗风险能力。

关键词：驾培市场　新冠肺炎疫情　供求关系

新冠肺炎疫情给中国经济运行带来了巨大影响。本已步履维艰、产能过剩的驾培行业，在疫情冲击下更加难以为继，其影响主要表现在经济损失、生存压力和市场需求波动等方面。由于驾培市场需求是刚性的，所以驾培需求没有消失，只是延迟了。

在疫情防控常态化的今天，驾校从极端艰难中逐渐恢复，但恢复缓慢的依然占比较高。如何正确认识疫情对驾校经营的影响，并采取精准的应对措施，是驾培行业的当务之急。驾校必须时刻做好准备，把握好内外部环境的变化，深刻洞察市场趋势的变化，及时在市场开拓和营销策略上做出优化调整，赢得市场竞争的主动权。

一　疫情之前的驾培行业供求关系分析

（一）2019年我国驾培行业需求侧基本情况

2019 年全国机动车驾驶人数量达 4.35 亿，比 2018 年新增 2637 万（扣除注销量），增长 6.45%；其中汽车驾驶人达 3.97 亿，占驾驶人总数的 91.26%，与 2018 年相比增加 2806 万（扣除注销量）。全年新领证驾驶人（驾龄不满 1 年）达 2943 万，占全国机动车驾驶人总数的 6.76%。

我国机动车驾驶员占总人口的比重逐年上升，2019 年机动车驾驶员占总人口的比重达 31%。但与发达国家相比，我国驾照持有率仍较低（以美国为例，其驾照持有率达到 68%）。因此，从长期看，我国驾照持有率仍有较大的增长空间。从驾培学员的年龄结构看，35 岁（含）以下学员占比达 67.3%，其中 18~25 岁学员占比超过 30%，与 2018 年同年龄段学员占比 12.55% 相比有了大幅提高，说明学员正在向年轻化发展，这是一个对价格更加敏感的学员群体。

同时，作为互联网原住民的“90 后”“95 后”“00 后”学员，他们从网络及社交媒体获取信息的能力很强，对驾校的口碑和品牌更加关注。在驾培学员的性别结构上，仍以男性学员为主，占比为 62.7%。和过去相比，女性学员增加，占比达到 37.3%，比 2018 年的 30.1% 有了显著提高，应该成为今后驾驶培训重点关注的细分客户群体。

（二）2019年我国机动车驾驶员培训机构概况

2019 年，全国共有驾校 19741 户，教练员 925475 人，教练车 797524 辆。从全国驾校类型及数量变化情况的数据分析来看，三级驾校业户持续保持高速增长，增长率达到 14.2%，一级驾校业户增长略缓，增幅为 3.9%，二级驾校业户略微下降，降幅为 3.2%。

大量三级驾校的出现，造就了一个更加分散的市场结构，反映出驾培市场呈现更加充分竞争的态势，服务更加标准化、专业化的机构将逐步胜出，驾校的连锁和联盟化趋势将逐步显现。随着驾培市场的竞争从混乱向有序过渡，行业集中度将进一步提高。

（三）机动车驾驶员培训行业供需分析

根据《机动车驾驶培训教学与考试大纲》规定的培训学时和内容，以 C1 型教练车为例，驾校年单车最大培训能力 70 人左右。而从 2006~2018 年全国驾校单车培训量情况看，驾校单车培训量在 2010 年达到最大值 53 人，之后逐年下降，2018 年单车培训量只有 34 人，为近 10 年来最低水平。2018 年全国驾培行业产能利用率为 48.6%，处于较为严重的产能过剩状态。

根据中国交通运输协会驾驶培训分会对业内收费情况的抽样调查结果，2019 年全国有 43% 以上的驾校培训费低于每人 3000 元。2019 年仅有 17% 的驾校学费小幅上涨，而有 56.5% 的驾校学费下降，甚至有 14.8% 左右的驾校学费出现了 20% 以上的跌幅。这也从侧面反映出行业还处于无序竞争的阶段。

近年来，许多管理部门也多次发布市场风险预警。辽宁省盘锦市预警公告显示，截至 2019 年 10 月 31 日，全市共有各类机动车驾驶培训机构 29 户，其中：二级驾校 7 户，三级驾校 22 户；有教练车 963 辆，按每辆车每月培训 5 名学员计算，全市驾校年培训能力已达到 5.77 万名。近年来，全市驾校年均招生总量仅为 2 万名左右，尤其是 2018 年，仅招生 6584 名，为近 10 年来历史最低，2019 年 1~10 月，全市驾校共招生 1.67 万名，市场虽然有所回暖，但仍低于全市年培训能力。

2019 年 7 月 17 日，中央电视台财经频道以“北京：部分驾校培训遇冷 生源大幅下降”为题报道了驾校培训情况。近年来，不仅三四线城市，北京、上海等一线城市也都做出了驾培行业大面积供过于求的风险警示。

由上可知，疫情前驾培行业已经普遍供大于求，驾培行业发展形势已相当严峻。

二　新冠肺炎疫情对驾培行业的影响

（一）对招生情况的影响

这里以辽宁省驾培机构 2020 年 1 月至 2021 年 4 月的招生情况为例进行简要分析。从总量来看，2019 年辽宁省共完成培训 69 万人次，2020 年为 61 万人次，下降了 12%。

其中，2020 年 2 月，辽宁省驾校基本处于停工停产状态，全省招生量为 3000 人左右（见图 1），3 月中旬全省驾校基本全部复工复产，但理论培训主要采用线上教学方式，线下集中授课仍未恢复。6~7 月一般为招生旺季，尤其是 7 月，招生量大幅增加。2020 年 12 月、2021 年 1 月受当地新冠肺炎疫情的影响，部分驾校停工停产，招生量略有下降。

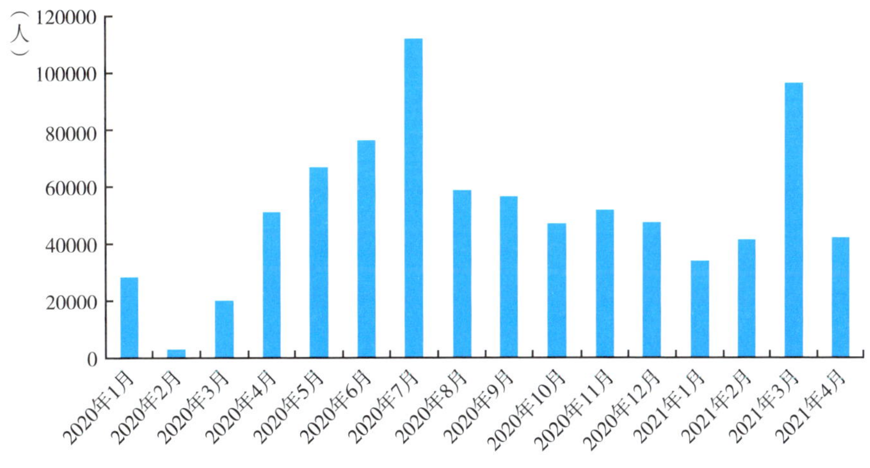

图 1　2020~2021 年辽宁省驾培机构招生情况

总体上看，2020 年培训量虽然较 2019 年下降 12%，但结合辽宁省驾培市场基本每年递减 10%~15% 的情况来看，疫情并未对招生总量产生极大的负面影响，也没有对行业造成沉重的打击。

（二）疫情增加了驾校的培训成本支出

停工停产期间，驾校陷入“零营收、硬支出”的窘迫境地。固定成本占比增加，场地和房屋租金及使用税、车辆维护费、水电费、职工薪资保险等多种费用必须承担。

疫情缓解以后，基于疫情对出行方式的影响，学车人数迎来报复性增长。同时，疫情对于用工、培训方式等方面也有部分影响和限制，使驾校面对一定时段内井喷式的报名学员，日常支出较以往有了一定的提升，进而对培训周期、培训质量、考试通过率等产生了连锁影响。

（三）疫情对培训方式的影响

疫情期间，互联网经营、线上交易等新型经营方式备受青睐，“宅经济”“云生活”得到了飞速发展。这种消费习惯和消费理念的养成，给驾培行业带来了较大的影响。

可以看出，在这个时期，学员更愿意接受网络远程教育。据不完全统计，2020 年 3 月以来，辽宁省共有 40 余万人选择了网络远程教育，虽然也有理论课线下培训复工复产较晚的原因，但更多地来源于学员对培训方式的主动选择。目前，在正常经营情况下，仍有 20% 以上的学员选择远程网络培训。

同时，部分互联网驾培平台和驾校在疫情期间，也尝试推出各种举措来应对。考虑到教练员的用工成本以及行业特有的对教练员的高依赖程度，各方面开始谋划购买机器人教练员等来降本增效。同时，部分企业勇于担当社会责任，在疫情期间开展了各式各样的志愿服务活动。

案例 1　木仓科技以技术赋能驾培行业

木仓科技在疫情发生的第一时间，即率先捐款 500 万元支援抗疫，是国内互联网驾培领域的首家捐款企业。同时，木仓科技的旗舰产品驾考宝典为用户提供免费教学视频，最大限度地满足用户足不出户轻松学习的需求。为了帮助行业上下游企业共渡难关，针对全国范围的驾校，驾考宝典在疫情期间推出了允许驾校永久免费入驻的举措。此外，在疫情期间认证的会员驾校，还可免费获取学员主动咨询信息。针对驾培行业广大的经营者和从业者，驾考宝典还特别推出了“驾校疫情应急公开课”，邀请驾培行业资深大咖和驾考宝典驾校顾问团，共同服务疫情防控下的驾校完成线上线下招生、管理、运营操作实务，并不定期举办公益直播课程。同时，驾考宝典路考仪、模拟器等智能硬件产品已基本完成研发，希望能利用最新的技术来赋能驾培行业，提升学习、教学效率。

案例2　华航驾校勇担社会责任

本溪华航驾校建校10多年来，秉承诚信为本、贡献社会的理念，积极参与社会公益活动，组建“华航驾校爱心送考车队”，在每年高考期间免费护送本溪市家庭困难高考学子。

面对新冠肺炎疫情，董事长李冬华带领华航驾校第一时间采取了应急举措，并成立了防疫工作小组。在尽力为抗击疫情做好分内之事的同时，主动参与社会抗疫工作。组织抗击疫情志愿服务队，派出27名教练员、24辆教练车（见图2）到辖区街道等配合参与抗疫工作。李冬华还自费购买或准备消毒水、口罩、加热鞋垫、食品、热水、姜汤等物资，送到防疫前线。

敬畏英雄、回报英雄，凡参加本溪市政府组织的赴湖北省一线抗击疫情的医护人员，到华航驾校考驾照所有费用全免，享受VIP待遇，驾校在其学车过程中尽最大努力给予关爱。另外，为全市所有医护人员减免驾培学费。目前一共有15位抗疫凯旋医护人员来到华航驾校免费学车。

华航驾校在充分履行社会责任的同时，全面提升了驾校的企业形象，增强了企业的凝聚力、向心力。

图 2　华航驾校参与抗疫工作的教练车

（四）加速推进市场资源整合

以辽宁省为例，疫情之前，驾校已经面临诸多困难，经营利润下滑严重，其中有经营管理不善的原因（如家族产业管理能力、土地使用政策等的影响），同时很大程度上也有人口红利减少、学车人数逐年递减的客观原因。另外，辽宁省 80% 以上的驾培机构属于民营企业，90% 以上为小微企业，且多采用重资产运营模式，属于“船小且难掉头”的特殊经济个体。

疫情进一步加剧了上述情况，加速了行业洗牌和并购重组。例如，在 2020 年全省清理整顿过程中，共有 19 户驾校办理了歇业手续，3 户驾校办理了注销手续，占全省驾校总数的 4%，同时在整顿过程中了解到，全省驾校进行法人变更等驾校合法手续变更的约有 78 家，占 15% 左右。出现很多同一法人的情况，应该属于驾校收购行为。

从学员投诉情况来看，近两年针对培训问题的投诉量逐年增加，投诉排名靠前的几个问题分别是退费、“黑驾校”（报名点、教练）、服务态度，在资源整合的过程中，暴露出来的矛盾也越来越多。驾校经营一旦出现问题，可能出现停不下来也开不下去的局面，极易引发经济纠纷，甚至成为道路运输领域影响社会稳定的风险点。

三　驾培行业未来发展建议

在疫情防控常态化的情况下，驾培行业应做好以下几点。

第一，坚定信心，打好疫情防控持久战。首先要总结疫情防控经验，健全落实防疫规范和流程，做好防疫物资储备，制定应急预案，把防控措施贯彻到每一个场所、每一台教学设备、每一个环节，养成良好的培训习惯。

第二，“降本、增效”已经成为驾培机构未来生存和发展的必经之路。驾培行业应系统研究企业经营成本，由经验式的粗放管理向精细化管理转变，运用程序化、标准化的手段实现横到边、纵到底的全面管理。

第三，加快新技术新方法的应用。推动教练车新能源化、培训方式智能化、服务质量标准化、品牌建设连锁化。

第四，进一步理顺“考”“培”关系，能够有效缓解疫情带来的不良影响。要进一步开放驾培市场，严格按照国家相关法律法规实施驾校许可或备案制度，对符合法定条件的申请人，道路运输管理机构不得以任何理由拖延或者禁止准入，不得增设任何额外条件。持续优化机动车驾驶人培训考试流程，进一步加强驾驶人考试管理，规范驾驶人考试工作，保障驾驶人考试公平公正，并深入推进交通管理“放管服”改革措施落地落实。全面推进“学时对接”，尽快将“学时管理平台”与“考试预约平台”完成对接，防止学员向学时管控不严的地区流动，更好地管控非法经营的“黑驾培”，减少恶性竞争，保护合法驾校的正当权益。各级联动，形成全国一盘棋。

四　结束语

新冠肺炎疫情对于驾校的影响不言而喻。从短期看，对驾校的经营相当不利，尤其是在发生严重疫情的地区，直接影响当期驾校的培训和考试，驾校甚至完全停工停产；但从长期看，或许会改变驾培行业现有的市场格局，给行业带来新的净化机会。机会总是留给有准备的人，在这个关口，在遵从当地政府疫情防控部署的同时，驾校经营者应自强自立，振奋精神，积极应对，未雨绸缪，积蓄力量，充分把握和抓住机会，把疫情对驾校经营的负面影响降到最低。

本文作者为袁会武、周英南。袁会武，辽宁省道路运输服务中心副主任；周英南，辽宁省道路运输服务中心车辆驾驶与培训组组长。

经营管理篇

B.6
驾校服务质量提升与创新研究

摘　要：驾培行业作为交通运输服务业中具有教育培训属性的特殊行业，经过2020年新冠肺炎疫情的考验，淘汰了许多服务差、品牌力弱的驾培机构，使服务带动品质，体验带来口碑，品牌带来了价值。驾培机构服务水平的高低，不但直接影响了驾培机构的品牌发展，还直接决定了驾培机构生存能力的强弱。因此，在行业竞争加剧的形势下，想要长远持续发展，越来越多的驾培机构都认识到了“服务”对新时代驾培行业高质量发展的重要性，纷纷将“打造新时代驾培特色服务”作为提升品牌竞争力的重要手段。

关键词：驾培行业　驾校　服务质量

驾培服务是为机动车驾驶学员提供与培训和考试密切相关的服务事项，发布相关服务信息，并开展专题服务的工作。服务创新是指驾校对服务学员的活动和场景进行的创新与持续改进工作，服务创新能够带来驾校内部管理过程的完善和驾校与学员关系的提升，带来驾校品牌和行业美誉度的提升。

学员的需求和期望是不断上升及变化的，尤其是“95后”的学员。作为驾培市场的主体，他们自我意识强，其口头禅是:“我不要你觉得，我要我觉得。”服务无止境，因为人们对于服务的需求也没有止境。在驾培行业发展到了供大于求的新阶段，“学员挑驾校”的时期，驾校需要不断地创新服务，去满足学员日益增长的服务需求。服务创新是贯彻“以学员为中心”的服务理念的一个重要方面。

一　驾培行业服务理念的转变与升级

驾培行业按行业分类应归为交通运输行业里的教育培训类，但由于其市场化程度高，具体的应该归为服务行业里的驾驶培训行业。

（一）驾培行业早期服务的时代背景

1893年8月14日，在法国政府颁发实施的《巴黎警察条例》中，第一次规定了“通过资格考试并获得驾驶证后可以在公路上驾车行驶”。随后，美、英、德等国家纷纷效仿法国交通管理的模式，把驾驶员考试和颁发驾驶证纳入日常的交通管理议程。中国在20世纪80年代以前，机动车都属于公车，私人一般是没有汽车的。当时学车只能在单位跟着会开车的师傅学，名额也是有限分配，从学习到领取驾照，最快需要两三年的时间。

1988年颁布的《道路交通管理条例》解除了学习机动车驾驶的身份限制，允许私人学习报考机动车驾驶执照。在1994年和1998年的两次机构改革中，国务院都明确规定，开办驾培机构必须经交通主管部门批准，此后，投资建设驾培机构的热情开始高涨，驾驶培训开始有了市场化的倾向，民营驾校至20世纪90年代陆续出现，发展于20世纪末，但大多数地方的驾培机构的培训能力依旧远低于市场需求。

驾培行业的雏形，是“师傅传徒弟”的传统模式，师傅少之又少，但是“驾驶学徒”却数量众多，所以存在着严重的“师择徒”现象，普遍存在“尊师重教”的“表象”。之所以说是表象，是因为最早的驾培教育是在“教与学”极度不平衡的状态下存在的。教授者高人一等，自然不会顾及学习者的体验，所以驾培行业的雏形期基本上不需要“服务”。

（二）驾培行业成长期的服务乱象

早期的驾培行业，因为无法避免“求大于供”的市场关系，相关监管制度尚未完善规范，开办驾校就意味着获取特许权，拿到驾驶培训资质，就等于拿到了一张进入饕餮盛宴的入场券。这时，考驾照需要“托关系”“找门路”，为了能够顺利拿到驾驶证，绝大多数学员在练车时都要主动或被动给教练员“意思意思”，塞红包、送香烟、送名酒等，既滋生了行业腐败现象，也给驾培行业贴上了“吃拿卡要乱收费”的标签，日积月累，在社会群体中形成了一种错觉：驾培行业就是个“躺着赚钱”的行业，也导致驾培行业整体的服务意识非常缺乏。因此那些服务意识比较好的驾校往往能脱颖而出，成为区域市场的佼佼者。

（三）“供求关系”的转变倒逼驾校服务理念的转变

进入 21 世纪初，随着人口红利的消失，行业准入门槛降低，驾培行业从卖方市场迅速转入买方市场。业内竞争加剧，价格战愈演愈烈，残酷的“优胜劣汰”市场法则警醒了整个驾培行业，越来越多的驾培机构开始认识到：要在驾培行业红海市场里找到一片“蓝”，首先就要重新审视驾培行业的行业性质，先服务后教学，着力提升学员的满意度。

新时代的驾培行业再也不是“师傅挑徒弟”“卖方挑买方”的时代。随着人民经济生活水平的提高，驾培机构数量的飞速增长，驾考监管制度的完善，人们对驾培机构的选择越来越多，导致人们对“驾考”的整个过程都有了新的要求。比如“要求教练专业、态度好，拿证时间快，驾校规模大、硬件设施好”，等等，驾培机构从此彻底变成了“被选择方”。要想在这样的环境下良好经营并健康发展，驾校就必须针对学员的各种需求提供对应的服务，这才能让学员在众多的驾培机构中选择自己。一些及早醒悟的驾培机构开始认识到，服务才是驾培行业的本质，是企业长远发展不可或缺的元素，于是，一些先知先觉的驾校开始狠抓服务质量，严打行业潜规则，探索品牌化发展之路。

案例 1　南昌白云驾校服务理念的升级转变

2005 年，南昌白云驾校在高新区一个荒草丛生的江堤上建成，毫无例外地经历了驾培行业乱象频生的“成长期”。2008 年，白云驾校更换了新的领导班子，新的领导班子高瞻远瞩，根据当时市场环境分析：卖方市场不可能长久，一个没有品牌和质量的驾校必将被市场淘汰，想要驾校持续健康发展，就必须改变无服务、无品牌、无管理的野蛮状态。至此，南昌白云驾校“让每位学员都满意”的服务理念自此诞生。2015 年至 2018 年，市场竞争越发激烈，市场供求关系基本持平，“躺着赚钱”的时代已经结束。南昌白云驾校的领导班子深刻地认识到需要将服务升级，打造特色化的服务体系，于是将服务理念升级为“让每名学员都感动”。

案例 2　临汾广易驾校的百宝箱

临汾广易驾校的每位员工都能够自觉将优质的服务理念落实在自己的行动上，只要学员有需求，员工都会主动随时为学员服务，并保证让学员满意，这就形成了一种习惯、一种理念、一种文化——服务文化。

一、无烟教学

要求教练员在训练场地不吸烟，做到场地无烟化，从而树立自身良好的习惯，提高自身素质，为学员创造一个良好的学车环境。

二、百宝箱

每位教练员的教练车后备箱内，会准备零食、充电器、卫生纸、毽子、跳绳、一次性水杯、饮用水等，基本考虑和覆盖学员在学车过程中所能用到的物品，让学员有到家的感觉。

杜绝“吃拿卡要”是驾校的服务要求之一，但这只是提高服务水平的一个进步，还不属于服务创新的范畴。一流的服务内容就是“为学员再多做一步，满足并超越学员期待的服务”，从满意服务到感动服务，需要驾校工作人员的诚意、创意和推陈出新。感动来自超越学员的心理预期，感动学员是赢得学员忠诚和口碑最有效的方式，也是提升服务价值的法宝。一个企业永续经营、基业长青的商业模式，就是为顾客提供两种永不淘汰的服务产品：一是对顾客的需求给予人性化的关怀；二是对顾客的情感给予人格化的尊重。任何一个学员只要得到了驾校的真诚关怀和尊重，一旦被感动，有机会就会去回报这个驾校及其员工。

二　驾培行业服务内涵的拓展与创新

2020 年新冠肺炎疫情给我国驾培行业造成很大影响。一些平时不注重服务、不注重品牌形象的小驾校已经在这场“疫情大浪”中被淘汰。但也有许多驾培机构在面对“疫情大浪”的洗涤下，依然屹立不倒，经营业绩甚至不降反升，生源充裕，人气很旺。这两个极端的情况，实际上已经拉响了未来驾培行业的警报，即便没有疫情的冲击，驾培市场同样面临着优胜劣汰的局面，疫情只不过是加速了驾培行业“洗牌”的过程，让不能适应市场环境变化的企业快速被淘汰。适者生存，驾培行业要化危机为机遇，求生存谋发展，在强化内部管理的情况下，增强质量信誉与品牌意识，提升服务水平，真正满足学员需求，才是发展之道。

随着经济发展水平的不断提升，学员驾考体验逐渐趋向于平淡，在驾考过程中，越来越需要奇特的体验来满足情感、精神上的需求。驾培机构为了在竞争中取胜，不得不采取多元化服务来满足学员。过于平淡的驾考历程会让学员觉得枯燥乏味，特别是现在学员越来越年轻化，年轻人的思维是活跃跳动的，相比中规中矩、一成不变的模式，他们更喜欢刺激新鲜的奇幻旅程。所以，驾培行业的服务模式必须与时俱进，要具有时代的气息，不断丰富拓展其内涵，保证学员从报名到拿证能够体验到不同的服务项目，只有这样才能满足学员日新月异的需求，让驾校在激烈的市场竞争中脱颖而出。

（一）服务人性化：与学员共情，收获忠诚

驾培机构的人性化服务主要是以学员为本，通过满足学员潜在的需求，处处为学员着想，通过人性的细致化的管理感动学员，不仅要让学员满意，更要让学员感动。学员想到的，驾校能做到；学员想不到的，驾校也能做到。从细微处出发，为学员提供贴心暖心的服务，才能与学员共情，收获学员的忠诚度。

案例 3　赣洪驾校的人文服务

自 2008 年创办至今，江西赣洪驾校成为一所拥有规范化练车场和一流的全科目考场、100 余辆全新教练车和 100 多名师资雄厚教职员工队伍的园林式驾校，教学设施先进，功能完善，每年还在呈递增式投入发展。在一代代赣洪人勤奋努力下，驾校的发展日新月异，始终坚持诚信办学理念，廉洁教学、文明教学贯穿始终，“学车考驾照，首选赣洪驾校”在 84 万余人的当地城市已成为佳话。

赣洪驾校以人文创新为抓手，着力丰富服务内涵。如何才能进一步改善教学服务？赣洪驾校的做法是，驾校的一切工作都要从学员角度考虑，衡量工作的标准就是，是否推动了驾校服务高质量发展，是否让学员在培训过程中感受到了更优质、便捷、高效、实用

的服务，归根结底就是转变服务观念。赣洪驾校“以人为本”的服务理念无处不在，对学员的一声问候、一个微笑、一次开门、一个点赞，都体现了对学员的关心爱护，尊重理解和真诚相待充分体现了赣洪力量和赣洪担当。以人文创新为切入点，着力改善学员的体验。心中有坚定信仰，脚下才有无限力量，全体赣洪人深入贯彻“让每一位学员都满意”的人文服务理念，从让学员练车省心、放心、安心、暖心、舒心、开心的角度展开服务创新，他们深知只有学员满意，才有驾校品牌，才能有效提升学员的获得感、安全感和信任感，只有学员满意，才有员工的幸福。

赣洪驾校利用开班、辅导和宣誓等机会，广泛征求学员对驾校工作的意见建议，从而不断改善教学管理和服务工作。驾校也经常组织教职员工进社区、学校、企业单位宣传交通安全，普及交通安全知识，把交通强国理念送到了人民群众身边。驾校还成立高考志愿者服务队，积极组织志愿服务活动，每年志愿服务活动高达300余次，参与志愿服务人员达1000余人次，始终不忘服务社会，充分展现了“有温度的驾校”风采。

赣洪驾校近年来的发展历程充分印证，只有真正把学员放在心上，学员才把驾校放在心上。

案例4　苏州智慧驾校新增母婴室、学员休息室、残疾人专用卫生间

目前苏州已经有部分智慧驾校引入人性化学车模式，新增母婴室、学员休息室、夜间练车项目、残疾人专用卫生间等。

朱女士生完孩子后利用产假时间在新昌智慧驾校报名，前几天接到了教练通知她上车训练的电话，朱女士却有些犯愁：自己正在哺乳期，练车期间该怎么解决这个问题？教练的话给朱女士吃了颗定心丸，原来，驾校建造的母婴室很快就能投入使用，将为正在哺乳期的女性学员提供一个安全又卫生的私密空间。"这种人性化设施很棒，用最流行的话来说就是高大上"。朱女士忍不住为母婴室点赞。朱女士所在新昌智慧驾校负责人介绍，配备母婴室除了为哺乳期学员提供方便外，也可以为其他女性学员提供更为隐私的休息空间，这点在夏季尤为重要。此外，很多学车市民都有过在炎炎烈日下的空地上等待、休息的经历，今年已有一些驾校开始建设学员休息室，记者在这家驾校即将投入使用的学员休息室里看到，这里沙发、餐桌、自动饮料贩卖机等一应俱全，很像一个小规模的茶室。

（二）服务定制化，瞄准客户需求，一矢中的

所有的服务都是为了促成订单以及增加客户黏性，在不了解客户需求的情况下开展服务，只会"牛头不对马嘴"，折戟沉沙。只有服务内容能精准地契合客户的需求，才能有效提升客户的体验感。如果驾培机构能找准每一个客户的需求，"按需下药"，客户对企业的忠诚度会得到很大的提高。

1. 一站式服务：为学员提供便捷，收获口碑

作为服务行业，一定要知道，客户的时间是宝贵的，客户花钱买的就是服务。所以驾培机构的优质服务，特别是业务咨询服务，必须做到一站式解决，避免让学员"一事多问，一事多跑"。这就要求员工熟悉驾校各项业务，不论学员咨询什么问题，都能对答如流，为学员节省时间和精力，从而在学员心里建立"好感"，在学员中树立良好的口碑。

2. 一条龙服务

几乎现在所有的驾培机构都已经认识到了服务的重要性，都在其内部开始了服务意识的普及和实施。但是，一些眼光更为长远的驾校开始思考，在同质化服务日趋普及的时代，如何让自己脱颖而出？驾培行业可以拿来做比

较的软实力有限，无非就是合格率、服务以及价格。如何在有限的几项里拿到高分，甚至拿到别人拿不到的分数，成为一个课题。因此，有些驾培机构已经在开始打造新型立体服务链，虽然形成服务链所需的时间和要求较高，但一旦形成，将为自己企业建立起服务的壁垒，使其他企业短期内无法效仿，从而转化为经营优势。

打造从理论培训、驾驶技能训练、安全驾驶教育、驾驶证考试服务、实际道路陪练到报名体检、电话客服、班车接送、代理办证、证照年检、餐饮超市、上网娱乐等一条龙服务，再到建立汽车维修、汽车消费金融、汽车美容、汽车租赁、汽车销售等汽车服务的产业服务链，可以有效地分散行业风险，并能更好地挖掘学员潜在价值，极大地增加学员黏合度，提升学员服务满意度，增强公司品牌的竞争力。但产业服务链中任何环节的滞后都有可能导致服务品质的下降，从而间接造成潜在学员的流失。产业服务链的完善是一个长期积累的过程，因此，运作规范、服务体系完善的企业将为自己建立起较高的市场壁垒。

（三）服务可视化：细节决定成败，感知决定满意度

“服务”是一个比较宽泛的词，要想提高驾培机构的服务质量，就需要将服务具体化并落实到实际行动中去，在行动中将无形的服务有形化，先让学员通过视觉明显感知，才能让“服务”变得有价值，学员才会更有“获得感”。

1. 开学时的廉政服务公开课

不准教练员向学员吃拿卡要，学员怎么才能感觉到呢？驾校既要真抓敢管，还要会管，通过公开可视化，能取得更好的效果。

案例 5　南昌白云驾校廉政管理课

开学时，南昌白云驾校每位学员必须参加考前廉政管理课（见图1），教练跟学员都要签订廉政承诺书，加强教练与学员的廉政意识，确保在教学及考试中都严格执行驾校的廉政制度。驾校收费透明，一费到底，中途没有其他隐性收费，这一举措得到了许多学员的好评和信任。

图1　白云驾校廉政管理课现场

案例6　清远市粤通的《开学第一课》

作为定期举办的《开学第一课》，开班典礼内容丰富且有实际意义，涵盖了学员从报名到培训、考试、毕业领证、安全文明驾驶、就业等各个环节中驾校提供的服务。让学员熟知每个流程可以得到什么服务，应该做什么、注意什么，遇到问题应该如何寻求帮助解决，这也是该驾校推出的感动式服务的一部分。

通过举办开班典礼，建立了一个沟通平台，大大提升了沟通效率，正确引导了学员对驾校服务和教练员的预期，增强了学员对驾校团队的信任，减少了学员学习过程中的误解，提升了学员的满意度。

2. 大厅经理现场服务

目前全国的驾培机构大多都是柜台式服务，学员进入服务大厅，需自行前往柜台咨询相关问题，办理相关业务。银行作为金融服务行业，对于大厅服务有着非常丰富的经验。银行大堂经理服务模式值得驾培机构借鉴和创新。在报名大厅设置业务咨询专岗，从事学员报名引导、业务咨询以及秩序维护等工作。学员进入报名大厅首先要面对该岗位的工作人员。工作人员热情、文明地对进出大厅的学员迎来送往，对学员所需业务进行热情、耐心准确的解答。“大堂经理化”服务（见图 2），可以将柜台化的服务前置，让普通学员能够享受到 VIP 般的服务体验，通过引进“大堂经理化”服务模式，驾培机构一定能极大地提升自身的形象，为企业的报名大厅增加一道靓丽的风景线。

图 2 “大堂经理化”服务

（四）服务个性化：为学员提供惊喜，收获赞美

随着人们生活水平的提高，学员对服务水平的要求也越来越高。对驾培机构而言，提供特色化服务，不但可以满足不同学员的学车需求，还可以给学员焕然一新的感觉，极大地提升学员满意度，让学员觉得有意思、很新

奇，让驾校的服务特色成为学员日常生活的谈资，最大限度地提高企业的市场竞争力，这也是现阶段驾培行业服务品质提升的最佳途径。但是，在针对“服务”创先争优方面应该结合实际，因地制宜，创新服务理念，切实做到从以学员为本的角度出发，不断优化服务，方可更好地适应学员对驾考的新期待、新要求。

案例 7　南昌白云驾校“作揖礼”

2020 年，南昌白云驾校受到“两会”会场防疫礼仪的启发，在疫情防控期间，推行“作揖礼”（见图 3），并将“作揖礼”纳入日常服务常态中。同事之间见面打招呼，教练与学员见面打招呼，都行“作揖礼”，“作揖礼”本就是非常隆重的中华传统礼仪，当学员受到这样的礼仪后，会感到获得了极大的尊重，同时也觉得这样的行礼方式非常新奇，是其他驾校没有的一项服务，日常闲谈时，会在亲戚朋友之间谈起，间接地形成口碑宣传。2021 年两会期间，推行“作揖礼”的提案被多名全国政协委员在会上提交。

图 3　白云驾校“作揖礼”启动仪式

（五）服务标准化：提升学员体验感，收获信任

驾校的客户服务大都是日常重复性的工作，譬如学员咨询时的各种常见问题，加起来总共不超过三十来句。这些工作完全可以规范化、标准化。最容易落地的，是驾校服务话术标准化。

说话是一门博大精深的艺术，所以有技巧的说话被称为“话术”，话术与心术、权术并称为“安身立命三要术”。古代曾有“说客”，仅凭三寸不烂之舌，不战而屈人之兵。话术，看似简单，却包含了做人做事的奥妙法门，常言道“学做事前先学说话”，充分体现了“话术”的重要性。一般稍具规模的企业都有一套标准的话术，统一话术可以彰显企业立场态度的“一致性”，同时也能体现企业管理的统一性和规范程度。

一般没有标准话术的驾校，同一个问题问不同的员工，得到的是不同的答案，学员在没有得到统一答案的情况下，就会心生疑虑、有所防范，甚至产生不满的情绪。当有了一套标准话术之后，同一个问题，不管是问十个人，还是一百个人，学员都只会得到一个答案，而学员也会对这个答案深信不疑。作为驾培机构，目前很多驾校都制定有一套标准的话术方案。只有这样，才能体现出驾校的规范管理和品牌公信力。驾培行业的话术还可以细化分类，一般包括招生话术、客服话术、教学话术、后续跟踪话术。不同区域的驾校，根据自己的实际情况和地域特色，还可制定更合适的服务场景话术。

（六）服务公益化，拔高服务的定位，前置服务战线

基于行业的社会分工，表面上看，驾校是在服务学员，实质上驾校真正存在的价值是服务社会。

利用公益性质的营销服务活动容易打入目标市场，得到老百姓的认可和相关职能部门的支持。广泛地为潜在客户提供服务，在目标市场中激发客户的潜在认知感官，扭转驾培机构在当地老百姓心中的形象，告诉社会大众驾培机构不只是单纯盈利赚钱的机构，更是有着社会责任感和正能量的企业。

案例 8　南昌白云驾校交通安全万里行系列公益活动

据了解，南昌白云驾校交通安全万里行公益活动（见图 4）在 2020 年底已经开办至第 12 期，每期活动的地点都选择了人流量大的社区、商场或是学校，通过游戏互动加安全知识讲课的方式宣传交通安全知识，得到了南昌市老百姓和相关职能部门的高度赞誉和支持。将服务战线前置，在学员未报名之前，就开始进行公益服务，充分利用了营销心理学“曝光效应”将企业正面的品牌形象植入潜在客户的心里。在驾培市场基本饱和、许多驾培机构市场占有率急速下滑的情况下，南昌白云驾校市场份额从当初的 8% 上升到了 14%，尤其 2020 年疫情期间，他们的业绩不降反升，平均月招生人数达 1500 人以上。

图 4　白云驾校的公益活动现场

案例 9　美丽乡村行公益服务

江西赣州地属革命苏区，在脱贫攻坚中涌现出许多可歌可泣的优秀事迹，值得大力传播。赣州华坚驾校紧紧抓住这个契机，联合交警部门举行“美丽乡村行暨交通安全进乡村大型公益活动”（见图 5），利用展板、歌舞、小品、诗歌等形式讲述赣州的扶贫故事，传播交通文明新风尚。

通过此次大型活动，作为公益单位的华坚驾校收获颇多：第一，得到了交警部门的高度肯定，对驾校的责任担当赞不绝口；第二，凝聚了内部人员的社会责任心，交通安全不仅可以在城市中宣传，还可以深入田间地头；第三，提升了驾校的品牌影响力，享受到免费广告的效果。

驾校的宣传方式各式各样，紧跟时代步伐的活动更能吸引人，此次活动全程网络直播，观看人数高达 20 多万。“静心付出，不问回报。”这是活动带来的又一感悟，表演结束后，活动当地政府伸出橄榄枝，邀请驾校到属地投资办分校。

图 5　华坚驾校公益活动

三 驾培机构服务场景的环境美化

驾培机构服务环境即驾校的“服务场景”，是驾培机构向客户提供服务的场所，主要体现为影响服务过程的各类硬件设施，做出的整体配置、布置和美化、场景设计。服务环境是企业提供信息的媒介，通过象征性的暗示与客户进行沟通，直观地与其他企业所提供的服务体验进行区别，服务环境的“潜台词”就是告诉客户，这是“人无我有”的服务。

人是环境的产物，人们可以创造环境，环境又反过来影响人。这些年通过国标达标改造，许多驾校的训练场环境都得到了提升和美化，部分驾校甚至被打造成了花园式驾校、园林式驾校。

在行业同质化竞争严重、学员群体年轻化的当下，服务场景化，可谓是如今驾培行业创新发展、调整、升级的“重要武器”之一。具体来说，最主要的表现之一，就是在驾校区域内部、训练场做美化优化。为了避免千校一面的审美疲劳，驾校在服务场景布置的道路上已经大大加快了探索速度，在训练环境和主题布景上所下的功夫越来越大，做到驾校硬件、软件“两手都要抓，两手都要硬”。

（一）交通安全主题教育基地的建设

硬件环境，一定程度上代表着驾校的实力，也体现了驾校的经营理念。目前，不少有经济实力的大型驾校自行或者和公安交通警察管理部门联合投资建设了规格高、上档次的交通安全教育基地，得到了学员和社会的广泛认可。然而，更多的中小型驾校限于土地、办公楼建筑面积等原因，无法建设大型的交通安全教育基地，基于此，2019 年中国交通运输协会驾驶培训分会在南昌白云驾校试点开办交通安全万里行教育基地（见《2020 中国年驾培行业发展报告》第 5 章），取得了成功经验，并进行大力宣传推广。

自试点以来，白云驾校以基地体验模块为基础，开设了科目二上车前的安全知识教育课，在这样的硬件环境下，报名南昌白云驾校的学员要比报名其他驾校的学员学习并体验到更多的交通安全知识，通过“请进来、走出去”开展基地增值课程服务，让学员觉得选择南昌白云驾校更值得。南昌白云驾校通过“基地”服务的加持，迎来了全国各地驾培同仁的参观借鉴，同时也吸引了南昌许多企业和学校前来学习交流，一时间，南昌白云驾校交通安全万里行教育基地名声大振。

案例 10　龙港驾校交通安全教育

2021 年 3 月 27 日，南宁龙港驾校携手广西牧马人车友会共同举办“龙马奔腾·启幕 2021 邕城交通安全万里行暨共倡安全文明驾驶”活动。此次活动选择在南宁龙港驾校江南大型车训练场举行，“广西牧马人车友会”四十余辆越野车组队集结于龙港驾校交通安全万里行教育体验基地，之后所有人员集中到龙港交通安全教育体验区，由龙港驾校交通安全讲解员为在场人员讲解交通安全知识。龙港驾校作为广西首家交通安全万里行试点单位，建立了广西驾培行业中第一个安全体验基地，基地以提高驾校学员驾驶素质为目的，面向学员开展驾驶教育活动的体验基地，龙港驾校希望通过体验基地这个平台将安全驾驶的意识传递给大家，让每一个人从内心明白安全第一和敬畏生命。图 6 为龙港驾校交通安全教育活动现场。

图 6　龙港驾校交通安全教育活动现场

龙港驾校交通安全教育体验基地，一期工程已基本完工。基地占地2000多平方米，室内面积500平方米，学习和体验项目有20个，涵盖安全带、酒驾、急救、事故划分、盲区体验、远光灯危害、消防灭火、交通安全事故警示等方面，基地还建设了一个安全剧场，除了播放交通安全教育视频外，龙港驾校驾考学员“开学第一课”，学员、教练员宣誓等活动也将在此进行。图7为龙港驾校受邀学员进行酒驾体验。

图7　受邀学员进行酒驾体验

（二）服务场景网红打卡区域设置

在竞争激烈的存量运营时代，不管是驾校办公楼场所的美化还是训练场、教练车的装饰，本质上都是服务学员的手段，把场景化的设置与自身定位联合，做出具有人文气息、有温度的服务场景，才能给学员留下更美好的学车体验。爱美、爱奇之心，人皆有之，目前全国驾培行业中有部分驾校在努力打造网红驾校，就是牢牢地抓住了这一点。因此，服务环境是提升学员感官体验的一部分，也是企业价值定位以及品牌形象展示的一部分。

网红打卡，现如今已成为一种“轻旅行”方式，大家可以在熟悉的城市找到从未发现的美景、美食……也会通过别人的打卡日志对某个城市和景点心生向往。不得不说，打卡行为已经悄无声息地融进了大众的生活中，让我们可以时刻充满发现美的眼光并与之分享。

随着人们对审美与体验的要求提高，以及学员的年轻化，越来越多的驾校在服务场所与空间体验等方面做出了创新。从驾校校门、围墙、训练场地、办公楼墙体外立面创造第一眼的视觉冲击感，来吸引到校看场地和试学试驾的学员进入；到依靠故事、场景，激发学员的兴趣、情结、共鸣，强化印象；再到通过学员自愿发朋友圈、抖音、快手等社交媒体，实现品牌的口碑传播。

案例 11　重庆壹鹿驾校的网红打卡地

壹鹿驾校是重庆市有名的新派驾校，这几年来发展迅速，走出了一条有别于传统驾校的发展之路，成为全市乃至全国的驾校管理模式输出平台。壹鹿驾校希望学员能够在轻松、有趣、温暖的环境中学习驾驶，所以重新翻新了训练场地，这也是第一个从学员体验出发做出创新尝试的场地。不同于以往那些中规中矩的驾校，壹鹿的训练场地上不但有醒目的搞笑标语（见图 8），还有大面积的涂鸦墙，学员也纷纷表示这样的环境让他们更有归属感，诙谐幽默的文案让他们和教练的关系更加融洽！

图 8　搞笑标语

（三）主题驾校环境的统一设置

驾培行业的服务环境是吸引学员注意力的媒介，同时也是产生效果的媒介。要从其他竞争者的环境设计中凸显出优势来，并吸引学员的注意，从而促成更好的经营业绩，就要充分利用训练场和办公场所的整体环境设计。军旅主题驾校、机器人主题驾校、安全主题驾校、老城主题驾校、智慧驾校等主题化驾校的加快出现，使得驾校为了增强差异化的优势从局部走向整体。

前文所提到的，只是在驾校内实现了局部场景化，不过从局部到整体场景化的面积现在正在逐步扩大。从驾校大门、办公楼到训练场所，驾校场景化所涉及的细节越来越丰富、主题越来越突出。

这些场景化分两大类，第一类，打环境差异牌。特别是对于场地绿化较少或相对欠缺的驾校来说，通过在驾校训练场、办公楼内营造大量驾驶安全主题、优质服务主题的空间。例如，驾校整体配色及布局的风格设计，驾校内的饮水机或垃圾桶摆放的位置是否方便，以及班型特色的对比等，通过某一主题的统一风格强化，都可以更直观地增强学员的感官体验。

第二类，打复古情怀牌。对于具有历史文化底蕴城市的驾校，一些驾校正在积极挖掘可以代表城市形象的文化符号，通过老物件、老场景营造出历史变迁中值得追忆的情结，引发本地学员的情感共鸣。

主题的设定、主题之下内容与品牌的选择，驾校还需要发挥更多的想象力与感染力，从而让学员能够持续发出感慨——好酷，好美，好喜欢。

案例 12　亭阁林立的古风主题驾校

南昌白云驾校新洪城校区的场地上，一改传统的休息亭，设计布置了许多古风古韵的木质凉亭、秋千等，营造出悠闲自得、古风古韵的学车环境（见图 9），学员们练车时就仿佛在穿越古今。南昌白云驾校新洪城校区精致优美的环境让学员赞不绝口，仅仅 20 多人的员工，在疫情之年逆势开业，仅仅 6 个月的时间就创造了培训 3000 人的业绩。

图 9　优美的驾校环境

案例 13　军旅主题，赋予驾培新力量

重庆西南驾培集团从建校初驾培行业就开始走下坡路，年招生 500 余人，经常是一个区域有 50 多家大大小小的驾校在抢市场，挂靠经营车无数，拼的都是价格，经常相互吹毛求疵。对于服务品牌毫无认知。校方深刻认识到要想在鱼龙混杂的泥潭中脱颖而出，就必须具备与同行不同的文化标签和企业定位。鉴于行业乱象突出，大众对行业认知很低，首先必须是以正能量对外树立好新驾培的全新认识，让大众对驾校有全新的认知，行业领头人是退役军人，为什么不以军队主题来定位企业发展方向呢？军人在大众心中地位崇高，吃苦耐劳、忠诚果敢、认可度高，用军人的正气以及部队优秀的管理作风可使驾校对外展示良好形象和精神风貌，让大众信赖。采用军队主题，可以彻底改变过去传统驾校的认知标签，对内又可以使员工通过军事化管理来凝心聚力，明确工作方向和目标。经过多方调研和规划，确定了重庆西南驾培集团“以军旅文化为主题，军旅特色为根基，以促进退役军人就业为目标”的企业文化定位和方向，从外在打造人、车、场一体的军旅文化场景，让脏乱差的场景焕然一新，从内在开始加强军事化培训、拓展、理论学习，真正形成一支内外兼修的新型驾培队伍。通过三年的坚持，重庆西南驾培集团已经从当初的年招生500人达到年度招生18000人，从拥有15名员工发展到今日拥有300人的团队，退役军人教练员达到50%以上，创新型的军旅文化主题（见图10）也受到广大学员的一致好评。

图10　军旅主题驾校

四　驾培行业服务体系的建立健全

驾培行业的服务，从服务意识的觉醒，到多种服务方式的探索，对服务的强化管理，需要不断地完善，把服务体系建立健全。

第一，建立服务体系要从服务理念的建立开始，校长、投资人和经营管理团队先形成一致的服务理念，再从上到下加以贯彻执行。

第二，建立服务组织体系，要从分管服务的副校长到服务管理部门，到全员服务观点的建立，需要一整套服务的组织保障机制。

第三，从招收学员到报名、体检、分班、教学服务、考试服务以及学员结业和驾驶证拿照及其以后的服务体系建设，需要形成完整的服务链条，让学员满意贯穿驾培服务全过程，带动口碑传播、转介绍和汽车后市场服务的延伸。

第四，要从提倡服务到激励服务质量进行提升转变，形成驾校服务制度体系，条件具备时引进服务标准化以及科技手段和平台进行服务管理，当然，也要定期和不定期进行驾校服务质量评价，提出服务改进计划并持续改进驾校服务体系和增强服务能力。

（一）树立服务意识

优质服务行动基于正确的服务意识而诞生，员工的服务水平和个人素质是促进企业全面发展的决定性因素。驾培行业服务水平的提高首先要从服务意识的培养和管理开始，因此，员工服务意识的培养与管理变得尤为重要。

企业中层领导干部做好表率，服务好企业的员工，以身作则为员工树立大局意识和服务意识，进一步加强学习，转变作风，提高质效，努力打造“高质高效团队”，为学员获得良好的服务体验提供“组织”保证。

（二）培养服务意识

定期开展服务专题学习课，通过服务专题学习课告诉员工“服务意识”

的重要性，以及讲解服务过程中遇到的重点难点，让员工在为学员提供服务的时候更加得心应手，确保服务过程的流畅性以及学员的体验感。

定期开展服务专题 PK 赛，设定周、月、年度服务之星考核机制，制作服务之星光荣榜或者横幅，让每一名服务水平高的员工都能得到企业的认可，增加“服务之星”的曝光度并加强他们的“荣誉感”，同时在服务做得不够好的员工中建立起正确的“荣辱观”，让他们以“优质服务”为荣，以“中差服务”为耻，进一步加强员工的服务意识。

（三）强化服务意识

坚持将“服务意识”转化为“服务行动”，需要明确相关规章制度并设定专门的监察机构。检查监督是保障学员体验感的一项措施，根据规章制度对员工的执行力和完成情况进行监督检查，确保各项服务能够落实到位。建议驾培机构成立监察办专岗，采取实地监察、回访监察、反应式监察等方式，了解并处理学员在学车过程中遇到的问题，真正为学员着想，为学员“伸张正义”，保障学员的驾考权益，让学员有一种“可依靠”的心理。学员提出的问题或投诉，监察办积极进行调查反馈，若查证属实，则根据相关监察制度对员工进行开单处罚，以此警醒员工，积极提高自己的服务水平，同时向学员证明，企业不会姑息偏袒员工。即使个别学员的驾考体验非常不好，通过监察办技巧性的处理与沟通，他们也会对驾校的服务态度做出正向的评估。

（1）实地监察：对员工日常工作情况包括着装标准、带训服务、校区环境卫生、礼仪礼节等进行检查，监察办进行实地随机检查，检查后必须做出书面监察通报。

（2）回访监察：以电话及问卷的形式向学员展开调查回访，并做好相关登记和处理。

①电话回访过程中，有投诉的先安抚并及时录音登记，投诉监察处理，三个工作日内完成调查并出具调查结果通报；

②问卷回访主要针对考科目四的学员，因为只有考过科目四的学员，才会毫无顾忌地说出心里最想说的感受。

（3）反应式（投诉）监察：这是对违反企业各项规章制度的员工、学员投诉的监察，监察办接到相关投诉后，24 小时内响应处理，出具监察结果通报。

五 结束语

服务经济时代，服务是企业发展永恒的主题。无论身处什么行业，也无论商业模式如何变化，良好的顾客感受都应是企业的基本追求，也是企业在长期竞争中脱颖而出的必要前提，更是驾校打造品牌、身处激烈市场竞争胜出的利器。驾校要坚持市场导向，就要从学员的需求出发，不断地进行服务创新、革故鼎新，以新的服务适应学员新的需要和期望。服务创新的新颖度范围很宽，包括从渐进性的小变化到根本性的重大变化。最终创新成败的评价标准，首先是学员的体验感，是否达成满意或感动，是否一生难忘，其次是老学员的转介绍成交比率。

服务模式千变万化，但万变不离其宗，所有的服务都离不开“人”，所以，服务的核心是“以人为本”。驾培行业的服务就是为学员做事，满足学员的需求。优质服务可以给学员提供一种满足感，在满足学员的同时给驾培机构创造无形的价值。作为提供服务的教育行业，不论处于何种时代，驾培机构的“服务”都至关重要。企业要取得良好的发展，就必须坚持“以人为本”的服务核心，把“服务”作为“无形产品”，与时俱进、打造符合时代气息的特色化优质服务体系，提升驾培机构的核心价值，进一步促进驾培机构的品牌化发展。

本文作者为陈燕、周胜、罗建忠。陈燕，中国交通运输协会驾驶培训分会副会长、江西南昌白云驾校校长；周胜，江西赣州华坚驾校校长；罗建忠，中国交通运输协会驾驶培训分会理事、重庆西南驾培集团董事长。

B.7 驾校管理优化与升级分析

摘 要： 从经营发展趋势上看，近年来驾校的管理正向着好的方向转变，但仍然存在不同的问题，这些问题制约着驾校的发展。驾校要想在市场竞争中更好地生存与发展，必须做好管理优化与升级。本文从两个维度探讨驾校的优化管理与升级：一是把驾校当成一个企业；二是管理要有闭环思维。

关键词： 驾培行业 管理优化 绩效考核 闭环思维

管理是指组织中的管理者，通过实施计划、组织、领导、协调、控制等职能来协调他人的活动，使别人同自己一起实现既定目标的过程，是人类各种组织活动中最普通和最重要的一种活动。人们把研究管理活动所形成的基本管理原理和方法，统称为管理学。作为一种知识体系，管理学是管理思想、管理原理、管理技能和方法的综合。随着管理实践的发展，管理学的内容不断得到充实，成为指导人们开展各种管理活动、达到管理目的的指南。

从经营发展趋势上看，近年来驾校的管理正在向着好的方向转变，但是仍然存在不同的问题。其中一个关键的问题是，实质上只有小部分驾校把驾校当成企业进行运营管理。我们认为结合当下的政策、市场、经营环境来看，这是不应该发生的。

无论是大驾校还是小驾校，都有自己的管理方法或管理模式，驾校要在市场竞争中更好地生存与发展，必须做好管理优化与升级。根据调研，我们总结了目前部分驾校的管理现状。

现状一：老板说了算

现状二：利益说了算

现状三：做大才算

现状四：员工是驾校主人，但财务信息不透明

现状五：老板或高层定目标，员工被动执行

现状六：薪酬分配“算计”员工，员工“算计”驾校

这些现状造成的危害是，驾校走不远、做不强。但是个别校长也有意识地学习一些管理的方法，可落地的时候总是出不了什么效果，驾校管理没有发生根本性的变化。原因就在于驾校作为企业，没有采用企业的基础管理方法。针对这样的情况，本文从两个维度探讨驾校的管理优化与升级：一是把驾校当成一个企业；二是管理要有闭环思维。

一　把驾校当成一个企业

人们一般把驾培机构称为驾校，而不称为驾培企业，是因为驾培机构有教育属性。但是,《道路交通安全法》规定了驾培行业的社会化、市场化功能，使得驾校又具有市场经营属性。从这方面说，驾校是一类特殊的企业。

既然是企业，驾校就要独立经营、自负盈亏。企业是一个经济组织，那么管理一个企业就应该有一个系统，我们把这个系统叫作企业经营管理组织系统。企业经营管理组织系统通常包含权力分配、职责分工、利益激励、成员评价以及成员招聘、成员训练、成员成长等方面，由组织架构系统、工作分析系统、薪酬设计系统、绩效考核系统、招聘系统、培训系统和生涯规划系统构成。这一组织系统是在管理系统不断优化的基础上形成的，可使驾校和员工达成共赢。

（一）组织架构系统

组织架构系统是一个企业的根本，是个体转变为组织最显著的体现。

组织架构系统解决的是权力的问题——谁有权力调动资源去完成某个目

标。当下经营管理驾校，我们需要做好安全、服务、培训、招生等一系列的日常工作，那就需要正确的、清晰的组织架构把驾校经营管理需要承担的责任、履行的义务区分开来。驾校经营目标见表 1。

表 1　驾校经营目标

目标 1	招生、驾校宣传、活动策划、渠道探索
目标 2	培训学员、做好转介绍、展现驾校服务水平
目标 3	监督其他部门、解决售后问题、服务学员
目标 4	做好人力资源管理，及时开展员工招聘、淘汰等活动

基于表 1，我们明确了驾校的组织架构，见图 1。

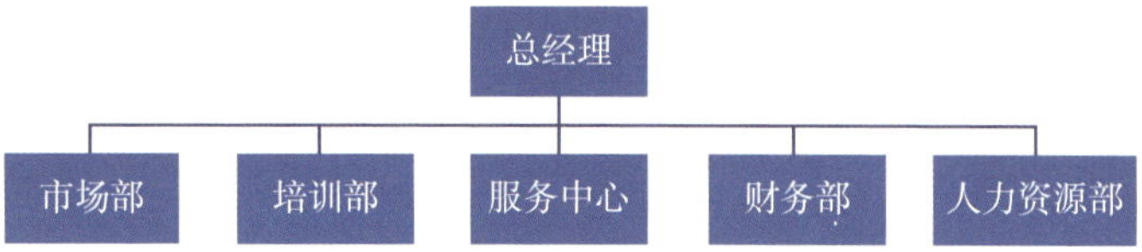

图 1　驾校的组织架构

案例 1

某驾校的学员报考流程是，教练员将报考学员名单报给办公室，办公室登记后统一进行考试预约。但这项工作经常出现一些纰漏——总会有教练员忘记注明考试时间，也存在考试时间报错的情况。办公室就对教练员特别不满意，觉得他们对工作不上心。教练团队对办公室的不满情绪也大，觉得自己每天风吹日晒，要带学员学习，又要负责招生，而办公室的人员每天坐办公室吹着空调无所事事，根本不能理解教练员工作的辛苦，无法站在教练员的角度考虑问题。

案例 1 中的问题具有广泛的代表性。那么到底哪里出了问题？通常大家会觉得，确实需要找总教练提醒一下，他们虽然辛苦，但是工作确实没做到位。

案例 1 看似和组织架构没关系，但根本问题就是组织架构不清晰导致的权力不明确、职责不明确。办公室觉得这是教练员的事，所以才会抱怨。但从根本上看，对学员的考试预约信息进行汇总应该是办公室的职责，那么办公室就有责任了解问题的难点、了解报考流程是否该优化，从而帮助教练员一起把事情做好，而不是抱怨教练团队工作不细致。

（二）工作分析系统

总教练或教学副校长是驾校都有的岗位。那么，总教练对驾校什么事情负责？

很多驾校同仁认为总教练对学员安全负责、对学员考试合格率负责、对现场管理负责。但是没有一个人认为总教练对驾校营业额负责、对成本负责。

总经理（校长）对什么负责？由图 2 可知，总经理对驾校是否赚钱负责。总经理（校长）之下有 5 个主管。我们觉得每个人都应对自己的部门工作指标负责。目前驾校最主要的收入来源是通过老学员转介绍招生，如果总教练不为营业额和培训成本负责，那么总经理完成任务将很困难。

所以，有了组织架构系统，还需要有详细工作分析系统，说明每一个板块的负责人应该对哪些指标负责。组织架构系统分配了权力，工作分析系统讲清楚了职责，接下来我们就要为这些职位的人员匹配合理的薪酬。

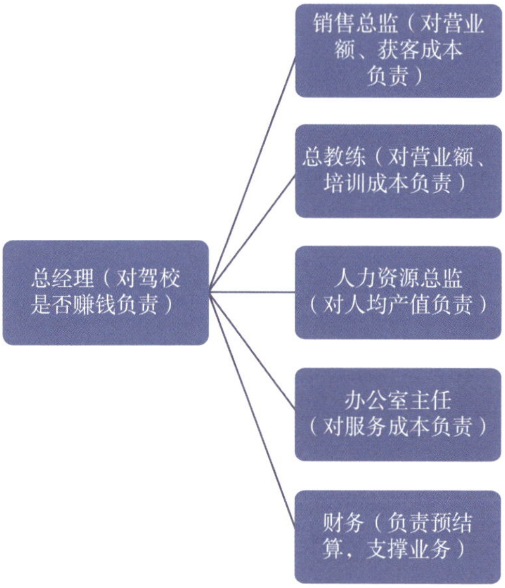

图 2　总经理及其下属的工作职责

（三）薪酬设计系统

很多驾校负责人，特别希望通过薪酬设计来解决所有问题。其实薪酬只是整个驾校管理系统的一部分，它虽然很重要但未必能够起到人们期待的作用。所以，要靠薪酬设计系统激发人的主观能动性。

我们强调考核在哪里、引导在哪里，成绩就在哪里。我们都想培训部员工和教练员做好学员转介绍。但是在实际培训服务过程中有些教练员的转介绍做得很好，有些教练员做得很差。原因是驾校在设计薪酬系统的时候，考核、引导等内容并不具有针对性。

案例 2

某驾校的薪酬计算方式为：底薪 1800 元 + 每合格一名学员提成 300 元 + 每招一名学员提成 300 元。

这种薪酬计算方式是非常普遍的。我们把这种薪酬计算方式叫作“计件”薪酬。当然，很多驾校对这种薪酬计算方式做了优化，如每招一名学员提成 250 元，招三名学员以后每招一名学员提成 300 元。

这个薪酬计算方式最大的好处是成本可控、管理简单，但它所起到的作用非常有限。

根据案例 2，我们思考一下：培训一名合格学员和招一名学员相比，哪一个更难？显而易见，后者更难。所以作为教练员来讲，他肯定愿意多带学员、少招生。

此外，一个教练员的薪酬如果 70%~90% 都是通过培训劳动所得，那么教练员肯定不会努力去招生。那么驾校应该怎么设计薪酬体系呢？给大家提供一个设计思路。

底薪 1800 元，每合格一名学员提成 300 元；每合格 6 名学员，就必须招生 1 人。如果未达到 6∶1 的合格招生比，每合格一名学员按 180 元计算提成。

这个薪酬设计体系是基于普通薪酬设计体系做的优化。其实“底薪 +KPI+ 奖金”的方式也不错，如“无责底薪 1800 元 +1800 元 KPI+ 每合格一名学员提成 100 元 + 每招生一名学员提成 300 元”。

（四）绩效考核系统

在案例 2 中，我们发现教练员的薪酬里，降低了“计件”的薪资，增加了 KPI。KPI 的目的什么？是考核吗？不是。KPI 的目的是让员工清晰地做出自我评价，从而保证工作质量。

在对一名员工进行评价时，有时候驾校觉得一名员工工作做得不好，但是讲不清楚哪里没有做好，员工也不认同驾校对他的评价，这就是在工作评估上出了问题。

我们以“无责底薪 1800 元 +1800 元 KPI+ 每合格一名学员提成 100 元 + 每招生一名学员提成 300 元”这种薪酬发放方式为例进行说明。

其中的“1800 元 KPI”考核什么呢？我们希望教练员做好服务、做好转介绍。如何考核？一个基本思路是抓过程，得结果。我们认为，如果教练员能做到零投诉，每次学员学车后对学员做出点评，重视学员、让学员感受到专业，同时学员通过率很高，并且教练员每周能定期和一些学员互动，我们就认为这个教练员完成了“1800 元 KPI”。

那么，KPI 考核的就是满意度、通过率、互动率。基于此，对教练员的 KPI 考核（见表 2）可做以下设计。

上述考核仅是 KPI 的一部分，绩效考核的内容还得由驾校根据自身的情况来定。

（五）生涯规划系统

我们对教练员的绩效做了考核，那么我们如何让他有持续的动力去做这件事呢？光靠 1800 元的 KPI 显然是不够的。

对此，我们设计了生涯规划系统（见图 3 和图 4）。其中，任何一个级别的员工对应的薪资和任务都是不同的。

	经验	等级	职位
职业发展路径	8 年以上	M0	CEO、CFO
		M1	CTO、CSO、HRVP、营销 VP、分公司总经理
	5~10 年	M2	部门总监（培训运营总监、服务中心总监、财务总监、信息中心总监）
	2~6 年	M3	部门经理（财务经理、人事经理）、软件工程师
	0~2 年	M4	人事主管、会计总账、会计、信息专员、维修专员
		M5	人事专员、文案员、出纳、平面设计、信息专员、权证
	0 年	M6	培训生

图 3　服务系员工的职业发展路径

表 2　对教练员的 KPI 考核指标

部门：XXX　　岗位：XXX

姓名：XXX　　月度 2020 年 X 月

目标序号	目标属性	指标内容 / 事件描述	指标目标值 / 成功（完成）定义	补充说明 / 附加条件	分值		自评（计算过程及结果）	政委评分			二次复核
								一次复核	合计	特别奖励及处罚	
1	定量化	考试通过率	70%	通过率计算公式： 本月该科目考试通过人数 / 本月该科目考试总人数	30	1. 扣分 通过率每低 1%，扣 3 分， 通过率每低 2%，扣 6 分， 通过率每低 3%，扣 9 分， 依此类推； 2. 加分 通过率每高 1%，加 1.5 分， 通过率每高 2%，加 3 分， 通过率每高 3%，加 4.5 分， 依此类推。					

续表

目标序号	目标属性	指标内容/事件描述	指标目标值/成功（完成）定义	补充说明/附加条件	分值			自评（计算过程及结果）	政委评分			二次复核
									一次复核	合计	特别奖励及处罚	
2	定量化	学员沟通人次	130（人/次）	前置条件： 1. 每周最低沟通不同学员人数：20 人 2. 每月最低沟通不同学员人数：40 人 特别约定： 1. 每一次未达到 20 人/周，本项指标扣 5 分；第二次未达到 20 人/周，本项指标扣 10 分； 2. 每月最低沟通不同学员人数：40 人，当月未达到 40 人，本项指标得分为 0 分。	20	见营销中心相关绩效管理文件						
3	定量化	个人招生数量	7（人/月）	本月报名且未退学/退款方视为本月招生	50							

技术专家路线				业务专家路线			
	经验	等级	职位		经验	等级	职位
职业发展路径	8 年以上	T0	CEO	职业发展路径	8 年以上	S0	CEO
		T1	CTO、首席培训官			S1	营销副总经理（VP）
	5~10 年	T2	培训运营总监、储备培训运营总监		5~10 年	S2	销售总监、区域销售总监
职业发展路径	2~6 年	T3	校长、储备校长	职业发展路径	2~6 年	S3	区域销售经理、网络营销经理、大客户销售经理、渠道销售经理、储备销售经理、会销主管、服务中心主管
	0~1 年	T4	部长、储备部长		0~1 年	S4	销售主管、网络营销经理、销售组长、服务中心组长
		T5	组长、资深教练、高级教练			S5	销售专员、渠道专员、电销专员、网销专员、服务中心接待专员、SBO
		T6	储备教练、教练		0 年	S6	管理培训生

图 4　业务系员工的职业发展路径

（六）招聘系统和培训系统

招聘是一切工作的基础，在招聘这个板块，我们能做的就是把业绩好的明星员工做好人物画像、找好共性，从而在人员培养、成长的过程中最大限度降低试错成本。

驾培行业在人力资源市场上，并不是卖方市场，所以，在没有条件的情况下驾校要想做好培训工作，让“好人”更好，就非常重要了。在培训方面，我们认为以下几个培训是必不可少的。

（1）入职培训，使新员工了解公司的使命、愿景、价值观。

（2）业务流程培训，使新员工了解哪些基本工作必须做。

（3）“老带新”工作，使新员工了解如何带新员工。

最后，管理的核心目的是唤醒员工的真、善、美，让每一名员工积极地投入工作，实现自我价值。通过系统性的组织，为员工赋能，调动员工工作的主观能动性。

二　管理要有闭环思维

很多时候，我们在管理过程中学习了很多好的方法，但是还是无法充分地调动员工工作的主观能动性，往往是因为缺乏管理闭环思维。

案例 3　某专车司机的服务话术

国内某大型出行公司专车业务在全国快速发展，并且是以“外包”司机（车辆）的形式运营。我对其中一个细节非常好奇：该公司的专车是如何确保管理执行到位的。

我们坐该公司专车的时候，上车后司机会问：“您是不是尾号XXXX 的乘客？”

我说：“是。”

司机接着问：“目的地是 XXXXXX？”

我继续说：“是。”

司机又说：“请系好安全带，我们准备出发了。”

稍稍停顿，司机会问：“请问车内温度是否合适？”

第一次坐车的时候我没太在意，直到第二次、第三次，我发现，每个司机都这么说，那么我就知道这是标准的话术了。

使我感觉诧异的是：为什么这个服务模式可以如此标准地被执行？

我问司机：“这个是标准话术吧？当时我并没有发现在这个车上有摄像头之类的东西。”

司机说：“我无法确定你是不是真正的乘客。”

后来经了解，除了“乘客”外，乘坐该公司专车的人还有“体验员”“督导”等。体验员和乘客一样，只是在打车的时候不用花钱或花少量钱，但是要填写乘坐报告给该公司。督导是该公司的专职人员，负责监督司机的服务品质。

有了这样的监督和管理，该公司专车司机的服务话术能做到标准统一，实属正常。

从案例3中我们发现，当设置了“话术”（流程）后，我们还需要“监督流程”。前面我们提到了通过组织架构系统来明确企业要做哪些事，然后通过工作分析系统设置岗位负责人；同时，我们要给这些负责人设置合理的薪酬，通过薪酬设计系统和绩效考核系统来激发员工积极性。这样的管理闭环，才能充分发挥员工的主观能动性。

三　结束语

行业正在发生剧变，供需关系也在快速变化，驾培行业正在向优秀的品牌驾校聚集，驾校从以前的资源型企业转变成为市场型企业。驾校必须加快自身内部管理建设，充分发挥劳动密集型企业员工的主观能动性，才能在行业内脱颖而出。

管理学确实是管理思想、管理原理、管理技能和方法的综合。在企业管理中，除了方法、技能的了解与学习，我们也不能忽视管理思想和原理，而最难管理的一定是“人心”。

驾培行业需要我们共同努力，让行业越来越规范。2021年的驾培行业，面临新的挑战，也同样有新的机会。明白管理思路，看清管理原理，用好管理技能，学好管理方法，是我们2021年应对挑战、迎接机会最好的工具。

本文作者为邓晓樵、陈祖豪、何晓平。邓晓樵，重庆壹鹿驾校董事长、中国交通运输协会驾驶培训分会专家委员会成员；陈祖豪，中国交通运输协会驾驶培训分会专家委员会成员、长春兴隆驾校副校长；何晓平，中国交通运输协会驾驶培训分会专家委员会成员。

专题报告篇

B.8

2021年北京市驾培行业发展现状与展望

摘　要：2020年北京市驾培行业进一步落实全面深化改革要求，坚持以人为本的管理服务理念，深化简政放权、放管结合、优化服务，推进行业结构规模化、市场秩序规范化、企业建设品牌化、行业管理信息化、驾培服务完善化。2021年，面对新的市场需求和发展形势，北京市驾培行业确立了新的方向和目标。为促进行业转型升级，更好地完善驾驶员培训行业市场机制，推动驾培行业健康可持续发展，本文围绕“品质、智慧、绿色”的行业发展战略，提出了进一步健全行业治理体系、实施驾培品质提升工程、引导驾培行业高质量发展等应对措施。

关键词：驾培行业　北京　高质量发展

2015 年国务院办公厅转发《关于推进机动车驾驶人培训考试制度改革意见的通知》（国办发〔2015〕88 号），拉开了驾驶培训行业改革的序幕。近年来，为进一步开放驾驶培训市场，推动机动车驾驶培训的规范化建设，北京市交通委出台了许多相关行业管理政策。

一　北京驾培行业发展现状

2020 年底，通过对北京机动车驾驶员培训机构（以下简称“驾校”）进行调研，本文了解驾校的教练车、教练员、学员、考试合格率、信誉考核等基本情况。调查显示，2020 年受疫情影响，北京市共招收学员 42 万名，学员总量较上年减少约 15.7%，许可驾校招收学员数量相比上年约增加 9%，整个驾培市场竞争更加激烈。

（一）驾校情况

2017 年，北京市驾培行业管理职能由公安交管部门划转到交通部门时共移交 112 家驾校，经过市区两级管理部门的积极协调和公安交管等部门的支持配合，截至 2020 年底，全市已取得普通机动车驾驶员培训许可的驾校有 70 家、符合资格条件的教练场地 20 处（见表 1），场地总面积约 2000 万平方米，训练场面积约 1600 万平方米。除东城区、西城区外，驾校分布在全市的 14 个区，驾校数量最多的是通州区、海淀区、丰台区和大兴区，共占驾校总数的 52%，有报名点 200 个左右。受疫情影响，2020 年驾校产值约 24 亿元，比上年约减少 16%。

表 1　北京市驾校基本情况

驾校级别	配置教练场的驾校（户）	允许经营驾校（户）
一级普通机动车驾驶员培训	17	24
二级普通机动车驾驶员培训	2	29
三级普通机动车驾驶员培训	1	17
合计	20	70

（二）教练车情况

2020年，驾校教练车共计9063辆，其中小型汽车占90%（见图1）。教练车数量较多的几家驾校分别是东方时尚、海淀驾校、公交驾校、龙泉驾校和远大驾校，约占全市教练车总数的50%。

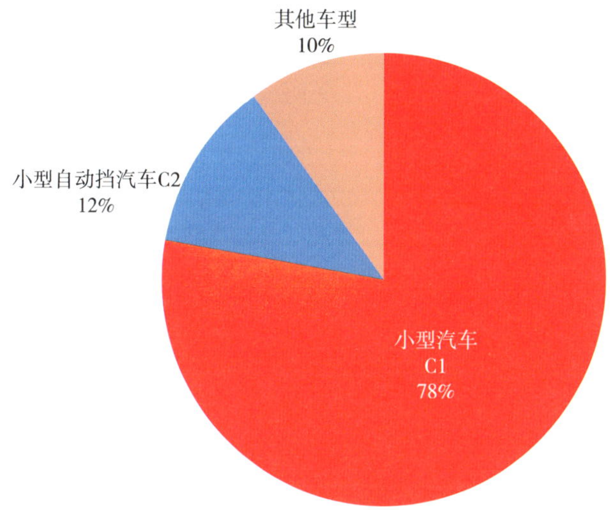

图1 教练车情况

（三）教练员情况

2020年，驾校教练员共计9356人，平均年龄44.6岁，平均在岗工作年限9.1年。其中教练员数量较多的几家驾校分别是东方时尚、海淀驾校、公交驾校、龙泉驾校和远大驾校，约占全市驾校教练员总数的50%。

（四）学员情况

从近年招收学员的情况来看，2014年数量最多，达到64.5万人。近几年受适龄人口减少等因素的影响，学员数量呈下降趋势。2020年受新冠肺炎疫情影响，学员数量急剧下滑，截至2020年12月底，北京市共招收学员42万人（见图2），较上年减少约15.7%。

图2　历年招收学员情况

（五）驾校质量信誉考核情况

2020年初，北京市交通委印发《北京市机动车驾驶员培训机构质量信誉考核办法（试行）》（京交驾培发［2019］5号），组织各区道路运输管理部门，对北京市驾校进行了质量信誉考核，共有62家驾校参与。

经过企业自评及申报、考核初评、初评复核、考评公示等程序，2020年7月北京市交通委发布质量信誉考核结果，其中优良（AAA级）的企业12家，合格（AA级）的企业44家，基本合格（A级）的企业3家，不合格（B级）的企业3家（见表2和表3）。

表2　2019年度北京市机动车驾驶员培训机构质量信誉考核结果

考核等级	企业数量（家）
优良（AAA级）	12
合格（AA级）	44
基本合格（A级）	3
不合格（B级）	3
合　计	62

表 3　2019 年度各区机动车驾驶员培训机构质量信誉考核结果

区域	优良（AAA 级）	合格（AA 级）	基本合格（A 级）	不合格（B 级）
朝阳	2	1		
海淀	2	6	2	
丰台	2	4		1
石景山	1			
门头沟		1		
房山		5	1	
通州		9		
顺义		3		
昌平	2	3		
大兴	2	6		
怀柔				
平谷		1		2
密云	1	4		
延庆		1		
合计	12	44	3	3

二　北京驾培行业的主要特征

（一）规模化程度高

北京市驾校规模化程度较高，在 70 家具备普通机动车驾驶员培训许可的驾校中，具备一级普通机动车驾驶员培训许可资质的 24 家，占比 34%；具备二级普通机动车驾驶员培训许可资质的 29 家，占比 41%；具备三级普通机动车驾驶员培训许可资质的 17 家，占比 24%。全市具备二级及以上许可资质的驾校共 53 家，占比 76%（见图 3）。

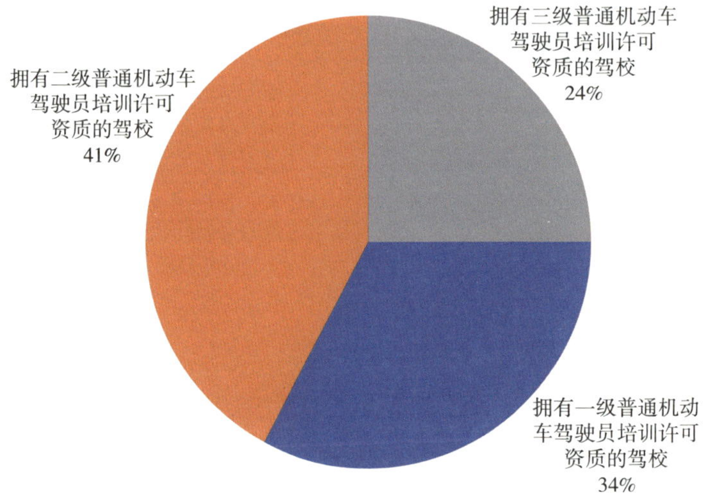

图 3　取得普通机动车驾驶员培训许可的驾校情况

（二）驾校经营规范

目前北京市已建立针对驾校的质量信誉考核和针对区管理部门的依法行政考核机制。通过开展质量信誉考核，对驾校的教学条件、管理水平、遵章守法情况、培训和服务质量等方面进行综合考核评价，并针对质量信誉考核结果制定激励和惩戒措施，鼓励质量信誉等级高的企业兼并重组规模小的企业，推动行业规模化发展。2019 年度质量信誉考核结果合格（AA 级）及以上的驾校 56 家，占比达到 90%（见图 4），表明北京市驾培行业经营规范、服务优质。通过开展依法行政考核，加强对区管理部门行政执法工作的监督，以标准化、规范化的考核为途径，推动行业依法行政管理水平提升。

（三）品牌驾校多

目前北京市已培育树立驾校中的“创新科技品牌”（东方时尚驾校）、“文化品牌”（海淀驾校和公交驾校）和“安全教育品牌”（京都府驾校），以点带面引领驾培行业高质量发展。东方时尚驾校以科技为引领，自主研发了应用5G、大数据、物联网技术的沉浸式汽车驾驶培训模拟器、自动驾驶机器人教练车等产品，将智能驾驶技术应用到驾驶员培训领域。海淀驾校在2019年全国首届交通运输优秀文化品牌推选展示活动中被评为“优秀文化品牌”，是全国唯一一家获此殊荣的驾校。公交驾校践行“驾行公益，培育未来”的文化精神，打造的“微雨春耕”安全教育基地被评为“品牌助力交通强国建设”第二届交通运输优秀文化品牌。京都府驾校于2008年7月建成昌平区交通安全教育基地，已累计开展5万余人次的交通安全教育。

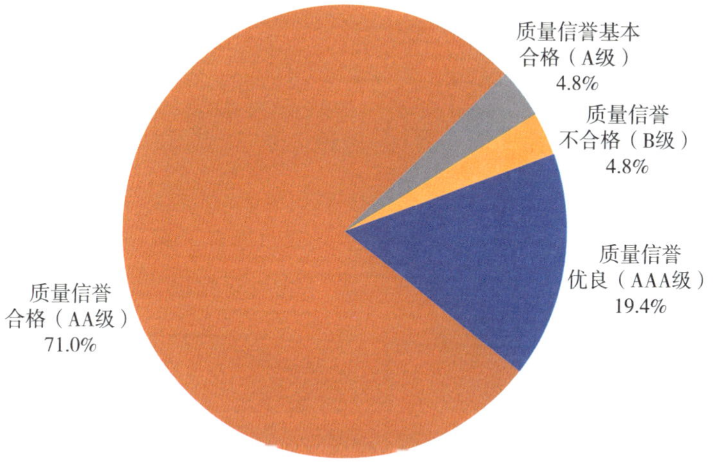

图4　2019年度北京市机动车驾驶员培训机构质量信誉考核情况

（四）信息化程度高

2018年，北京市建成驾培监管服务平台系统并上线使用，该系统主要由两部分组成，一方面是在互联网上面向社会公众开通“北京市驾驶培训公共服务平台”，通过网页版和手机App为社会提供公众服务，实现学员一站式报名学车功能。截至2020年底，共有91.6万名学员通过平台报名，网站点击量突破 510 万次。另一方面是在政务网上面向市区两级管理部门开通“驾驶培训监管服务平台”，实现监管业务、考核业务、服务业务三类功能，提升了数据信息的及时采集能力，并以平台为依托实施学时管理，通过监管平台对驾校培训过程实施动态远程监管，依法打击偷漏学时等违规行为。此外，通过设定电子围栏，对取得许可资质驾校的培训学时予以认定，有效实现了对教学区域的信息化监管。

（五）服务水平高

在服务学员上，通过建立驾驶培训公共服务平台，公布北京市驾校质量信誉考核结果和驾校班型及费用等信息，保障学员选择权，实现一站式报名学车功能。

在培训管理上，严格按照《机动车驾驶培训教学与考试大纲》要求，通过车载计时终端采集学时信息，杜绝偷漏学时行为，保障学员合法权益和培训质量。

在培训内容上，适应首都特点，丰富培训内容。根据北京市城市慢行交通品质提升工作要求，将“回头开门法”纳入驾驶培训内容，提升骑行人、步行人安全，共创绿色出行环境。

在考培衔接上，北京市交通委与北京市公安局公安交通管理局协同配合，实现驾驶培训与考试信息共享，使北京成为全国较早实现驾驶培训系统与考试系统对接的城市。

（六）驾培机构社会责任感强

北京驾培机构能够主动适应首都特点，在规范经营方面认真落实管理政策和要求，在改革创新方面积极求新求变，与管理部门共同维护市场秩序和行业发展。特别是新冠肺炎疫情发生以来，各驾培机构认真落实疫情防控措施，实现了行业零传播、零感染。同时，各驾培机构积极践行责任与担当，向疫情防控一线人员捐款捐物，推行医护人员免费学车措施，并承担重点人员隔离接送任务等，展示了全行业的精神面貌。

三　北京驾培行业发展趋势研判

综合考虑北京市经济社会发展、城市机动车调控等多种因素，我们对驾培市场现状进行了了解，并预测了未来市场需求。同时结合对驾培行业发展形势的分析，确定北京市驾培行业“品质、智慧、绿色”的发展战略。

（一）市场需求分析

1. 相关因素分析

（1）首都功能定位

《京津冀协同发展纲要》《北京城市总体规划（2016年~2035年）》等文件，都明确提出京津冀地区要建成以首都为核心的世界级城市群。北京市需要准确把握所处的历史方位，参照全球城市坐标，优化提升首都功能。

北京市要率先实现产业转型升级，明确发展知识、服务和绿色三种经济；建设全国政治中心、文化中心、国际交往中心和科技创新中心；未来产业发展要突出“五化”（高端化、服务化、融合化、集聚化和低碳化）。驾驶员培训行业也需适应首都发展要求，主动谋求转型升级。

（2）高等院校云集

北京市是高等院校最集中的地区，有120多所高等院校和170多个科研院所，在校大学生年均约58万人，驾校平均每年招收约15.7万名大学生学员，大规模的高校为驾驶员培训行业提供了较大的市场需求。

（3）北京市小客车数量调控政策

北京市自2011年开始实施小客车数量调控政策，截至2020年已经实施10年，摇号池中的人数年均增长30万~40万人。北京市摇号政策在实施初期对驾驶员培训市场影响较大，但随着时间推进，政策的影响逐步削弱，再加上对城市总人口的控制，驾培适龄人口相对稳定，未来摇号政策对驾驶员培训需求的影响较小。

（4）相对较高的持证比例

北京市驾照持有比例远高于重庆、上海、成都等国内其他城市。北京市 2018 年持证比例为 54%（见图 5），国内平均水平为 30%。

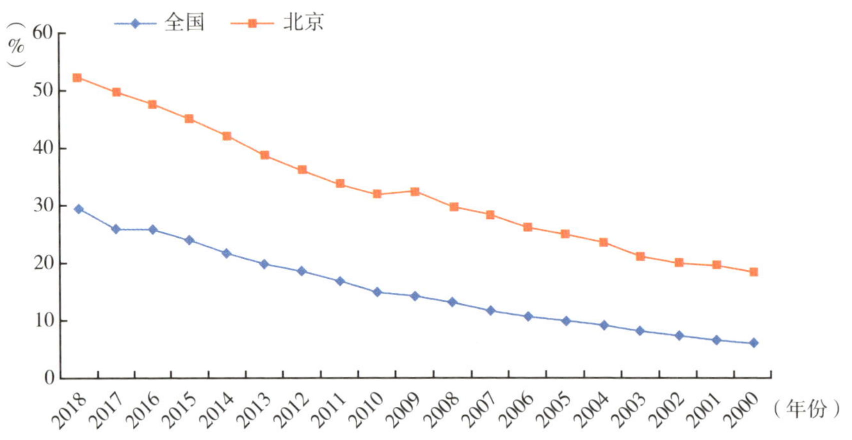

图 5　2000~2018 年北京市机动车驾驶人持证比例

2. 市场需求综合评估

如图 6 所示，2021~2025 年驾培需求量平均每年为 45 万 ~48 万人次，而北京市目前实际培训能力已达 50 万 ~60 万人次，培训能力过剩，且短期内市场需求趋于平稳，市场饱和的局面将持续存在，局部竞争相对加剧。建议拟在北京市范围内筹建（新建）驾校的投资者以及希望扩大培训规模的业内人士，慎重投资。

（二）面临形势分析

驾培行业属于第三产业，在传统服务功能基础上同时具备教育培训功能。传统驾培行业的生产经营主要依赖车辆和人员的投入，这种生产经营模

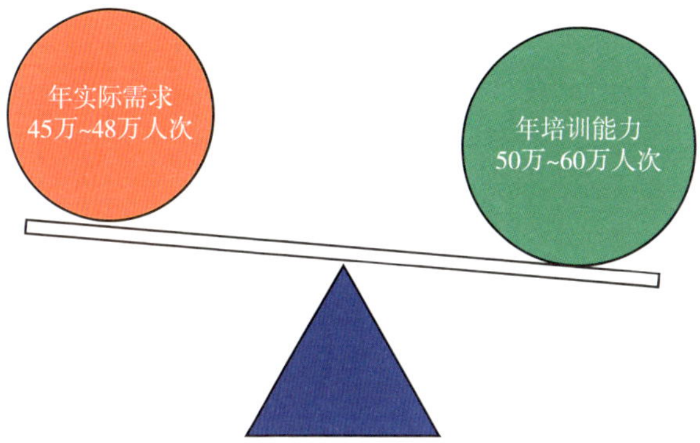

图6　实际需求和驾校培训能力对比

式导致驾校的生产率一直难有较大幅度的提升。但是在信息、能源技术快速发展和全社会数字化转型的背景下，驾培行业的新技术改造和升级已经是大势所趋。

1. “新基建”拉动新技术发展

为深入贯彻落实党中央、国务院关于加快构建以国内大循环为主体、国内国际双循环相互促进的新发展格局的决策部署，国家大力推动新型基础设施建设。在2020年全国两会上，《政府工作报告》在推动经济发展方式加快转变方面也提出，加强新型基础设施建设（以下简称“新基建”）、发展新一代信息网络、拓展5G应用，建设充电桩、推广新能源汽车，激发新消费需求、助力产业升级。中国机动车驾驶培训已经过近40年的社会化、市场化历程，作为一个较为传统的行业，在逐渐发展成熟的信息化技术基础上，将会有越来越多的新技术、新设备应用到驾驶培训和驾校经营管理中。人工智能将发挥促进驾培行业降本增效、节能减排、转型升级的积极作用，推动行业向规范化、数字化、智能化方向发展。

2. 驾培行业新的需求格局

目前，驾培行业正处在改革转型期的行业阵痛中。一方面，驾培市场需求发生了重大变化。由于驾培市场需求持续性萎缩，投资和经营成本上升而盈利下降、行业竞争加剧。如今的驾培行业，学员数量减少，学员构成趋于年轻化，需求更加个性化。伴随消费结构的变化，消费升级也正在驾培市场悄悄兴起，人们开始重视实用的驾驶技能，更加重视心理和安全的需要。另一方面，随着国家不断开放驾培市场，存量市场的争夺越发白热化，驾培行业面临着巨大的挑战，供给侧改革是必然之势。市场的压力将倒逼驾校进一步转型升级、提质增效，管理、服务、技术的价值将更凸显。

3. 驾校"降本增效"诉求迫切

近几年来，驾培行业面临供大于求的情况，竞争日益激烈。在这个过程中，驾校的核心诉求之一是"降本增效"。新产品和新技术的产生，成为推动驾培行业网络化、数字化、智能化、新能源化转型升级不可忽视的力量，驾培行业的发展已经走到关键节点。对于驾校而言，通过转型实现结构性成本降低、系统性效益增加、产业升级加速的目标，已经成为未来生存和发展的必经之路。

4. 政府监管不断加强

《关于推进机动车驾驶人培训考试制度改革意见的通知》(国办发〔2015〕88号)，提出要基本建立开放有序、公平竞争、服务优质、管理规范的驾驶培训市场体系。伴随"放管服"改革逐步深化，优化营商环境的措施越发具体，市场营商环境对于驾校经营主体将更加友好，有利于品牌驾校继续做大做强，向规范化、品牌化、差异化方向发展。

驾培管理部门不断加强事中事后监管，完善监管手段，推进市场规范化竞争。一是驾培行业管理部门完善监管体系。加强政府监管、协会共治、企业自治，推进落实公众服务、引导企业交互学习。二是创新监管方式。科技发展越来越快，行业管理部门提出了一些创新型的管理方式，如电子合同、第三方资金监管等。三是技术引领变革。随着5G时代的到来，VR技术在各领域的应用越来越广泛，个性化的培训方式越来越受欢迎，VR模拟器、机器人教练等新技术也在驾培行业得到应用。其中以木仓科技旗下驾考宝典为代表的一些互联网学车平台已经在这方面做出了很多探索与尝试，希望能在政府部门的监管下，整合行业资源，利用最新的技术形态赋能驾培行业，帮助驾校成为智慧驾校，给学员提供全新的学车体验。

（三）发展方向及发展目标

1. 发展方向

按照《交通强国建设纲要》“大力发展智慧交通，推动大数据、互联网、人工智能、区块链、超级计算等新技术与交通行业深度融合”的要求，为更好地满足人民群众需求，加快推进北京市智能驾驶培训技术广泛应用，充分发挥人工智能促进北京市驾培行业降本增效、节能减排、转型升级的积极作用，推动北京市驾培行业高质量发展，拟重点开展以下几方面的工作。

建设“品质驾培”。以满足人民群众个性化、便捷化、多样化驾驶培训需求为导向，健全完善行业治理体系，着力提升治理能力，强化行业信用体系建设，开展相关标准、规范研究，打造集互动教材、线上课堂、远程辅导于一体的全市统编线上培训资源，推进培训质量和服务质量双提升。

建设“智慧驾培”。推进人工智能、大数据、VR、5G 等新技术与驾培行业深度融合，充分发挥科技创新在促进北京市驾培行业降本增效、节能减排和转型升级方面的积极作用。推进人工智能教练车和 VR 智能驾驶培训模拟器的应用试点建设，拓展违法及事故后果、特殊路段及恶劣天气驾驶、防御性驾驶等在实际训练中无法完成的教学内容。采集、研判学员的驾驶行为数据，着力搭建驾培大数据系统，针对学员在培训过程中出现的问题和知识盲点，形成“一人一策”的教学策略，降低违法和事故发生率。

建设“绿色驾培”。将绿色驾驶知识纳入培训内容，促进学员树立绿色驾驶理念，掌握绿色驾驶技能。积极争取政策支持，推广节能环保教学设备设施在驾培行业的应用，鼓励和支持企业开发基于绿色、环保技术的驾驶员培训设施设备以及应用系统。

2. 发展目标

综合考虑战略及规划要求，结合“品质驾培、智慧驾培、绿色驾培”的发展方向，北京市驾培行业将围绕以下目标开展建设工作。

服务领先。通过政府引导、企业实施、监管发力、市场选择多措并举，进一步充实和完善具有首都特色的驾驶培训教学内容，进一步提高驾驶培训服务质量，持续提升学员满意率，降低学员投诉率。

驾校领先。驾校要主动适应首都科技创新中心定位，加快推进人工智能教学手段在北京市驾培行业应用的试点建设，发挥人工智能促进北京市驾培行业提升服务、降本增效、节能减排的积极作用；加大科技研发力度，引导科技创新和智力输出，打造全国知名品牌驾校，使北京市驾校在科技创新、规模化发展和市场竞争力方面保持领先水平。

监管领先。完善现有监管平台功能，日常监管方式由现场监管向“现场+远程监管”过渡，加强监管的精准性、有效性，将监管结果全面纳入信用评价体系，增强监管结果的权威性、适用性、约束性，更好服务市场主体，维护市场秩序。

四 改进对策

在信息、能源技术快速发展和全社会数字化转型的背景下，驾培行业的新技术改造和升级已经是大势所趋。为有效引导驾培市场的合理竞争，助力驾培行业转型升级，确保驾培行业健康、可持续、高质量发展，提出以下改进对策。

（一）进一步健全行业治理体系

1. 提升信息化监管水平

细化完善监管平台管理功能，运用大数据技术，实现对学员培训管理数据的综合分析，全面提升行业管理事前预判、事中监管和事后追溯能力。同时，充分发挥服务平台作用，应用市场手段，引导学员合理选择驾校。

2. 发挥行业协会的作用

充分发挥行业协会“服务、自律、协调、代表”职能，提高行业协会在行业治理中的参与度，坚持“行业的事情行业办”，支持协会参与行业有关政策和管理措施研究。以行业协会为载体促进合作交流，发挥行业协会在优化资源配置、推动行业转型发展中的作用，形成跨区域互动，整合内外资源。强化行业协会网站应用，利用行业协会服务网站，引入社会监督机制，发挥公众监督和公共权威服务窗口作用。

（二）实施驾培品质提升工程

1. 创新驾驶培训教学内容

加大宣传力度，向社会普及绿色驾驶知识；增加国际化、辅助类的内容；创新教学模式，增加互动式的授课方式。

2. 完善教练员继续教育制度

大力开展驾培行业人才培养和人力资源储备，建立和完善“政府主导、协会指导、企业参与”的人才培养机制。加强对教练员的培训和管理，完善教练员诚信考核制度，不断提高教练员综合素质。

（三）引导驾培行业高质量发展

1. 推进行业向现代服务业转型

引导驾培行业以培训机构为主体，以市场需求为导向，以提升服务品质为重点，不断提高专业服务水平和管理质量，推进驾培行业向现代服务业转型。

2. 完善信用体系建设

完善驾校质量信誉考核指标，提升诚信考核的权威和公信力。做好考核结果的发布和应用工作，充分运用质量信誉考核结果，完善“守信受益、失信惩戒”的管理机制和市场机制。加强品牌驾校建设，以行业品牌带动转型升级。

（四）推广新技术新设备应用

推广人工智能设备应用，促进培训资源节约，实现行业绿色与节能发展，支持培训机构在管理、教学和经营上使用新技术、新设备和新模式。在北京市驾培行业人工智能驾驶培训试点工作的基础上，同步开展跟踪分析和评估工作，“以点带面”不断促进人工智能在北京市驾培行业的应用。同时，鼓励和支持企业开展基于绿色、环保技术的驾驶员培训、考试系统与设备的开发和应用，为建设绿色驾培提供更多支撑。

五 结论与展望

随着国家进一步落实“放管服”改革，优化市场营商环境，北京市驾培行业已经进入成熟期，行业的进步和升级步伐加快。行业整体由“数量型增长”向“质量型增长”转变，呈现品牌化、集约化态势。驾培市场需求端明显表现出学员年轻化、需求多样化等特点，而且市场更多地向品牌驾校聚集。5G 时代的到来，也使得 VR 技术在各领域的应用越来越广，个性化的培训方式越来越受欢迎。

2021 年，面对新形势，政府部门要改变管理方式，充分利用新产品、新技术、新手段，强化事中事后监管；驾培行业整体须在做好疫情常态化防控工作的基础上，把创新作为第一生产力，增强竞争力，打造品牌驾校，为学员提供高质优价的驾驶培训服务。

本文作者为王晴。王晴，北京交通发展研究院战略政策研究所工程师。

B.9
货运驾驶员从业资格管理现状与发展趋势

摘 要：驾驶资格是从业资格的前提，从业资格是驾驶资格的延伸。我国道路货运驾驶员实行驾驶资格和从业资格双重认定的准入管理，反映了主管部门在道路货运安全保障上良好的制度设计设想。本文通过研究我国货运驾驶员从业资格管理的发展历程，剖析和探讨目前管理现状与弊端，提出了提高政治站位、重视结业证书、避免作假包过、加强舆论引导、增设检测项目、妥善治理假证、重视实战培训等政策与机制方面的多项建议。

关键词：驾培行业 货运驾驶员 驾驶资格 从业资格

道路运输安全由谁来落实？答案只有一个字："人"。"人、车、路、环境、管理"等道路运输安全诸要素中谁最重要？答案依然也是"人"。把好人的关、提高人的素质，才能为道路运输安全添砖加瓦，道路运输行业才能披坚执锐，运输行业才能为国民经济发展做出更多贡献。

目前，我国道路交通事故仍较多发，切实加强对客货驾驶员的培训和从业资格管理，是实现道路运输安全源头管理的关键。

二十多年来，交通运输部对道路运输从业人员群体这个道路运输市场的利益主体和实践主体的管理方式不断进行完善，从"结业证"到"准驾证"，再到"从业资格证"，从《中华人民共和国机动车驾驶员培训管理规定》到《中华人民共和国营业性道路运输机动车准驾证管理规定》，到《营业性道路运输驾驶员职业培训管理规定》，再到《道路运输从业人员管理规定》和《关于加强道路运输职业资格工作的意见》，从传统的应试培训到素质培训，从设备等硬件管理转向素质等软件管理，管理者与相关培训机构随着经济社会的快速发展、道路运输生产规模的不断扩大、“放管服”工作的持续深化，在应接不暇的挑战中适时进行调整和革新。

而经营性道路货物运输驾驶员（以下简称“货运驾驶员”）从业资格的管理（本文所谈均不包括危险货物道路运输驾驶人员）就是其中问题较多、改善潜力较大的一类。

截至2019年底，我国共有道路运输从业人员2516.48万人，其中货运从业人员1814.5618万人（占72.1%）、货运驾驶员1559.1945万人（含危险货物运输司机）、载货汽车1087.82万辆，较好地支撑了我国道路货物运输行业的发展。

由于货运驾驶员承担着比普通驾驶员更大的社会和经济责任，劳动强度大、连续工作时间长，经常会遇到复杂的道路状况及恶劣的气候条件。因此，货运驾驶员必须具备相应的职业道德和较高的操作技能、掌握道路运输法规和运输业务知识，才能保障安全，提升服务水平，才能符合交通强国发展的需要。

驾驶资格是从业资格的前提，从业资格是驾驶资格的延伸。对货运驾驶员从业资格的管理现状与发展趋势的研究，是重要而迫切的。

一　道路运输从业人员的管理分类

道路运输从业人员工作在生产第一线，涉及运输生产的各个环节。驾驶员是运输安全最基础和最关键的因素，教练员是驾驶员的启蒙老师和安全意识最直接的传播者，维修技术人员是车辆安全性能的维护者。只有发挥道路运输从业人员的主体作用、提高他们的综合素质，行业才能获得不竭的发展动力。

对道路运输从业人员的分类，是按照相关法律、法规的规定，总结多年来的管理经验，借鉴国外的成功实践，结合当前行业发展实际和行政管理需要进行的，也是行业行政管理从设备、车辆等硬件管理转向人员素质等软件管理的重要信号。

道路运输从业人员包括经营性道路客货运输驾驶员、道路危险货物运输从业人员、机动车维修技术人员、机动车驾驶培训教练员、道路运输经理人和其他道路运输从业人员 6 类，如表 1 所示。

表 1　道路运输从业人员分类

从业大类	从业小类	管理类别（2021 年 3 月 1 日之前）①	管理类别（2021 年 3 月 1 日之后）
经营性道路客货运输驾驶员	（1）经营性道路旅客运输驾驶员	行政许可类	行政许可类
	（2）经营性道路货物运输驾驶员	行政许可类	行政许可类（4.5 吨及以下普通货运车辆除外）
道路危险货物运输从业人员	（1）道路危险货物运输驾驶员 （2）道路危险货物运输装卸管理人员 （3）道路危险货物运输押运员	行政许可类	行政许可类
机动车维修技术人员	（1）机动车维修技术负责人员 （2）机动车维修质量检验人员 （3）从事机动车机修、电器、钣金、涂漆、车辆技术评估（含检测）作业的技术人员	资格管理类	无
机动车驾驶培训教练员	（1）理论教练员 （2）驾驶操作教练员 （3）道路客货运输驾驶员从业资格培训教练员 （4）危险货物运输驾驶员从业资格培训教练员	资格管理类	无
道路运输经理人	（1）道路客货运输企业的管理人员 （2）道路客货运输站（场）的管理人员 （3）机动车驾驶员培训机构的管理人员 （4）机动车维修企业的管理人员	资格管理类	无
其他道路运输从业人员	（1）道路客运乘务员 （2）机动车驾驶员培训机构教学负责人及结业考核人员 （3）机动车维修企业价格结算员及业务接待员	资格管理类	无

① 行政许可类：取得相应的从业资格方能从事相应的道路运输活动，否则属于违法行为，即从业资格纳入行政许可管理范畴。资格管理类：从业资格不是能否从业的先决条件，但经营者具有符合规定比例的取得相应从业资格的人员，是获得许可的必要条件之一。

二 货运驾驶员从业资格管理的历史沿革

20多年来，交通运输部十分重视对驾驶员的从业资格管理。

（一）《中华人民共和国机动车驾驶员培训管理规定》

1996年颁布的《中华人民共和国机动车驾驶员培训管理规定》（即交通运输部2006年2号令《中华人民共和国机动车驾驶员培训管理规定》的前身）首次要求驾驶员须参加培训，并取得相应结业证书方能上岗。同时规定，机动车驾驶员培训包括初学驾驶培训（非职业和职业）、增驾车型培训、非职业转职业驾驶培训等6种。

（二）《中华人民共和国营业性道路运输机动车准驾证管理规定》

1999年6月25日，《中华人民共和国营业性道路运输机动车准驾证管理规定》出台，自1999年10月1日起实行，要求从事营业性道路运输机动车驾驶的人员必须领取《准驾证》，即“获准驾驶营运机动车从事道路运输经营活动的资格证书”，有效期为4年。

同时规定，“驾驶员驾驶营运机动车必须将《准驾证》与《道路运输证》一并随车携带，按核准的准驾车型驾驶相应的营运机动车”。

规定中还要求“申领《准驾证》所需的职业驾驶员培训由经交通主管部门批准的机动车驾驶员培训学校进行”。这样，就形成了针对客货运驾驶员“双证管理制度”的雏形，包括驾驶证和准驾证（后称“从业资格证”）。即拟从事道路货运运输的人员，首先应当取得公安部门核发的机动车驾驶证后，再参加相应的从业资格考试，取得道路货物运输从业资格证后，才能成为合法的司机、从事相应的道路货物运输。

（三）《营业性道路运输驾驶员职业培训管理规定》

2001年9月6日，交通部颁布了《营业性道路运输驾驶员职业培训管理规定》(2001 年第 7 号令),自 2002 年 7 月 1 日起实行,《中华人民共和国营业性道路运输机动车准驾证管理规定》同时废止。这一规定将《准驾证》更新为“从业资格证”,对我国从事营业性道路运输的职业汽车驾驶员,实行全国统一的从业资格管理制度,除驾驶证外,同时发放全国统一的从业资格证书,实行市场准入、持证上岗制度。

这是我国营业性汽车驾驶员管理工作的重大改革。

7 号令发布之前,各地推行过各种《准驾证》《上岗证》《出租汽车服务证》《道路危险货物运输操作证》等证件,名目繁多,管理不便,也给营运驾驶员带来诸多困惑。交通部决定从 2002 年 7 月 1 日起,上述证件全部作废,发放全国统一的从业资格证。

当时,通过对美、日、德等发达国家的详细考察,发现它们采取营运驾驶员执业资格制度,在实践中效果较好。它们将驾驶员划分为私家车驾驶员和商用车驾驶员,分类进行培训和管理。私家车驾驶员培训形式多样、时间短、效率高。商用车驾驶员培训则在私家车驾驶员培训的基础上,进行职业技能、职业道德、职业规范的全面培训,内容广、项目多、时间长、要求严,并且还要进行知识更新培训。

我国一些地方交通部门依据地方法规,在当地各类营运驾驶员中实施了从业资格制度,效果良好。经过 3 年多的调研、试点、总结,交通部才推出了这项制度。

该制度能限制一些不符合道路运输职业要求的驾驶员进入营运驾驶员队伍,如残疾驾驶员、“买证”驾驶员、不合格驾驶员、未经职业培训取得驾驶证的驾驶员等。这项管理还有利于保障消费者的合法权益,发现“宰客甩客”现象,管理部门马上可以吊销其从业资格证,使驾驶员丧失经营资格;驾驶员也开始逐步学会如何用法律保护自身权益,客观上加强了对交通执法行为的监督力度。

7 号令中的第四条明确了职业培训的实施者:营运驾驶员职业培训“由县级以上人民政府交通主管部门运政机构按照交通部制定的营运驾驶员职业培训教学计划、教学大纲的规定组织实施,由符合国家规定条件的职业培训机构或者道路运输企业具体负责培训。”

第五条则明确了营运驾驶员职业培训的适用人群与考试方式："持有《中华人民共和国机动车驾驶证》的机动车驾驶员，可以参加营运驾驶员职业培训。参加营运驾驶员职业培训结束后，符合规定条件的，可以向市级（设区的市，下同）以上人民政府交通主管部门运政机构报名参加营运驾驶员做从业资格考试。"

（四）《道路运输从业人员管理规定》和《关于加强道路运输职业资格工作的意见》

2003~2004 年，国家相继颁布了《中华人民共和国行政许可法》和《中华人民共和国道路运输条例》等法律和行政法规，特别是后者，对从业人员管理做出了许多新的规定，管理的标准更高、更严。这使得《营业性道路运输驾驶员职业培训管理规定》从管理的范围、内容、方式、机制等方面都与新法规的要求和行业发展形势不相适应。

例如，《营业性道路运输驾驶员职业培训管理规定》只对营业性道路旅客运输驾驶员、普通货物运输驾驶员、危险货物运输驾驶员 3 类从业人员提出了要求，而《中华人民共和国道路运输条例》则增加了对站（场）经营、机动车维修经营、机动车驾驶员培训的人员要求。

为了推进从业人员管理的完整性和系统性、调整法规适用范围，2006 年，《道路运输从业人员管理规定》和《关于加强道路运输职业资格工作的意见》应运而生，从而健全了以从业资格考试制度为核心的驾驶员从业资格管理制度。新规定从科学培训、严格考试着手，严把驾驶员从业资格准入关，促进和保障了道路运输安全发展，体现了很多新的管理特点：取证凭考试，培训不强制；六年有效期，不再搞年审；一证通全国，备案在当地。

旧规定中的"职业培训"，不再适应《中华人民共和国行政许可法》的原则。《中华人民共和国行政许可法》第五十四条规定，"公民特定资格的考试不得组织强制性的考前培训，不得指定教材或者其他助考材料"。

在新规定中，取得资格证不是通过培训而是通过考试，取证考试按照交通部编制的考试大纲、考试题库进行，由设区的市级交通主管部门每季度组织一次。

其中第十条规定，经营性道路货物运输驾驶员应当符合下列条件:（一）取得相应的机动车驾驶证;（二）年龄不超过60周岁;（三）掌握相关道路货物运输法规、机动车维修和货物装载保管基本知识;（四）经考试合格，取得相应的从业资格证。

按照新规定，道路运输从业人员从业资格证全国通用。但从业人员在发证机关所在地以外从业且从业时间超过3个月的，应到从业地管理部门备案。

三　货运驾驶员从业资格改革的必要性与主要内容

多年来，从业资格管理工作的深入开展，为道路运输安全做出了巨大贡献。但是提起从业资格证，在货运驾驶员中还是存在很多反对声音的，争议不断，要求取消货运驾驶员从业资格证的呼声很高。

根据研究人员的调研，对货运驾驶员从业资格证的不满主要包括成本偏高、取得周期偏长、不良中介偏多、假证泛滥等，这些都让诸多有识之士对从业资格证的正当性、合理性产生了质疑。

要取得道路运输从业资格证，成本偏高。从全国来看，各地从业资格证的办理费用不断上涨且标准不一，包括培训费、考试费、工本费、资料费、食宿费等。

要取得道路运输从业资格证，时间偏长。从业资格证考取难度比驾驶证小，但考试培训、诚信考核和继续教育甚至证件补办等，会耗费大量时间。从业资格证的考取，一般会经过先期的非强制培训，然后进行考试，这大概需要1周。并且每个周期结束后，货运驾驶员还需到发证机构参加诚信考核;每两个周期会有一次继续教育，累计不超过24小时，共需3～4天;每当6年有效期满时，则需换证一次。

对货运驾驶员来说，时间就是利润，他们会单方面地认为这些跟从业资格证有关的活动，不应该过多地占用他们宝贵的营运时间。

要取得道路运输从业资格证，不良中介偏多。由于取得从业资格证手续烦琐，大量中介机构应需而生，它们可以代办手续，导致许多驾驶员花钱“走后门”“买便利”。中介机构每个证件收费大约在1000元左右，承诺全国随机就近城市出证，尽量办理免审证件且可以免费换证，俨然形成了一条成熟的灰色产业链条。

货运驾驶员劳动强度大，文化水平一般偏低，大多无暇参与考试大纲内容培训，记忆、理解能力有限，惧怕考试。另外，在道路运输安全的巨大压力下，管理部门仍将与考驾照相同的安全驾驶等知识与技能纳入从业资格培训和考试，使得驾驶员感觉从业资格酷似驾驶资格，造成了一定的理解认知偏差，“三关一监督”又进一步强化了这一制度，这种本末倒置的管理方式导致从业资格管理不得不为驾驶资格管理“背锅”。驾驶员普遍认为不必要的考证导致车辆闲置、影响其利益，从而产生抵触情绪，并认为从培训到取证的价格比买假证高、太不划算。

根据这种情况，交通运输部的改革一直没有停下脚步。按照《交通运输部办公厅关于取消总质量4.5吨及以下普通货运车辆道路运输证和驾驶员从业资格证的通知》（交办运函［2018］2052号），2019年1月1日起，各地交通运输管理部门不再为总质量4.5吨及以下普通货运车辆配发道路运输证，货运车辆数相应地同比下降。

2019年，交通运输部决定对《道路运输从业人员管理规定》（交通运输部令2016年第52号）做出修改，增加了一条：“使用总质量4500千克及以下普通货运车辆的驾驶人员，不适用本规定。”

其实多年前，国家就已经开始为取消双证做准备，目的是向行业传递正向信息。2017年9月20日，交通运输部、国家发展改革委员会等14个部门在联合印发的《关于印发促进道路货运行业健康稳定发展行动计划（2017~2020年）的通知》中就提到了推动取消部分许可审批事项。

当下，“减证”是政府提高效率的重要标志，国务院总理李克强在谈到简政放权时曾表示，将砍掉一半“没必要”的证照。在“放管服”时代，很多许可、资质、证明、证书逐步被取消，货运驾驶员的诉求也得到了高层关注。

道路运输从业资格证一方面提高了从业者的技能与素质，但也存在诸多弊端，逐渐偏离了正常的方向，改变了设置的初心，道路货运从业环境亟须重新建构。

2020 年 7 月，国务院办公厅印发了《关于进一步优化营商环境　更好服务市场主体的实施意见》（国办发〔2020〕24 号）文件，明确提出了要进一步降低就业创业门槛，优化货运司机从业条件，减轻货运司机的负担，取消除道路危险货物运输之外的货运司机从业资格考试，并将货运司机从业资格考试培训内容纳入相应等级的机动车驾驶证培训，驾驶员凭培训结业证书和机动车驾驶证申领道路货物运输驾驶员从业资格证。

交通运输部根据国办发 24 号文件中关于货运驾驶员从业资格考核制度改革的具体要求，于 2020 年 12 月 28 日印发了《交通运输部办公厅关于做好道路货物运输驾驶员从业资格考核制度改革有关工作的通知》（交办运〔2020〕66 号），提出从 2021 年 3 月 1 日起全面实施改革后的货物运输驾驶员从业资格考核工作，不得再组织开展除道路危险货物运输之外的道路货物运输驾驶员从业资格考试，凭机动车驾驶培训结业证书和机动车驾驶证换领从业资格证；道路货运驾驶员从业资格由考试合格发证改为培训合格发证；增加道路货运从业资格培训内容，推动实现“一次报名、一次培训、一次考核”，方便道路货运驾驶员从业、就业、择业。具体道路货物运输驾驶员从业资格考核制度改革内容如图 1 所示。

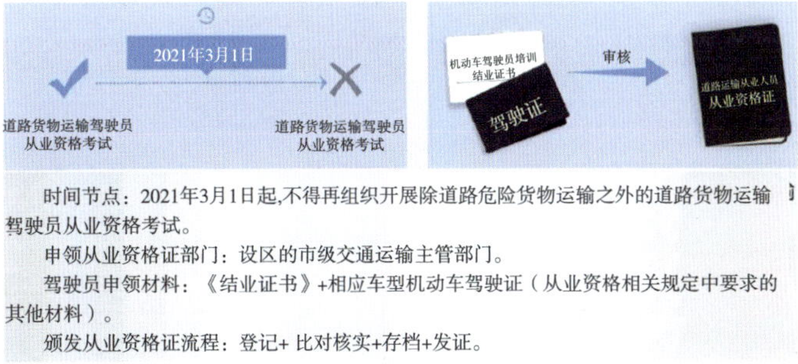

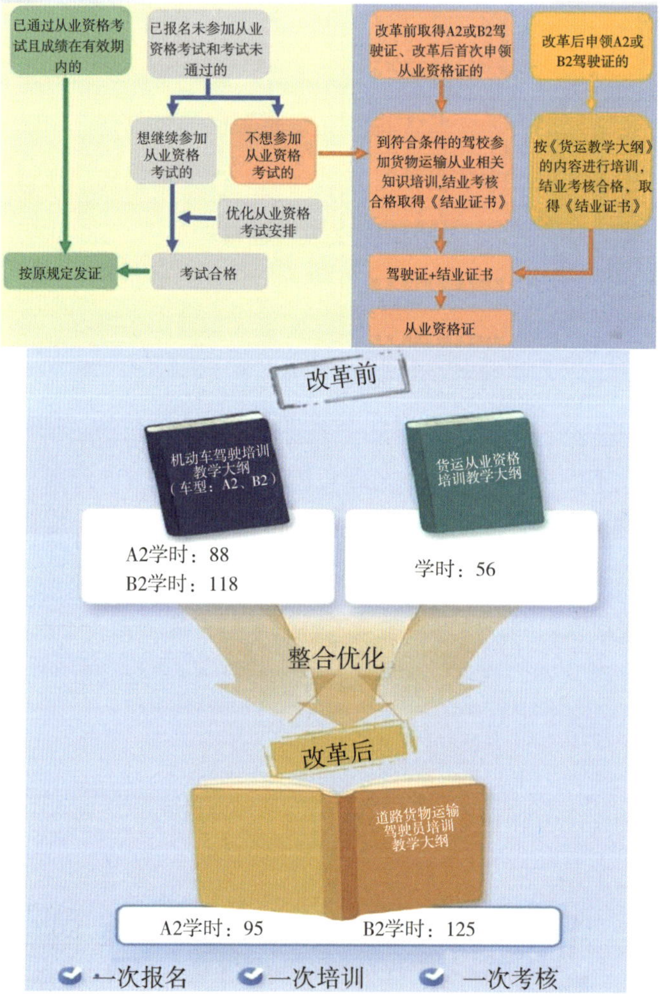

图1　道路货物运输驾驶员从业资格考核制度改革内容

（自3月1日起，广东道路货物运输驾驶员“一次报名、一次培训、一次考核”可获得驾驶证、从业资格证双证），来源：江门市政府网站，http：//www.jiangmen.gov.cn/bmpd/jmsjtysj/zwgk/tzgg/content/post_2262607.html。

四　货运驾驶员从业资格改革的益处

可以看出，本次改革的基本思路是依法依规、整合优化、便民利民，最终目标是提升货运驾驶员职业素养，满足道路货运业用人需求，消除社会对从业资格证的不良情绪。对学员和驾培机构来说有以下益处。

1. 对学员的益处

（1）流程上实现了“减负”，更加便民，减少了学员往返次数，真正实现了学员“一次报名、一次培训、一次考核”；

（2）内容上“整合优化”，避免培训内容交叉重复，减少了学员负担；

（3）“取消”考试，减少学员由考试带来的心理压力，节省由考试带来的费用；

（4）数据信息上追求“共享”，便利驾驶员信息查询，可异地申领道路货物运输驾驶员从业资格证，并为驾驶员从业资格证的换证、补证、变更和注销提供便利；

（5）方便道路货物运输驾驶员从业、就业、择业；

（6）本次改革之后，在申领从业资格证之前，学员结业证书的效力是终身的。

2. 对驾培机构的益处

（1）驾培机构能够更灵活地开展结业考核，有了更多的自主权。考核可在全部培训结束后进行，也可以在各部分内容培训结束后分别进行。部分考核不合格的，由考核员提出增加复训的内容和学时建议；

（2）节省了重复培训的费用；

（3）节省了因组织从业资格证考试产生的人工费等费用。

目前最新的道路运输从业资格考试权限和考试时间如表 2 所示。

表2 从业资格考试权限和考试时间

从业资格	考试部门	考试组织（2021年3月1日之前）	考试组织（2021年3月1日之后）
经营性道路旅客运输驾驶员	设区的市级道路运输管理机构	每月组织1次	每月组织1次
经营性道路货物运输驾驶员	设区的市级道路运输管理机构	每月组织1次	驾培机构实施结业考核
道路危险货物运输从业人员	设区的市级人民政府交通主管部门	每季度组织1次	每季度组织1次
机动车维修技术人员	设区的市级道路运输管理机构	每季度组织1次	无
道路运输经理人和机动车驾驶培训教练员	省级道路运输管理机构	每年组织2次	无
其他道路运输从业人员	省级道路运输管理机构确定	—	—

五 典型省份改革推进落实情况

按照交通运输部《关于做好道路货物运输驾驶员从业资格考试制度改革有关工作的通知》要求，为使改革政策平稳落地，一些省份快速行动，积极从强化监管、落实责任、减轻负担的角度入手，在很短时间内做了大量工作，具体包括：稳步推进，做好宣传，控制舆情和群体事件；解决疑难，做好衔接，解决各类卡脖子问题；注重实效，减轻负担，真正服务货运驾驶员；确保质量，杜绝造假，考核监管两手都要硬。

这里简要介绍一下黑龙江省与广东省的相关做法。

（一）黑龙江省货运从业资格考试制度改革推进落实情况

1. 主要做法

（1）加强宣传贯彻工作

有关部门迅速以交通运输厅名义转发了交通运输部通知，并提出了相关要求，同时组织地（市）行业主管部门深入研究此次制度改革的意义和精神，深入驾驶培训机构，对当前从业资格培训、考试、证件申领流程进行调查研究，了解掌握当前培训的实际效果，对目前培训存在的问题进行研究。

在形成初步工作思路之后，指导地（市）行业主管部门组织召开培训机构的座谈会，针对调研了解到的问题和解决思路与培训机构进行磋商，从制度建设、培训流程和结业考核办法方面提出设想，同时从学员角度出发，针对如何保证便民服务措施有效落地开展讨论。

（2）联网对接

2018 年，黑龙江省升级完善了全省统一的驾驶培训监管服务平台（监管平台），全省各级交通运输主管部门通过监管平台实现了对学员报名、学时记录等信息的全程监管，2020 年实现了监管平台与公安驾驶考试系统平台全省联网对接。2021 年 2 月 28 日实现了监管平台与运政平台联网对接。

（3）有效监管

在货运从业资格考试制度改革工作中，黑龙江省依托监管平台和运政平台，提出了很多有效的改革方案。一是要求各地市交通运输主管部门重新梳理培训机构经营资质和经营条件，将具备道路货物运输驾驶员培训资格的驾培机构的相应信息对外公布；二是学员在驾培机构报名时，将学员的相关信息通过驾校录入监管平台；三是驾培机构在按照《道路货物运输驾驶员培训教学大纲》（以下简称《货运教学大纲》）对学员进行培训时，自动生成培训记录并上传至监管平台，同时选取了 5 家远程理论教学供应商，均可提供在线教育培训；四是各级交通运输主管部门通过监管平台及现场巡查，对培训过程进行了有效监管；五是各地市交通运输主管部门指导驾培机构合理制定考核计划并提前进行公示；六是对达到《货运教学大纲》规定学时要求的学员，按照考核计划进行考核；七是考核合格的学员的结业证书通过监管平台发送至运政平台，学员可持驾驶证原件申领货物运输驾驶员从业资格证。

据统计，从 2021 年 3 月 1 日到 3 月 15 日，全省已有 4500 人报名参加了货运车辆驾驶培训，230 名持有货车驾驶证的学员报名参加了货运从业资格培训。

2. 后续改革思路

为了进一步加强对从业人员培训的事中监管、确保培训质量、减轻学员负担，黑龙江省将逐步开展以下几方面的试点工作。

一是通过信息化手段开展货物运输驾驶员从业资格考核，主要目的是将结业考核作为道路运输安全的源头关口，确保考核的真实性，同时也要保障学员在公平公正的环境中参加培训和考核。目前黑龙江省监管平台已增加货物运输驾驶员从业资格考核模块，哈尔滨市与交通运输部相关研究院、职业院校等单位合作，对初学驾驶培训和从业资格培训的内容进行研讨，同时对新《货运教学大纲》进行研究，将原初学培训相关内容和原从业资格考试培训内容进行整合，并纳入地方特色试题，已编制完成结业考核题库。在达成共识的基础上，哈尔滨市从事货运驾驶员从业资格培训的驾培机构已开始使用统一的结业考核程序开展结业考核，同时在结业考核中，利用远程监控、人脸比对、随机实地抽查的方式开展动态监管，使结业考核真正发挥效果。

二是建立驾培机构训练场地视频监控系统。为弥补车载计时终端等设备监管不足的问题，黑龙江省拟在哈尔滨市试点开展驾培机构训练场地视频监控。该系统将实现实时监控、录像回放、云端控制、电子地图、视频上墙等功能。通过在驾培机构训练场地搭建视频监控设备并接入监管平台，交通运输主管部门可通过监管平台对教练场地状况、教学内容、车辆状态等进行实时监控及事后监管。在哈尔滨市试点的基础上，主管部门将择机在全省推广这一改革。

（二）广东省货运从业资格考试制度改革推进落实情况

2021 年 1 月 19 日，广东省交通运输厅印发了《广东省交通运输厅转发交通运输部办公厅关于做好道路货物运输驾驶员从业资格考试制度改革有关工作的通知》（粤交运函［2021］46 号），对广东省内货物运输驾驶员从业资格考试改革做了进一步细化部署。其主要做法包括以下几点。

1. 及时宣传政策，注意疏解舆情

2021 年 3 月 2 日，广东省交通运输厅官方网站和广东省道路运输管理信息网两大门户网站发出《重要！ 3 月起“一次报名、一次培训、一次考核”即可拿驾驶证和从业资格证》一文，对改革政策进行了解读，对常见的诸如

“考试改革后，道路客货运输驾驶员从业资格考试被取消了吗？”“考试改革后，是不是就把道路货物运输驾驶员从业资格证取消了呢？”“考试制度改革对已报名和新报名申请道路货物运输驾驶员从业资格证的人员又是怎么安排呢？”“改革后，申请人员如何申领道路货物运输驾驶员从业资格证呢？”“如果申领人员所在的地市没有具备道路货运驾驶员从业资格培训资质的驾校，可以异地参加学习培训吗？”等热点问题进行了详尽解答。对 2021 年 3 月 1 日之前缴纳了相应的培训费和考试费的驾驶员进行了有效疏导。

2. 同时申领电子证照

2020 年 9 月 1 日起，广东省在现有 IC 卡证件基础上推广实施电子证照。道路运输从业人员的从业资格证 IC 卡证件和手机端现场在线关联的电子证照，经核验信息无误的，均为合法证件。

广东货运驾驶员取得从业资格证之后，可通过“粤省事”微信小程序关联本人电子证照。电子证照仅支持资格核查，如持证人实际营运时，仍有应用场景需要使用 IC 卡证件，可前往发证机关政务窗口领取 IC 卡证件。

持证人的从业资格证信息，可凭从业资格证号码、持证人姓名信息，在广东省道路运输管理信息网或“广东省道路运输事务中心”微信公众号查验。

3. 复核驾培机构资质

广东省严格按照国家相关规定，全面梳理复核辖区内具备通用货车半挂车（牵引车）和大型货车之中一种及以上车型培训条件的机动车驾驶员培训机构资质，通过政务服务网、微信公众号、政务服务窗口、考试培训机构等多种渠道向社会公布具备培训资质的驾培机构名称、负责人姓名、详细地址、培训规模、报名方式、联系电话、监督电话等信息。

普通货车驾驶员从业资格证申领地交通运输管理部门则依据《道路运输从业人员管理规定》相关要求，落实申领人的从业资格档案建档和保管工作，谨慎推进改革，防止哄抬服务价格。

4. 顺利推进学时衔接

改革后，申领道路货物运输驾驶员从业资格证分两种处理情况。

一是对在 2021 年 3 月 1 日前已经取得相应 A2 或 B2 驾驶证、想申领普通货车驾驶员从业资格证的学员，应到具备通用货车半挂车（牵引车）、大型货车驾驶员培训资格的驾校按照《货运教学大纲》补充学习道路货物运输从业相关知识（共7学时），经结业考核合格后，凭驾校出具的结业证书和相应的机动车驾驶证，到设区的市级交通运输主管部门申领道路货物运输驾驶员从业资格证。

二是对2021年3月1日后参加机动车驾驶培训并申领普货驾驶员从业资格的学员，应到具备通用货车半挂车（牵引车）、大型货车驾驶员培训资格的驾校按照《货运教学大纲》要求接受完整的培训，经结业考核合格后，凭驾校出具的结业证书和相应的机动车驾驶证，到设区的市级交通运输主管部门，申领道路货物运输驾驶员从业资格证。

5. 平稳做好考培过渡

各地交通运输主管部门应及时将交通运输部66号文精神传达给辖区内的普通货物运输企业、广大从业人员及机动车驾驶培训机构。要严格按照交通运输部66号文要求，对从业人员实施分类管理、确保平稳过渡。

2021年3月1日前已报名或参加从业资格考试的，继续按照原考试模式做好考试发证工作；对2021年3月1日前已取得相应机动车驾驶证且在2021年3月1日后初次申领普通货车驾驶员从业资格证或在2021年3月1日后参加机动车驾驶培训并申领普货驾驶员从业资格的，按照新的培训模式做好培训发证工作。

6. 全省结业证书互认

各地压实驾培机构培训主体责任，防止走过场，切实加强培训质量管理。督促驾培机构按照《货运教学大纲》规范课件，对学员分类培训后组织开展结业考核。结业考核合格的，及时颁发结业证书。

由省内驾培机构培训的驾驶员，各地交通运输主管部门在核发普通货车驾驶员从业资格证时，通过“广东省驾驶培训监管服务平台”核验学员结业考核信息后方可发证；由外省驾培机构培训的驾驶员，待全国驾驶培训信息“一张网”建成后，再全面启动对外省驾培机构提供的结业证书的核验工作。

六　从业资格改革相关思考与建议

（一）提高政治站位，扎实开展与货运驾驶员群体相关的工作

货运业是交通运输行业中规模最大、从业人员最多、市场化程度最深的行业。当前道路货运驾驶员劳动强度大、生活条件苦、满意度不高，他们长年漂泊、抛家离舍、风餐露宿，承受着巨大的压力，还面临着货物丢失、车辆丢油等难题，尤其是物流成本的居高不下导致了诸多不和谐的声音。

为此，交通运输部等14部门发布《关于印发促进道路货运行业健康稳定发展行动计划（2017~2020年）的通知》（交运发〔2017〕141号），“关爱司机”成为其中的一项重点内容。

我们认为，各级交通运输管理部门应提高政治站位，落实《国务院办公厅转发交通运输部等部门关于加快道路货运行业转型升级促进高质量发展意见的通知》（国办发〔2019〕16号）的部署，关爱服务货车司机群体，切实维护好他们的合法权益，稳步推进从业资格考试改革，推动货运行业健康稳定发展。

当前，党中央、国务院高度重视深化简政放权、放管结合、优化服务改革、优化营商环境工作，这是贯彻落实党的十九大和十九届五中全会精神的重要举措。在这个思路下，国家和行业管理部门会推进新一轮取消、下放行政许可事项的落实工作，继续深化“证照分离”改革，探索推进“一业一证”改革和资格资质改革。

（二）重视结业证书，完善其与从业资格证之间的衔接流程

结业证书是学员完成机动车驾驶培训的凭证和证明培训合格的证书。

目前，根据《机动车驾驶员培训管理规定》，培训结业证书是由行业管理部门按照统一式样印制并编号的，但在实际实施过程中，受自主约考、企业经营管理理念等因素的影响，驾校向完成培训内容的学员发放结业证书的情况并不理想，存在驾校在学员培训完成后没有发放结业证书以及向没有完

成培训的学员发放结业证书的现象。

取消货运驾驶员从业资格考试后，货运驾驶员凭培训结业证书和驾驶证可申领道路货物运输驾驶员从业资格证。在结业证书管理没有形成闭环的条件下，如何使驾校按规定对学员实施结业考核、发放结业证书，如何确保结业证书的真实和客观，以及如何将《货运教学大纲》落实到位，是需要重点考虑的。

此外，当前我国驾驶培训还未实现全国驾驶培训信息共享和互联互通的管理格局，如何追溯结业证书的源头也是需要解决的重点问题。

建议调整管理规章，形成结业证书管理闭环。针对此次改革，尽快修订《道路运输从业人员管理规定》和《机动车驾驶员培训管理规定》等部门管理规章，落实好国务院改革要求，确保以上两个规章的协调统一，建立结业证书的发放、使用、监督、追溯的管理闭环，健全约束手段，强化对结业证书发放和使用过程中的违法违规行为的法律责任追究，从制度上倒逼有关机构和相关人员规范结业证书的发放和使用。[①]

（三）避免作假包过，以卓有成效的考核监督保障培训质量

交通运输主管部门加强对货运驾驶员从业资格培训考核的监督具有重要意义，是保证培训考核质量的重要措施。

本次改革前实行的是培训考核分离的制度，培训机构负责培训，交通运输主管部门负责考核，从制度上保证了培训考核质量。改革之后则实行培训考核一体化，即谁培训谁考试，极易产生“收钱培训包合格”的现象。管理部门加强监督可以防止考核走过场，避免考核弄虚作假、保证培训质量。

比如在黑龙江省，在考试过程中设置有音视频监控和流动监考，依靠计算机系统自动随机抽题确保考试的公正、公开、公平。

为了避免个别驾校轻视货运驾驶员培训工作，管理部门应力求通过制度建设督促驾校自我加压，落实驾校培训质量排行榜制度。建议除了对驾校学

① 孟兴凯:《取消货运司机从业资格考试的思考》，“驾驶引路人”微信订阅号。

员的考试合格率进行统计排行外，还应对驾校结业的 3 年内货运驾驶员的交通违法率进行统计排行，并向社会公告。这相当于对驾校培训质量进行后评估，避免驾校在培训中搞“应试教育”。

对驾校来说，必须严把培训质量，落实主体责任。发放结业证书的权利，也同时意味着必须承担一定的责任。

（四）加强舆论引导，持续做好宣传工作

在交通运输部相关通知下发之后，各省应快速以交通运输厅名义转发通知，组织地（市）行业主管部门深入研究改革的意义和精神，并深入驾驶培训机构，对现有的从业资格培训、考试、证件申领流程进行调查研究，持续做好舆论宣传引导，防止群体性事件和不良舆情发生。

另外，自从《关于取消总质量 4.5 吨及以下普通货运车辆道路运输证和驾驶员从业资格证的通知》实施后，对总质量 4.5 吨及以下普通货运车辆放开了对车和人的限制，这与现行的《中华人民共和国道路运输条例》的相关规定有一些矛盾之处，容易造成管理上的混乱。在舆论引导中，需要做好对这一部分普货车辆“双证”取消后的解释工作。货运市场放开，不等于对货运的主体资格完全放任不管，仍需要对其加以限制和规范，这样才能保障市场有序运行。

（五）增设检测项目，合理改进驾驶从业资格准入

目前，我国的驾驶适应性检测尚停留在高校理论研究和小范围地区试行阶段，而日本、奥地利、德国等国家对于驾驶适应性检测结果进行分析，尤其是针对重点驾驶人提出驾驶改进意见，已经取得了良好的社会效益和经济效益。

例如，日本汽车事故对策中心进行的驾驶人甄选，由性格（情绪稳定性、协调性，是否心胸开阔、与人为善）、态度（安全态度）、技能（判断恰当、动作圆滑、动作正确、动作适时）共 3 组 9 个项目组成。波兰全国每年检测驾驶人 16 万人次，对从事汽车运输的重点驾驶人进行检测培训，随时淘汰不

合格的驾驶人。

在由人—车—路（环境）各要素组成的复杂的交通系统中，路和车的安全可靠性可以通过科技手段不断提高，甚至可以接近100%，但驾驶人的安全可靠性却很难提高，这主要取决于驾驶人的素质。与其他因素相比，机动车驾驶人之间的差异度最高，存在着“个人差”，即个人心理和生理的偏差，如性别、年龄、身体健康状况、生理及心理反应能力和承受能力等。有相当一部分驾驶人在生理和心理方面存在一定的缺陷，不适宜驾驶机动车。

相关研究结果表明，驾驶人的驾驶适宜性是控制道路交通安全的首要问题。在今后立法、修法过程中，应由医学、心理学、行为学等领域专家共同研讨制定申领驾驶证身体条件的详细标准，提高重点车辆驾驶人申领驾驶证的身体条件，增加对于驾驶人心理、性格测试的内容，从源头上解决驾驶适宜性问题。①

（六）妥善治理假证，加强打击与监督力度

首先，应健全相关法律法规。《道路运输从业人员管理规定》第四十五条、第四十六条均规定了“使用失效、伪造、变造的从业资格证件”的法律后果，虽明确提出“构成犯罪的，依法追究刑事责任”，但《刑法》中未见相关条文，在实践中难以执行。另外，无相关法律法规明确制、售假资格证的法律后果。

其次，主管机关的管理和宣传力度有待加强。我国对道路运输驾驶员实行证件双重认定的管理格局，理论上对保障道路运输安全做出了贡献，但实际落地往往有偏差。如涉及环节多、手续烦琐、期限过长、培训费及证件费用过高，未能贯彻公平、公正、公开和便民服务的原则，给从业人员依法申领资格证造成一定困难。在管理实践中，部分管理人员审查从业人员资格仅仅以证书为标准，未深究证书的真伪，给从业人员持假证以可乘之机。甚至一些交通管理部门对这种危害道路运输市场的制、售假证行为的监督和打击

① 见《中国驾培行业发展报告（2018）》中的《大型客货车驾驶人准入政策与趋势》一文。

不力，使需要假证的从业人员有证可购。

最后，应尽快建立全国性的从业人员信息云平台，实现不同地区之间的信息共享互通，填平信息鸿沟，普及电子证件，让从业人员、企业、行业管理人员等能够方便获取，提升人员信息管理、假证防范、假证甄别的水平。[①]

（七）重视实战培训，让货运市场远离违法驾驶

道路货运驾驶员与普通驾驶员相比，属于高危职业，专业性强，不仅要有娴熟的驾驶技术、一定的专业知识和丰富的行车经验，而且还要具备更强的安全意识、职业道德、服务意识、服务技能，承担着更重的法律道义责任。

取得从业资格证的绝大多数驾驶员早已过了驾驶“兴奋期”，有些驾驶员甚至是有着多年驾驶经验的老驾驶员，因此重点应该是把安全驾驶教育贯穿学习的始终。同时，应根据货运特点，重点安排学习驾驶技巧、职业道德、法律法规、货运知识，属于有目的的专项学习，与驾驶证学习有着本质区别。[②]

公安部交管局的数据显示，2018 年的道路交通事故中有 84.84% 是由机动车违法所致，“人”依然是道路交通事故的重要因素。未按规定让行、无证驾驶、酒后驾驶等违法驾驶行为是事故致死致伤的重要原因，分别占致人伤亡事故总数的 14.03%、7.95%、5.98%。在机动车违法导致事故的案件中，违法超车、违法会车、违法变更车道等违反道路通行规则的驾驶行为导致的事故占比为 43.13%，高于酒驾、疲劳驾驶等导致的事故占比（22.1%）。

造成以上问题的原因主要有驾驶人的安全驾驶知识缺乏、交通规则意识不强及应急处置能力不高等，究其深层次原因，与机动车驾驶培训、考试和日常教育管理等都息息相关。[③]

---

① 章小兵、陈淼淼:《关于道路运输从业资格证假证的分析与规制》,《保险职业学院学报》2019 年第 4 期。

② 杜若明:《道路运输驾驶员从业资格培训——道路运输安全驾驶的最后屏障》,《科技致富向导》2015 年第 18 期。

③ 刘晓晨:《血泪反思与启示——事故中驾驶人行为特征与培训考试对策》,《中国道路运输》2020 年第 9 期。

应推进安全知识在培训考试环节落地。建议制作、使用规范化教学课程，强化行车盲区、安全距离及灯光使用等知识讲解、方法教授和模拟体验，推进安全驾驶知识在考试教育中的深化。应完善机动车驾驶人考试、“两个教育”方面的内容和试题，丰富安全驾驶盲区、安全驾驶距离及灯光使用方面的知识和考点考题。

应强化对驾驶人规则意识的培训与考试。针对驾驶人交通规则意识不强的短板，从培训、考试等方面着手，提升驾驶人遵法守规的能力。

应加强应急处置能力普及与培训。针对特殊路段、特殊天气、特定事件下驾驶人应急处置能力不足导致事故伤亡严重的情况，建议加强应急处置知识普及，强化驾驶人应急驾驶技能模拟培训，充分运用 AR、VR 等新技术手段，开发驾车出行紧急事件场景，在驾驶培训、“两个教育”等环节，推进模拟场景的应急处置训练，强化驾驶人对应急处置技能的学习和体验，着力减少伤亡事故发生。

本文作者为熊燕舞。熊燕舞，中国交通运输协会驾驶培训分会副秘书长、交通运输部科学研究院研究员。

B.10
驾校教练车选购和应用研究

摘　要：教练车的选购和应用管理决定了驾校的经济效益，也体现了驾校的经营管理水平。本章从教练车的选购、改装、节能降耗、新能源教练车、教练车管理和对汽车生产厂家的建议等方面进行论述，为驾校教练车的选购与管理提供参考。驾培机构在选购教练车时的影响因素主要包括可靠性、经济性、标准性、适用性、引领性等。教练车改装方面，分析了教练车加装“五副”装置的状况。在此基础上，对汽车厂家生产教练车、教练车节能降耗以及新能源教练车的应用提出建议。

关键词：驾培行业　驾校　教练车　新能源车

从经营角度来说，教练车是生产资料，驾校要充分利用教练车创造效益。从管理角度来说，教练车是固定资产，要充分发挥其效率、延长使用寿命、保障教学安全。从教学角度来说，教练车是教学工具，合理使用才能保证教学质量和教学效率。因此，驾校应对教练车的选购、应用、管理、维护、更新等各个环节进行严格管控，以求发挥教练车的最大价值。

一　驾培机构教练车的选购

驾校选购教练车，既要考虑驾校的经营战略、教练场面积、当地市场环境等实际情况，又要考虑相关法律法规、国家标准和行业管理规定等。具体而言，驾校选购教练车，应综合考虑以下因素。

（一）可靠性

与普通车辆相比，教练车具有特殊性。这是由教练车的用途和使用特点决定的。

一是用途特殊。教练车虽然是机动车，但人们并非将其作为交通工具。对驾校来说，教练车是“教学工具”或“生产资料”。驾校使用教练车是为了创造经济效益。

二是驾驶者特殊。学员是教练车的主要驾驶者，他们只能算“准驾驶人”，并不完全具备驾驶汽车的技能。训练时学员频繁更换，不同学员的操作能力和水平各不相同，各种不规范的驾驶动作层出不穷。

三是使用环境特殊。《道路交通安全法实施条例》规定，在道路上学习驾驶，应当按照公安机关交通管理部门指定的路线、时间进行。进行科目二训练，学员驾驶教练车要在训练场完成各种训练科目。除此之外，教练车很少在道路上行驶。

特殊用途、特殊驾驶人、特殊行驶环境导致教练车长时间处于特殊行驶状态，这就使得教练车的故障率、油耗和安全隐患都要高于普通机动车。教练车质量不稳定，就会影响教练车的使用效率从而影响驾校的经营效益。因此，驾校选购教练车要首选质量过硬的品牌机动车。

（二）经济性

从经营角度来说，驾校是以盈利为目的的企业，采购教练车应考虑成本和回收周期。为了降低教练车采购价格，可考虑多家驾校联合进行“团购”，达到以“量”换“价”、降低采购成本的目的。采用按揭和分期付款的方式购买教练车，有利于缓解驾校的资金压力，但往往也会被汽车销售企业要求捆绑式购买车辆保险，购买成本也会相应增加。

除了采购成本，各驾校也非常注重教练车的使用成本。现列举部分驾校采购较多的几种教练车进行分析。

1. 经济型汽车

为节约采购成本，在保证质量和实用性并符合国家相关要求的前提下，可采购价格相对较低的经济型汽车作为教练车。

小型教练车可采用紧凑型轿车。一般来说，车长在 4.2 米 ~4.6 米、轴距在 2.4 米 ~2.7 米之间、发动机排量在 1.6 升 ~2.0 升的小型汽车基本上可以满足训练要求。

大型教练车可优选配置。大型教练车不同于大型运输车辆，运载重量较轻，驾乘舒适度并不高。因此，大型教练车动力和车身车架等配置可在国家相关标准允许范围内选择最低配置。

2. 双燃料汽车

驾校用于教练车燃油的支出是一项占比较大的成本。使用天然气比使用燃油、汽油等的成本低。双燃料汽车是指具有两套燃料供应系统的汽车，一套供给天然气或液化石油气，另一套供给其他燃料。

（1）选购原厂双燃料汽车

原厂出品的双燃料汽车，从设计到生产均有严格的程序。选购双燃料教练车，能得到汽车质量和使用效果的双重保证。虽然原厂双燃料汽车价格要高于普通汽车，但长期使用不但能够降低教练车燃料成本，也能抵消高出来的购买成本。

（2）改装双燃料汽车

一些驾校选择了“油改气”的方式，将普通汽（柴）油车改装成双燃料车。这样的应用方式可降低培训成本，但也为驾校增加了部分“隐形成本”。改装后的教练车改变了车辆出厂设置，对教练车发动机的工作产生了较大影响。火花塞和气门等机件容易损坏，导致了发动机怠速不稳、缺缸、动力不足等问题，由此也将造成教练车维修成本增加。

教练车“油改气”，即将普通燃料汽车改装成双燃料汽车，应当按照有关规定进行。

（1）按照规定程序进行改装

《中华人民共和国道路交通安全法》第十六条规定，任何单位或者个人不得拼装机动车或者擅自改变机动车已登记的结构、构造或者特征。未经公安交通管理部门允许，擅自改装机动车底盘、发动机、悬挂系统、变速系统、方向系统、车胎轮毂、车灯、车身颜色喷涂和外观结构，以及机动车的有关技术数据与国务院机动车产品主管部门公告数据不符的，都属于改装行为。

根据上述法律要求，改装前驾校应向当地公安交通车辆管理所提出申请。经车辆管理所认可，方可到有改装资质的汽车改装企业进行改装。如果私自改装，教练车年度安全检验就无法通过，还要接受罚款并恢复车辆原状。

（2）改装后办理车辆异动手续

车辆改装完毕后，应持车辆改装单位出具的车辆改装合格证，到公安交通车辆管理部门办理机动车辆异动手续。符合改装规定和要求的车辆，车辆管理所会在行车证副证加盖两用双燃料章。这样教练车改装才符合要求，可通过年检和路查民警的检查。

（3）要考虑加气便利性

选用双燃料教练车，要考虑教练车加气的便利性。根据目前各驾校使用双燃料教练车的情况看，使用天然气的教练车行驶距离明显要小于使用汽（柴）油的教练车。据调查，使用汽油的教练车，3 天左右加一次油即可。而使用天然气，则每天都需要加气。因此，驾校选用双燃料教练车要考虑驾校和加气站的距离。若是距离加气站过远，教练车往返加气站的空驶距离会产生天然气消耗，从而增加了成本。

3. 新能源汽车

随着国家对新能源汽车的推广应用力度不断加大，新能源汽车对驾培行业的影响也在加深。采用电动教练车，驾校能在取得同等培训效果的情况下大幅度减少燃料费用和车辆维护费用，而且也响应了国家节能减排、保护环境的号召。

此外，电动教练车更便于驾校实现智能化管理。电动教练车的动力、转向、刹车灯都是电信号传输，相比燃油车的内燃机和液压转向等特性，电动教练车更适合发展智能化辅助教学。电动教练车可以记录学员驾驶习惯，包括车辆加速信号、电机转速、车辆加速等数据，再经过大数据分析，最终实现数据推动优化教学内容，提高教学效率和驾校功能。

当前，各驾校普遍关切新能源汽车充电、续航、电池寿命和新能源考试车等问题。为此，我们在本章第五部分进行专门分析。

（三）标准性

驾校选购的教练车，要符合《机动车驾驶员培训机构资格条件》（GB/T30340—2013）对教练车技术参数的要求。

（1）大型客车、城市公交车：车长不小于 9 米的大型载客汽车；

（2）牵引车：总长不小于 12 米的半挂汽车列车；

（3）中型客车：车长不小于 5.8 米的中型载客汽车；

（4）大型货车：车长不小于 9 米、轴距不小于 5 米的重型载货汽车；

（5）小型汽车：车长不小于 5 米的轻型载货汽车，或者车长不小于 4 米的小型载客汽车；

（6）小型自动挡汽车：车长不小于 5 米的轻型自动挡载货汽车，或者车长不小于 4 米的小型自动挡载客汽车；

（7）低速载货汽车、三轮汽车：车长不小于 3.3 米、轴距不小于 2.3 米、轮距不小于 1.3 米的载货汽车；

（8）残疾人专用小型自动挡载客汽车：加装符合国家标准《肢体残疾人驾驶汽车的操纵辅助装置》（GB/T21055—2007）后装置，且车长不小于 4 米的小型自动挡载客汽车。

（9）普通三轮摩托车：至少有四个速度挡位的普通正三轮摩托车或者普通侧三轮摩托车；

（10）普通二轮摩托车：至少有 4 个速度挡位的普通二轮摩托车。

在选购教练车前，首先应该仔细了解汽车的技术数据，确保汽车的整车尺寸、性能、配置等参数符合国家相关要求。

（四）适用性

驾校选购教练车的车型和数量，应根据驾校经营战略、教练场面积，根据培训量和市场需求等因素进行确定。

1. 教练车应与考试车型保持一致

考试车是经过改装的考试专用车辆。由于学员对车辆的适应能力差，若是训练车型与考试车不一致，就会严重影响考试合格率，从而增加驾校培训成本，并给驾校带来不良声誉。所以，驾校应当选用与考试车车型相同的教练车。

为保证考试合格率，已经选购了与考试车车型不一致教练车的驾校，可以采取两种解决办法。一是改装与教练车车型不同的考试车和改建考试场地。没有考试场的驾校，可向考试场申请自购与教练车车型一致的车辆来改装考试车。但这取决于考试场的意见以及考试场地是否与要改装的考试车的技术参数匹配。二是训练初期采用不同于考试车型的教练车，训练后期采用考试车型训练。这种方法虽然能够提高学员对考试车型的适应性，但仍然对考试合格率有较大影响。

2. 教练车应符合有关行业规定

（1）符合《机动车驾驶员培训管理规定》要求

驾校选购教练车应符合《机动车驾驶员培训管理规定》（交通部 2016 年第 51 号令）有关规定。

其中第七条规定，获得一级普通机动车驾驶员培训许可的，可从事三种（含三种）以上相应车型的普通机动车驾驶员培训业务；获得二级普通机动车驾驶员培训许可的，可以从事两种相应车型的普通机动车驾驶员培训业务；获得三级普通机动车驾驶员培训许可的，只能从事一种相应车型的普通机动车驾驶员培训业务。

第十条第六款规定，从事一级普通机动车驾驶员培训的，所配备的教学车辆应不少于 80 辆；从事二级普通机动车驾驶员培训的，所配备的教学车辆应不少于 40 辆；从事三级普通机动车驾驶员培训的，所配备的教学车辆应不少于 20 辆。

以上规定表明，驾校若培训两种以上车型，必须获得二级驾校以上培训资质。例如，某新驾校准备申请 C1、B2 和 A1 车型培训资质，但由于其车辆总数不足 80 台，无法申请一级驾校培训资质。根据《机动车驾驶员培训管理规定》第七条规定，这所驾校只能选择两种车型培训资质，只得选择 C1 和 B2 车型作为培训车型，虽然已购买 A1 车型教练车，但无法获得 A1 车型培训资质。再比如近年来，摩托车驾驶证学驾需求旺盛，很多驾校都想抓住这个新的利润增长点，但三级驾校是没有摩托车培训业务资格的。因此，驾校选购教练车要充分了解《机动车驾驶员培训管理规定》。

（2）符合《机动车驾驶员培训机构资格条件》要求

《机动车驾驶员培训机构资格条件》（GB/T30340—2013）第 10 条对教练场的面积与教练车数量的匹配进行了规定。驾校选购教练车，应符合本项规定，具体要求见表 1。

表 1　机动车驾驶员培训机构的教练场地总面积与单车道总长度要求

培训机构级别	业务范围	教练场地总面积要求（平方米）	单车道总长度要求（米）	其他要求
一级	提供大型客车、牵引车、城市公交车、中型客车、大型货车等车型中任意一种车型驾驶培训服务的。	≥ 70000	≥ 6800	每增加一台大型车辆，应增加 1000 平方米；每增加一台小型车辆，应增加 400 平方米。
二级		≥ 57000	≥ 5500	
三级		≥ 47000	≥ 4500	
一级	不提供大型客车、牵引车、城市公交车、中型客车、大型货车等车型驾驶培训服务的。	≥ 33000	≥ 3200	每增加一台小型车辆，应增加 400 平方米。
二级		≥ 17000	≥ 1600	
三级		≥ 10000	≥ 1000	

注：①教练场地总面积不包括办公场所及其他服务设施的占地面积，办公场所及其他服务设施的占地面积由省级道路运输管理机构确定。②教练场地总面积与单车道总长度要求为最低要求，省级道路运输管理机构可根据当地实际情况适当提高要求。③专门提供三轮汽车、普通三轮摩托车、普通两轮摩托车、轻便摩托车、轮式自行机械车、无轨电车、有轨电车等车型驾驶培训服务的，培训机构教练场地总面积及单车道总长度要求由省级道路运输管理机构确定。④机动车驾驶员培训机构教练场地总面积要求，参照《机动车驾驶员培训机构资格条件》附录 A 的场地面积计算方法计算得出。⑤大型车辆包括大型客车、牵引车、城市公交车、中型客车、大型货车等车型。⑥小型车辆包括小型汽车、小型自动挡汽车、低速载货汽车、残疾人专用小型自动挡载客汽车等车型。

（五）引领性

驾培行业的发展历史，也是驾培市场竞争的历史。驾校之间的竞争一直在持续，而且越发激烈。驾校的竞争在教练车的变化上体现得非常明显。

早期的驾校教练车几乎全都是“老解放”，不但车况较差而且数量少，小型教练车更是少之又少。随着驾培市场竞争的出现，教练车的档次也越来越高。回顾这段历史，那些率先采用高档次教练车的驾校，都取得了较好的经济效益和发展成果。如今，有些驾校选购了高档教练车，将其用于贵宾班、VIP 班等收费较高的班型。但就目前情况来看，高档教练车所占比例并不高。

从理论上来说，用中高档教练车带动市场需求、提升驾校的竞争力是可行的。但中高档教练车并非购买后就能马上投入使用。还要综合评估其作为教练车的“适用性”。有些汽车虽然高档且舒适性高，但这些汽车的驾驶视线、视角并非完全符合驾校的教学要求，教学效率比普通教练车要低很多。同时，如果其车型与考试车不匹配，也会严重影响考试合格率。所以，选购中高档教练车要考虑“考试车改装”和“考试场地改造”问题。也就是说，使用中高档教练车，要考虑成本回收周期及其带来的价值。

小型自动挡教练车不需要进行换挡操作，且没有熄火和溜车的现象，操作要比手动挡教练车容易，因此考试合格率比较高。2021 年 5 月 10 日，公安部宣布调整小型自动挡汽车考试内容，取消科目二考试“坡道定点停车和起步”项目，考试项目由 5 项减少为 4 项，更加贴近实际驾车要求，减轻了考生的考试负担。此外，新政还调整了考试预约时间，对申请小型自动挡汽车驾驶证的，科目三约考间隔时间由科目一考试合格后 30 日调整为 20 日。本项政策的出台，将极大地增加小型自动挡汽车（C2 车型）的学员报名人数。从发展趋势上看，小型自动挡汽车（C2 车型）将会越来越多，因此，驾校可考虑加大对小型自动挡汽车的投入和宣传力度。

二　教练车辆的改装

教练车主要由学员驾驶，具有较高的安全风险，因此国家对教练车的安全装置进行了明确规定。《机动车驾驶员培训机构资格条件》（GB/T30340—2013）规定的教练车技术状况与配置为：教练车应装有副后视镜、副制动踏板、车载计时计程终端、灭火器及其他安全防护装置。

我们认为仅仅满足相关行业管理规定和国标要求是不够的。根据对大量驾校和一线教练员的调查研究，建议各驾校对教练车加装“五副”装置。“五副”指的是“副离合器踏板”“副制动踏板”“副加速踏板”“副后视镜”“副喇叭按钮”。

（一）对教练车加装“五副”装置的分析

根据长期对驾校教学的调查和多位长期从事一线教学的教练员、驾校安全生产管理人员的意见，现对教练车所加装“五副”装置做以下分析，并提出建议。

1. 副制动踏板

副制动踏板是保障教学安全的主要安全装置。一般来讲，副制动踏板上要加装防滑胶套，但很多教练车上并没有安装（可能是损坏或没有安装）。为保证安全，建议加装防滑胶套。

2. 副离合器踏板

我们认为，副离合器踏板对教学安全能起到较大帮助。在驾校的日常教学中，时常出现学员“把油门当刹车”的情况。此时，仅凭教练员踩“副制动踏板”是不能够完全保障训练安全的。尤其是在科目二训练中，教练车基本上长时间使用低速挡，如果学员将油门踩到底，发动机就会输出最大扭力，在这样的情况下，教练员仅凭副制动踏板是控制不了的。很多驾校都出现过教练员将副制动踏板拉线踩断也未能阻止事故发生的情况。

如果加装“副离合器踏板”，教练员就可踩下踏板切断发动机动力。这样一来，发动机的动力就不会输出至车辆行驶系统，训练安全性可大大提高。

并且教练员可利用“副离合器踏板”进行辅助教学，这对提高教学质量也会有很大帮助。

3. 副加速踏板

道路驾驶训练时，合理的车速才是最安全的，并非越慢越好。有些情况下，车速慢更危险。在必要的情况下，需要加速才能确保安全，而学员往往反应慢、胆量小。教练员可在必要时通过踩“副加速踏板”，使教练车保持最安全的车速和行驶位置。

4. 副后视镜

汽车都装有室内后视镜，驾驶人使用室内后视镜的频率非常高，其所起到的安全作用非常大。长期以来，几乎所有的驾校对教练车室内后视镜的使用和教学都存在着较大的误区。教学中，教练员往往都把教练车室内后视镜调整到自己的观察位置，而学员则无法通过室内后视镜观察后方交通情况。这种现象非常普遍，不得不说是一种“重大教学误区”。本研究认为，《机动车驾驶员培训机构资格条件》（GB/T30340—2013）对教练车副后视镜的规定，包括对室内后视镜的要求。所以，教练车也应当加装室内副后视镜，供教练员使用。

5. 副喇叭按钮

通过喇叭警示其他交通参与者，是驾驶人常用的手段。小型教练车上，教练员可以方便地使用左手按方向盘上的喇叭按钮。但是大型教练车驾驶室较大，有时教练员并不方便按方向盘上的喇叭按钮。因此，在副驾驶位置加装副喇叭按钮很有必要。

（二）教练车“五副”改装可行性分析

本研究认为，为教练车加装“五副”的改装成本不高且改装技术简单。

通过对多家汽车4S店的调查，教练车出厂时加装“副离合器踏板”“副制动踏板”“副加速踏板”三个踏板的成本为900~1100元。改装是发动机舱与“离合器、油门、制动踏板”同步，出厂原装质量应有保障。此外，市场上有很多商家的“副离合器踏板”“副制动踏板”“副加速踏板”，改装模式是将“三副”通过杠杆与驾驶员侧相连，成本在200~500元。

对教练车加装“五副”对教学安全和教学质量来讲具有较大意义：一是增加了教练对教练车的控制能力，提高了教学安全性；二是教练员可利用“五副”进行教学，提高了教学质量；三是减少了学员的操作失误造成的机件磨损，降低了教练车维修成本。而且教练车改装成本不高，改装可行性较强，建议加以推广。

三 对汽车厂家生产教练车的建议

我国现有驾校2万余所，共有教练车约80万辆，各驾校使用的教练车均由普通车辆改装而来，很少有厂家针对驾校用车的特点生产适合驾校使用的车辆，因此存在按照驾校的用车特点为驾校量身定做教练车的可能性。建议各汽车生产厂家对下列教练车机件进行特制或根据驾校要求进行定制，并以此掌握向驾校销售车辆的商机。

1. 轮胎

教练车训练的训练特点决定了其车辆轮胎的寿命要比一般车辆短得多。因此建议开发一种适合驾校需求、能够适用于低速行驶并且耐磨的轮胎。

2. 离合配件

科目二训练时，几乎1/3左右的时间要用“半联动”控制车速。这对离合器片的磨损相当大。教练车离合器的故障率很高，维修成本非常高。因此建议厂家开发一种耐磨度高的离合器，包括主动盘、从动盘和离合器片。

3. 转向装置

训练中，教练车方向盘经常要打至极限。一旦方向“打死”，将对助力转向器的使用寿命产生较大影响。另外，教练车转向球笼胶套也会因此受损，各拉杆和球头也容易损坏，这直接影响了前轮定位参数，加剧了轮胎磨损，极易造成“吃胎”现象。所以，建议厂家开发与教练车配套的转向装置。

4. 加速踏板

科目二训练时，由于需要低速运行，有时需要学员独立驾驶，为安全起见，需要将加速踏板进行限位。大多数教练车加速踏板拉线不易拆除，只能将加速踏板用东西垫上，这样做容易松动，从而带来安全隐患。因此应设计一种能将油门进行限位并方便解除的装置。

5. 点火系统

科目二训练中，操作教练车要使用“半联动”，车辆大量的时间均在缓慢行驶，因此容易在汽缸内产生大量积碳。另外低速运行使蓄电池不能进行有效的充电，从而缩短了其使用寿命。因此，应开发电火花强的火花塞和能在车辆低速运行下进行充电的蓄电池，以及经强化的起动机和蓄电池。

6. 安全防护装置

根据国家有关规定，教练车要加装相关安全装置。很多为驾校自己设计、自己改装，不但不美观，使用效果也不佳，并且极易造成各根拉线磨损，带来安全隐患。因此，可于车辆出厂时加装“四副”，即副制动踏板、副加速踏板、副离合器踏板、副喇叭按钮，或根据驾校要求定制加装。

7. 座椅

教练车的座椅调整率非常高，固定座椅的滑块及其他部件非常容易磨损，造成座椅固定困难，有时甚至会造成安全隐患。因此，建议厂家开发出一种新型座椅固定装置。此外，为了让身高较矮的学员适应驾驶，建议设计生产能够调节座椅高度的装置。

8. 变速箱

训练过程中，经常发生学员挂挡响挡的现象，原因是离合器没有踩到底或挡位没找准。时间久后变速箱容易损坏，脱挡现象就会非常常见，因此应当设计一种强度高且不易损坏的变速箱。

9. 后视镜

根据《机动车驾驶员培训机构资格条件》（GB/T30340—2013）的要求，教练车要加装副后视镜，为此，驾校可在选购汽车后自行加装。但自行加装的副后视镜，无论从观察效果上还是美观度上都不尽如人意，因此，建议生产厂家根据驾校要求，为新车加装副后视镜。

四 教练车节能降耗研究

教练车用油（气）是驾校主要的培训成本之一。只有确定了用油（气）的成本，才能计算单个学员的培训成本和驾校利润。合理地控制驾校用油（气）不但可以降低培训成本、增加驾校经营利润，也可为环境保护做出贡献。

（一）教练车用油（气）测试方法

通常所说汽车油（气）耗，指的是汽车行驶 100 公里的用油（气）量。计算公式为：

百公里油耗 = 行驶所用油（气）量的体积（升）÷ 该油（气）量下汽车行驶的路程（公里）× 100。

例如一辆教练车消耗了 4 升燃油，行驶了 50 公里。那么该车的百公里油耗 =4 升 ÷50 公里 ×100=8 升 / 百公里，百公里油耗就是 8 升。教练车的油耗不是固定不变的，不同的路况、承载量、气温、是否开空调等因素对油耗都有影响。以某驾校的测试方案为例，驾校可按照下列方法对教练车用油（气）进行测算。

（1）抽取车辆 X 台，其中桑塔纳教练车 X 台，捷达教练车 X 台（测试单位自定车型）；

（2）测试前将测试车辆油箱加满油（气）并记录行驶里程；

（3）测试时长为 X 小时（至少 4 小时以上）；

（4）训练后将被测车辆加满油并记录行驶里程；

（5）记录测试时间；

（6）计算测试结果：①科目二训练，每小时耗油（气）X 升，平均行驶 X 公里 / 小时，每百公里耗油（气）为 X 升（测试单位自定车型）；②科目三训练，每小时耗油（气）X 升，平均行驶 X 公里 / 小时，每百公里耗油（气）为 X 升（测试单位自定车型）。

（二）教练车运行特点对油（气）耗的影响和应对方法

1. 过度预热对油耗的影响

有关资料显示，发动机预热 3 分钟的油耗相当于行驶 1 公里，所以预热时间不宜过长。教练车不正确预热的次数越多、时间越长，带来的额外成本就会越高，因此有必要对教练车预热进行管理。

驾校可在《教练车管理办法》中规定详细的教练车预热方法，按照汽车使用说明书上的要求进行适宜的预热。采用气压制动的大型教练车，若不对制动管路进行检查和维护，就会造成漏气，不得不长时间怠速运转才能达到正常的制动气压，有时还要加空油以达到起步规定的气压，造成了油耗的增加。因此，大型教练车要经常检查和维护制动管路。

2. 教练车轮胎气压对油耗的影响

汽车的轮胎气压与油耗有着密切的关系。胎压不足将会影响耗油量，当轮胎压力过小、轮胎与地面的接触面积增大，行驶的阻力更大，汽车油耗就会增加。有关研究表明，胎压比规定值低 2 磅 / 平方英尺，油耗就会增加 1%，轮胎偏移或磨损过度也可能使油耗增加。轮胎气压低于标准值的 20% 时，会增加 10% 的油耗。轮胎胎压过高，也会增加汽车的油耗，且轮胎与地面的接触面积减小，会加剧轮胎磨损，不仅缩短轮胎使用寿命，还将影响轮胎的抓地力、影响行车安全。

驾校可在《教练车管理办法》中规定“教练车轮胎气压检查制度”。一是以车辆使用说明书规定的轮胎气压作为管理参考；二是规定教练车轮胎气压检查的具体要求；三是按照教练车数量配置相应的轮胎气压表；四是规定定期检查教练车轮胎气压的制度。

3. 教练车低速行驶对油耗的影响

在进行科目二训练时，教练车的速度较低，发动机转速较低，引起教练车油耗的增加。

（1）火花塞上的积碳对油耗的影响

由于教练车发动机低速运转，火花塞绝缘体容易形成积碳，可能引起漏电而产生缺火现象。火花塞电极上若出现积碳，会影响产生的电火花的强度，出现“弱火”现象，车辆加速能力的下降，严重的更会出现发动机抖动，缺缸加剧燃烧不充分的情况，造成恶性循环，增加教练车的油耗。研究表明，一个火花塞间隙每偏大 0.2 毫米，油耗大约增加 4.5%。

另外，普通火花塞的使用寿命为 15000 公里。超期使用的火花塞，从表面上看无不正常情况、能够使用，但实际上，不及时更换火花塞会造成油耗增加、机件磨损，从而增加成本。此外，一个火花塞不工作油耗大约增加 11.92%，因此，教练车行驶 5000 公里左右时应及时清除火花塞上的积碳、调整电极间隙，行使 20000 公里左右则必须换火花塞。

（2）气缸燃烧室内的积碳对油耗的影响

教练车长时间低速行驶，尤其是进行倒车入库训练时，几乎是用“怠速”进行，因此不可避免地会在气缸内非正常地产生大量积碳。为了降低油耗，在例行保养教练车时，可使用发动机检测电脑对发动机进行定期检测，并及时清理气缸内积碳。

（3）三元催化装置和消声器对油耗的影响

科目二训练会使发动机的进排气量都大为减少，未能充分燃烧的油气不能及时排出，沉淀在三元催化器和排气管内，形成积碳。时间久后将对排气管路产生堵塞，从而影响油耗。因此，应经常检查排水口，防止内胆锈烂，并及时清除排气管内积碳，防止堵塞。

（4）离合器的磨损对油耗的影响

训练时由于长时间采用“半联动”，对离合器压盘和离合器片磨损非常大。在车辆高速行驶或进行坡道起步时，容易产生打滑现象，从而增加油耗。资料表明，离合器打滑会使油耗增加 28.4%，因此，应及时调整离合器踏板，确保踏板自由行程处于合理范围之内。对磨损严重的离合器装置应及时更换。

（5）转向装置的磨损对油耗的影响

科目二训练时，经常在低速行驶时将方向“打到底”，这样做加剧了转向装置的磨损，改变了前轮定位参数，会导致汽车跑偏。因此，需要不断修正方向，增加行驶时的阻力，从而增加了油耗，前轮前束每差 1 毫米将增加

5% 的油耗。教练车的轮胎应进行定期倒换轮胎，以减少磨损，并应经常检查球笼防尘套，定期检查和调整前轮定位参数。

4. 教练车载人或载物对油耗的影响

车辆载重每增加 10% 便会增加 8% 的油耗，因此驾校也要对此进行干预。一是加油时不要过满，加大约 2/3 即可，训练时后座少坐人，这不仅可以减少教练车油耗，也有利于教学安全。此外，及时清理车上物品以减轻车辆自重，也可以起到降低油耗的作用。

五 新能源教练车研究

随着人们环保意识的逐渐增强，以及国家政策的引领，新能源汽车必定会主导未来汽车发展的新方向，新能源汽车发展对驾培行业的影响也在加深。

（一）新能源教练车的应用前景

近年来，很多国家都宣布了禁止燃油汽车销售的时间。荷兰、挪威要求从 2025 年开始禁止销售传统的汽油和柴油汽车，德国通过了 2030 年后禁售传统内燃机汽车的提案，日本、英国、法国、瑞士等国家纷纷宣布禁售燃油车的时间表。2018 年，我国海南省宣布将在 2025 年前后，适时启动燃油汽车进岛管控时间表，2030 年起全省全面禁止销售燃油汽车。国家发改委则从 2013 年开始对购买新能源汽车给予政策补贴，发展新能源汽车已是大势所趋。

近日，海南省政府办公厅印发了《海南省清洁能源汽车推广 2021 年行动计划》（以下简称《计划》）。《计划》要求，除保留部分应急车辆以应对新能源汽车无法满足需求的情况外，全省新增及更换的公务车辆 100% 使用新能源汽车，新增及更换的公交车 100% 使用新能源汽车，新增及更换的注册网络预约出租车 100% 使用新能源汽车。《计划》明确要求，科目二、科目三道路驾驶技能考场新增及更换的小型自动挡考试汽车（C2 车型）应 100% 为新能源汽车，鼓励在符合考试系统及有关评判内容要求的前提下配置新能源小型手动挡考试汽车（C1 车型）；新增及更换的自动挡驾驶员培训车辆（C2 车型）使用新能源汽车比例不低于 50%，鼓励新增及更换的手动挡驾驶员培训车辆（C1 车型）使用新能源汽车。此外，云南省也公布了《云南省加快新能源汽车产业发展和推广应用若干政策措施的通知》（云政办发［2020］45 号），其中第十条也明确要求驾培及考试等乘用车应使用新能源汽车。

可以预见，驾校使用电动教练车是大势所趋。本研究选取了部分已采用电动教练车的驾校和汽车生产厂家进行了调研，就驾校普遍关心的电动教练车电池的续航能力、寿命、安全可靠性和综合性能等问题进行了调研。

（二）新能源教练车的定义

根据《新能源汽车生产企业及产品准入管理规定》（工业和信息化部第 54 号令）的规定，新能源汽车是指采用新型动力系统、完全或者主要依靠新型能源驱动的汽车，包括插电式混合动力（含增程式）汽车、纯电动汽车和燃料电池汽车等。

从理论角度来说，油电混合汽车、燃料电池汽车可以作为教练车使用，但这两种汽车造价较高，暂时无法得到驾校青睐。而造价相对低廉的纯电动汽车目前可以作为教练车得到推广应用。因此，本研究所指的新能源教练车为纯电动教练车。

（三）新能源教练车电池和续航

当前电动教练车的数量还不多，这是由于驾校普遍对新能源汽车的电池续航和寿命还存在疑虑。现就新能源教练车的电池、充电方式、气温对新能源教练车的续航和使用成本的影响进行分析。

1. 新能源教练车的电池

与新能源出租车、新能源网约车等营运车辆相比，新能源教练车对电池的要求相对较低。一是因为新能源教练车的使用属于短途行驶，科目二训练每台教练车每天行驶大约 20 公里，科目三训练每天行驶 100~150 公里。二是因为教练车时速较低，且行驶速度均匀，极少出现急加速现象。因此，很多车企将新能源教练车电池设计续航里程定为常温下充满电行驶 120~250 公里。

这种设计名为“短续航”电池模式，其优点是电池充电速度快，且电池成本低，这也使得电动教练车的价格有所降低。

新能源汽车电池的容量会随着充电循环次数的增加而逐步衰减。一般情况下，电池容量越大，衰减速度就越慢。当电池容量衰减到一定程度就需要更换电池。而新能源汽车电池成本较高，基本占整部车辆成本的 40%~50%，有些车型占比甚至更高。根据各新能源汽车生产厂家提供的说明，厂家一般会给出 6 年 ~8 年或 30 万公里的质保期，在这个范围内厂家也会负责保修。

2. 气温对新能源教练车的影响

寒冷条件对新能源教练车续航里程的影响是非常大的。低温环境下，动力电池的充放电效率会受很大的影响；当温度较高时，电池活力较强，充放电性能较好。因为温度降低后，电池内部的电解液会变得更加黏稠，因此活性降低，表现为电池可用容量的衰减。有实验数据显示，如果在零下 20 摄氏度的环境下使用，电池续航可能会减半。

另外，低温情况下使用空调热风的频率大幅增加，电池能量为车厢供暖，造成了可用于驱动车辆的能量减少，使得冬季的续航里程普遍受到影响。数据显示，新能源汽车在冬季的续航里程下降幅度一般为 10%~20%。

（四）新能源教练车充电

新能源教练车充电可采用车载充电设备和地面充电设备两种模式。驾校要考虑根据实际情况对供电线路和供电设备进行改造，这也是一项支出成本。本研究认为，驾校使用随车配备的便携式充电设备即可。通用充电桩是快速充电方式，新能源教练车不宜长期使用。

1. 使用车载便携充电设备充电

新能源教练车充电可采用随车配备的便携式充电设备进行充电，使用 220V 家用电源。这种充电模式充电时间较长，但充电器和安装成本较低。此外，可充分利用电力低谷时段进行充电，降低充电成本。更为重要的优点是，该方式可对电池深度充电，提升电池充放电效率，延长电池寿命。这种充电方式，基本上可充分满足白天运作、晚上休息的教练车的需求。

2. 使用新能源教练车专用充电设备充电

目前，有车企根据驾校需求和电动教练车的实际使用特点，开发了“一拖四”式便携充电设备。这种设备的特点是一台充电设备同时连接四台电动教练车，四台车依次充电，每台车充电两小时后，设备会自动为下一台教练车充电。教练车夜间处于停驶状态，非常适合这样的充电方式。这种专为电动教练车设计的充电设备与车载便携式充电设备一样，属于慢充式充电设备。

案例　亨运驾校新能源教练车应用

湖北省十堰市亨运驾校于2020年12月购入10辆东风雪铁龙“新能源教练车”。该车型是纯电动汽车，型号为E70驾培专用版，电池续航里程为128~251公里。据亨运驾校反映，该车低温下（零下5摄氏度）采用便携式充电器（非充电桩），充电2小时后用于科目二训练，在开暖风情况下，每天使用时间为10小时，电池续航大约为1天。从生产厂家提供的资料看，夏季使用空调比冬季使用暖风省电。常温下，电动教练车充满电使用时间约为2天，在用于科目三教学的情况下约为1天。

3. 使用充电桩快速充电

地面充电设备就是所谓的“充电桩”。采用这样的方式充电速度快，缺点是快速充电的电流、电压较高，短时间内对电池的冲击较大，容易令电池的活性物质脱落并造成电池发热，因此对电池保护散热方面有更高的要求。并不是每款车型都可快速充电，长期快速充电会影响电池使用寿命。建议驾校根据自身情况，少量配置通用充电桩，作为为新能源教练车的应急充电手段。

（五）新能源教练车节能分析

使用新能源教练车，不但能够为驾校节约成本，还能够取得与燃油教练车同样的教学效率。现依据教学大纲规定学时，对新能源教练车和燃油教练车的培训成本进行比对分析。

1. 培训成本计算方法

（1）根据新能源教练车每小时的耗电量，按照教学大纲规定的训练学时，计算训练单个学员使用的电量。然后按照工业用电价格 0.8 元 / 度，计算使用新能源教练车培训单个学员的成本。

（2）根据燃油教练车每小时耗油量，按照教学大纲规定的训练学时，计算训练单个学员使用的燃油量。然后按照汽油价格 6 元 / 升，计算使用燃油教练车培训单个学员的成本。

（3）对使用新能源教练车和燃油教练车的单个学员培训成本进行比对。

2. 使用新能源教练车的学员培训成本

（1）新能源教练车每小时耗电量

根据各新能源汽车生产厂家提供的参考数据，常温下电动教练车每百公里耗电量为 12 度 ~15 度。这些耗电量数据基于常温下的实验结果，若是在较低温度下，电动教练车耗电量将大幅提高。本研究取常温下最高值 15 度 / 百公里。那么，常温下电动教练车每公里耗电量为 0.15 度。

根据北京市海淀驾校、山东德州华达驾校、贵州黔西阳光驾校等多家驾校的实验测算，小型教练车科目二训练（各科目连续训练）每小时行驶约 2~3 公里。由于各驾校训练环境不同，不同驾校之间上述两项数据也略有不同。本研究取各驾校实验的最高值，暂将小型教练车科目二训练行驶里程定为 3 公里 / 小时，科目三训练每小时行驶里程定为 20 公里。

根据以上数据，推算纯电动小型教练车训练耗电量。科目二训练每小时耗电量为：$0.15 \times 3=0.45$ 度；科目三训练每小时耗电量为：$0.15 \times 20=3$ 度。

（2）新能源教练车培训成本

① 单个学员培训耗电量。

根据教学大纲的有关规定，除去模拟器训练学时，本研究将每个学员学习小型汽车科目二的实际操作学时定为 14 学时，将科目三实际操作学时定为 22 学时。

因此，单个学员科目二训练耗电量为 0.45 度 / 小时 ×14 学时 =6.3 度。单个学员科目三训练耗电量为 3 度 / 小时 ×22 学时 =66 度。培训一个学员的总耗电量为 6.3+66=72.3 度。

② 单个学员培训成本。

按照工业用电每度 0.8 元、培训一个小型汽车学员的耗电成本为 72.3 度计算，使用新能源教练车的培训成本为 72.3×0.8=57.84 元 / 人。

3. 使用燃油教练车的学员培训成本

（1）燃油教练车每小时耗油量

根据贵州黔西阳光驾校、山东德州华达驾校等多家驾校的实验数据，在不使用空调的情况下，小型教练车的科目二训练平均耗油约为 2 升 / 小时，科目三训练平均油耗约为 2.5 升 / 小时。

（2）燃油教练车单个学员培训成本

根据教学大纲的有关规定，除去模拟器训练学时，本研究将每个学员学习小型汽车科目二的实际操作学时定为 14 学时，科目三实际操作学时定为 22 学时。

因此，单个学员科目二训练耗油量为 2 升 / 小时 ×14 学时 =28 升。单个学员科目三训练耗油量为 2.5 升 / 小时 ×22 学时 =55 升。因此培训一个学员耗油量为 83 升。按照每升汽油 6 元计算，培训一个小型汽车学员的耗油成本为 83×6=498 元。

4. 新能源教练车节约的训练成本

根据以上计算，使用新能源教练车学员用电成本为 57.84 元 / 人；使用燃油教练车学员用油成本为 498 元 / 人。使用电动教练车培训一个学员，能够节约成本 440.16 元。也就是说，使用新能源教练车培训一个学员的能源成本仅为使用燃油教练车的约 14%。即便将研究数据偏差考虑进去，相较于燃油教练车，新能源教练车的培训成本也至少降低 70%。

（六）新能源考试车

考试车与教练车为同款电动汽车才能最大限度地保证学员考试合格率，

从而保证驾校效益。为此，中国交通运输协会于2017年11月向公安部交通管理局正式提交了《关于推广新能源考试车、教练车，促进节能减排的建议书》，建议推广新能源考试车、教练车，推动各地管理部门和驾培机构对新能源车在考试场、训练场的投入使用，促进节能减排。

2018年8月4日，国内首批电动考试车在重庆投入使用。随后，苏州、济南、三亚、十堰、汕尾等地都将电动考试车投入使用。目前，小型自动挡（C2）电动考试车已获得了公安部交通管理局的许可，有很多驾校已经选购了小型手动挡电动教练车。

由于小型手动挡（C1）新能源考试车仍在认证中，所以C1型汽车考试车仍然要使用燃油车。目前很多已选购小型手动挡新能源教练车的驾校，采用了“1+1”式训练，即采用电动教练车进行日常训练，学员在考试前使用燃油教练车进行适应性训练。从目前掌握的情况来看，采用这种训练模式基本可以保证考试合格率。

六　结束语

教练车的应用和管理体现了驾校的经营管理水平。对教练车进行科学管理可以降低教练车运营成本、延长教练车使用寿命、保证教学质量和教学安全，还能够展示驾校的良好形象。驾校应在严格管理的基础上不断创新，才能科学合理地发挥教练车的作用、为驾校创造更多效益。

本文作者为冯晓乐。冯晓乐，中国交通运输协会驾驶培训分会专家委员会执行主任。

B.11
自动驾驶技术与驾培行业智慧化转型

摘　要：随着人工智能技术和通信技术的不断发展，自动驾驶技术落地和大规模运用已经成为交通行业发展的趋势。对驾驶培训领域来说，汽车自动驾驶技术的发展给我们带来了丰富的市场机遇，同时也使我们面临着前所未有的挑战。本研究就自动驾驶技术与驾培行业的融合进行探讨，并对驾培行业智慧化转型做出分析，以求为驾培行业提供有益的参考。

关键词：驾培行业　自动驾驶　科技驾培　智慧驾培

一　自动驾驶发展历程与政策支持

科学技术的发展对人类文明的发展有着深远的影响。可以说，在追求高品质生活、解放劳动力的路上，人类从未停下脚步。在交通领域，从蒸汽机车到内燃机车，再到如今的自动驾驶汽车，交通行业一直是前沿科学技术的引领者。其中汽车自动驾驶技术的发展，就是源于人类对解放驾驶人双手的愿望以及对安全出行的期待。

自动驾驶一度被认为是实现交通安全零死亡愿景的必由之路。从最开始通过无线技术传递信息、控制车辆实现远程驾驶，到车辆自主感知环境、实现真正意义上的自动驾驶，自动驾驶的内涵和外延一直随着科学技术的进步而不断演变和发展。人们逐渐发现自动驾驶的实现不是一蹴而就的，道路交通将长期处于自动驾驶车辆和人工驾驶车辆共存的状态。按现阶段对自动驾驶车辆的定义，自动驾驶车辆是指能高度智能化感知环境、决策行驶轨迹并控制车辆行驶的、能自动在路上行驶的车辆。自动驾驶技术的实现能缓解交通安全、交通拥堵等难以解决的问题，同时也会潜移默化地改变人们的出行习惯。随着人工智能技术和通信技术的不断发展，自动驾驶技术的落地实现和大规模应用已经成为交通行业发展的趋势。对驾驶培训领域来说，汽车自动驾驶技术的发展带来了丰富的市场机遇，同时也带来了前所未有的挑战。

（一）自动驾驶技术发展历程

20 世纪 80 年代，美国和欧洲开始从国家层面关注自动驾驶车辆领域。1983 年，美国国防部高级研究计划局为了提高其国防安全而启动自动驾驶车辆领域的研究。德国提出了从视频图像识别方面对环境进行感知的研究方向。1987 年，欧盟设立为期八年的自动驾驶车辆领域研发资助项目——欧洲高效交通和安全保障项目计划。意大利帕尔马大学 VisLab 实验室研发了 ARGO 自动汽车。

21 世纪初，美国率先对自动驾驶车辆测试立法。2005 年，宝马公司开始测试无人驾驶系统。2008 年，加拿大铝业公司和力拓公司开始测试铁矿自动驾驶运输系统。2012 年，大众汽车公司开始测试临时自动驾驶系统。2013 年，丰田汽车公司展示的半自动汽车具有感知和通信功能。随后，车辆自动驾驶功能不断完善，自动驾驶产业越来越成熟，不少企业已经向自动驾驶的商业运营迈出了探索的脚步。2017 年，Waymo 在自动驾驶出租车领域进行商业运营突破，2018 年 Nuro 无人驾驶配送车与连锁生鲜超市合作实现落地运营，2019 年百度阿波罗自动驾驶出租车亮相长沙……可以预见的是，未来汽车自动驾驶技术会越来越先进、越来越成熟。

当前，自动驾驶正处于技术快速演进、产业加速布局的发展阶段，发达国家和地区对自动驾驶给予了高度关注，正在主动破解制约技术发展的制度瓶颈，积极构筑自动驾驶技术体系。但是自动驾驶仍处在产业化发展早期，相关技术的适应性、可靠性有待进一步检验，大规模商业化应用还需一定时间。

经过近几年的快速发展，自动驾驶汽车从概念向产品逐渐落地。但必须清醒地认识到，当前仍处于自动驾驶产业化发展的初级阶段，距离实现真正意义上的全场景自动驾驶（L4 级以上）仍有较大差距。在很长的一段时间内，驾驶汽车仍离不开驾驶员的操控，但成熟的自动驾驶技术会提高驾驶的安全性。

（二）自动驾驶政策支持

2018 年 12 月，工业与信息化部发布了《车联网（智能网联汽车）产业发展行动计划》。这一发展行动计划对智能网联车的商业化规模应用起了指导作用。对于商业化应用的节点，该行动计划提到，在 2020 年后实现智能网联车商业运营。此外，行动计划还提到关键技术的突破、标准体系的完善、基础设施的建设、市场渗透率的提升、安全保障体系的完善以及其他保障措施等。

2020 年 2 月，国家发展和改革委员会、工业和信息化部、公安部、交通运输部等 11 部委联合印发了《智能汽车创新发展战略》，提出了“推进智能化道路基础设施规划建设”，包括：制定智能交通发展规划，建设智慧道路及新一代国家交通控制网，分阶段、分区域推进道路基础设施的信息化、智能化和标准化建设；对于高速公路建设，推动新技术与公路建设的深度融合，加快打造“平安公路”“快速公路”“绿色公路”和“智慧公路”。这体现了国家交通强国建设的基本要求。

2020 年 12 月 20 日，交通运输部印发了《关于促进道路交通自动驾驶技术发展和应用的指导意见》，提出按照“鼓励创新、多元发展、试点先行、确保安全”的原则，坚持问题导向，明确提出加强自动驾驶技术研发、提升道路基础设施智能化水平、推动自动驾驶技术试点和示范应用、健全适应自动驾驶的支撑体系等四个方面的任务。

上述政策的颁布表明了国家对自动驾驶技术的重视。可以预见，国家相关部门还会继续出台支持政策，以推动自动驾驶技术的发展。

二　驾培行业发展对科技的需求

驾驶培训行业在数十年的发展历程中，一直随着市场需求的变化不断转型发展。从师傅带徒弟的传统教学模式到计时计程培训；从以通过考试为目标的应试教育到以培养合格驾驶人为目标的素质教学；从单纯的实车培训到如今多种技术赋能下的智慧化培训，驾驶培训行业的服务水平在不断提高。时代向驾驶培训行业提出了新的要求，随之而来的科学进步也为驾驶培训行业提供了新的教学模式和教学方法。转型升级的呼声不断增多，集约化、科技化成为驾驶培训行业发展的新的主旋律。

（一）行业发展需求

智慧化转型升级以行业健康有序发展为根本目标。随着驾培行业存量需求的逐渐减少以及驾培机构数量增长造成的激烈行业竞争，驾驶培训行业需要以新技术、新模式提升服务、优化资源、开拓市场。根据交通运输部各年发布的《交通运输行业发展统计公报》相关统计数据，2009 ~ 2018 年这 10 年中，全国驾培机构数量从 8774 家增加到 19062 家，2018 年已达到 2009 年的 2.2 倍；2018 年培训量达到 2009 年的 1.95 倍。驾培机构数的增长速度快于培训需求的增长速度，加之驾驶培训人口红利的逐渐消失，全国驾驶培训市场呈现供大于求的状态。根据上述数据计算可知，2019 年全国教练单车培训量仅为 34 人 / 车，产能利用率低于 50%，驾培行业需要集约化发展。

智慧化转型升级可以在驾培机构场地利用率、培训资源的合理分配等方面优化现有驾培机构运营模式，实现集约化发展。毋庸置疑，科技将成为推动驾培行业发展的新动力，“科技驾培”也必定成为驾培行业发展的新方向。

案例 1 “趣乐驾”学车品牌

安徽最大的品牌驾校合肥八一驾校，靠教学服务质量树口碑、创品牌，领跑全市驾培行业，成为品牌驾校。2020 年，驾校领导班子经过深入探讨，将驾校转型升级，成立了合肥军源驾培公司，创立“趣乐驾”学车品牌。“趣乐驾”以互联网平台为龙头，以数字化系统为基础，以高科技智能为驱动，提出“三化”理念：运营平台化，管理系统化，教学智能化，融合了一批有使命担当、有创业理想、有驾培情怀并认同新的发展理念、认同品牌文化的业内同仁共同发展，先后与安徽宏昌驾校、安徽军一驾校、长丰北城驾校等深度融合，走集约化、品牌化经营之路，抵御市场风险，最终实现了大发展、大跨越。

（二）学员学驾需求

随着道路交通机动化水平的不断提升以及人民生活水平的不断提高，学员的学驾需求由“学得会”发展为“学得好”，并进一步发展为“学得精”。能否针对学员的个人属性提供不同的教学设计，决定了学员学驾的感受和学习效果，一定程度影响了驾培机构的市场竞争力。在学得好、学得精的同时，“科技化学习体验”和“便捷学驾”也成为学习驾驶的核心需求。同时，面对占 90% 以上的年轻学驾群体，如何真正满足其需求？这对传统的驾培机构教练员的教学模式也提出了挑战。

（三）政府监管需求

驾培机构是构建道路交通安全的第一阵地，在很大程度上决定了整体道路交通安全水平。国际相关经验也给了我们启示，初学驾驶时的培训质量直接影响道路交通事故率。作为行业管理部门，如何在保证驾培机构正常开展教学的情况下完成对教学全流程监管，是保证教学质量的关键。同时，管理部门如何制定科学有效的行业政策，也直接影响了驾培行业的健康有序发展。政策的制定需要大量驾培机构运营数据和行业运行数据的支撑，现阶段，这些碎片数据尚未得到合理有效的收集和分析，需要行业发展大数据平台。另外，作为交通辅助支撑行业，培训教学环节的信息能否和上下游的行业实现联动、建立交通行业全产业链的信息共享机制、形成行业共享的信用平台，这也是行业关注的核心问题之一。

三　自动驾驶技术与驾驶培训融合思考

和驾驶培训有强相关的自动驾驶，涉及多个领域的技术，如通信技术、定位技术、传感技术、车辆控制技术等。合理应用这些技术以及研究成果，将赋能驾驶培训领域的各个方面。作为以培养合格驾驶人为使命的驾驶培训行业，合理地利用这些技术可以赋能驾驶培训的全过程、实现智慧化转型升级。自动驾驶按模块可以划分为环境感知、决策规划和控制执行三个部分，其核心技术包括导航定位技术、环境感知技术、车辆控制技术以及路径规划技术，分别与驾驶培训中的培训过程控制、培训环境监控、培训安全保障以及培训组织优化相匹配。

（一）环境感知技术

环境感知技术是自动驾驶技术中的基础，也是核心技术之一。首先应保证车辆能感知周围的驾驶环境，自动驾驶汽车才能在环境中做出决策、完成驾驶行为。自动驾驶汽车需要感知周围的基础设施、道路场景、信号灯、交通标志和标线、障碍物等。目前该技术的实现方式主要有两种。一种是图像识别，通过摄像头、激光雷达、红外线传感器、超声波传感器等各种不同的、相互配合的元件接收周围环境的信息，然后再利用图像识别的算法感知这些图像中蕴藏的信息。另一种是车路协同，车辆接入互联网，通过收发道路设施信息、其他车辆发来的信息得到交通环境信息，以此做出行驶决策。

在驾驶培训行业，可以利用环境感知技术，对驾驶培训的全过程进行全息感知，辅助教练员实现对教学全过程的安全保障，同时记录教学的全过程，实现教学过程的全记录。

案例2　华为5GVR+智慧驾培驾考项目在白云驾校试点

根据《关于推进机动车驾驶人培训考试制度改革意见》《机动车驾驶培训教学与考试大纲》等相关文件要求，遵照2020年7月21日江西省科技厅组织召开的“虚拟现实驾培驾考专题协调会”会议精神，华为公司、中国电信江西公司与北京百讯达公司共同研发了VR智慧驾驶模拟器（Ⅲ型，见图1），江西南昌白云驾校配合测试并被选作5GVR+智慧驾培驾考项目的试点单位。

5GVR+智慧驾培驾考项目将给驾培驾考行业带来巨大的改革创新，通过5GVR+智慧驾培技术，学员可以沉浸式地体验各类驾驶场景，切身感受到交通事故的危害性，深刻地体会到交通安全的重要性。通过这一技术，可将安全驾驶、文明行车的意识灌输给学员，增强学员的安全文明驾驶意识。

图1　VR智慧驾驶模拟器

（二）导航定位技术

导航定位技术可以使车辆知道自身所处的环境，借此做出相应的驾驶决策、执行相应的驾驶行为。导航定位技术的主要目标是确定自动驾驶车辆的位置、速度、方向。目前主要有两种导航技术，分别是自主导航和网络导航。自主导航技术通过车辆本地计算便能得知位置，要求本地存储中有对应的本地地理空间地图和信息。目前的自主导航技术有相对定位技术、绝对定位技术以及组合定位技术三种。网络导航技术需要与外部进行沟通交流，其中主要是与交通信息中心进行交互，因此网络导航技术要求装有通信设备。

在驾驶培训中，一般利用电子围栏的方式划定培训范围、实现学时记录。但这类方式存在信号偏移和划定范围不准的问题，这些问题在道路驾驶培训环节尤为严重。通过导航定位技术，可以实现教练车的实时定位和监管，保证培训过程安全，保证教学效果。

（三）路径规划技术

路径规划技术常常与导航定位技术相互配合使用。在得知当前车辆位置和目的地位置后，自动驾驶车辆需要根据用户的标准或要求，如时间最短、收费最少、红绿灯最少等，制定最优的行驶路径。由于自动驾驶车辆在计算最优行驶路径中使用了一些最优化方法或其他人工智能的方法，自动驾驶技术能综合考虑多个因素，得出符合省时、省能源等多个最优目标的路径规划，这也是自动驾驶技术在交通领域的一大优势。

自动驾驶车辆的路径规划技术主要分为全局路径规划技术和局部路径规划技术。全局路径规划指，已知所有路段信息，根据已知的信息计算得到全局最优路径规划结果，是静态规划。与局部路径规划相比，全局路径规划能得出更优的方案，但是它没有将实际行驶过程中的具体道路环境或驾驶环境考虑在内，准确度偏低。另一类局部路径规划则是以动态地根据车辆感知到的实时道路环境作为输入，计算出局部的最优路径。局部路径规划的计算结果可能在不断变化，这是因为驾驶环境本身也是不断变化的。相比全局路径规划，局部路径规划更准确，考虑的因素更细致，但不能得到全局最优解。在实际应用过程中，全局路径规划和局部路径规划可以配合使用，以实现优势互补。

目前这一技术已经在驾驶培训行业的机器人教练中得到了应用，通过车辆路径规划技术，可以根据车辆对自身定位、所处环境的电子地图、周围交通环境等信息，对路径进行规划，进一步具体到车辆行为规划，再详细到车辆路径规划，实现对场地内教学科目的引导，提高教练场地的使用效率。同时，该技术也能够实现在学员无法正常控制教练车时合理接管，将车辆自动引导到安全区域。

（四）车辆控制技术

车辆控制技术是指控制自动驾驶车辆在不同场景和环境下做出合适的决策、执行并对反馈进行控制的技术。对自动驾驶车辆的控制主要包括调节车速、车间距、变道、超车等驾驶行为。对自动驾驶车辆的控制需要以前面所述的环境感知、导航定位为基础。目前车辆智能决策技术主要分为两类，分别是侧向控制系统决策和纵向控制系统决策。侧向控制系统主要对自动驾驶车辆的变道、超车进行控制，即对车辆横向的行为进行控制，确保车辆能按照系统规划的路线安全平稳地行驶。而纵向控制系统则是控制车速、车头间距，即对车辆纵向的行为进行控制，尽量避免急刹车或急加速的情况，以免给乘客带来不舒适的感受。

驾培行业是公认的高危行业，教学风险较高。由于学员不具备完全操控汽车的能力，学员驾驶教练车时安全隐患和风险随时存在，很多培训过程中的交通事故均源于学员对于车辆的控制不当。对机器人教练来说，由于没有传统教练员的一对一安全保障，需要车辆控制技术随时准备接管车辆、保障安全。在车辆控制技术的帮助下，教学安全零事故并非只是梦想。另外，教练车可以应用车辆控制技术实现一些教学科目的规范化操作演示，可以避免出现不同教练之间存在不同教学操作的问题。

四 驾培行业智慧化转型探索

（一）教学过程智慧化

据统计，近年来在驾培行业年培训量保持平稳的大背景下，全国各地均出现了教练员供给不足的问题，教练员的平均年龄逐年提高，驾培行业教练员供给呈现年轻力量不足、超龄教练按法律规定无法合法上岗的问题。同时，教练员职业资格认证的取消，也造成了管理部门和驾培机构对教练员素质管控缺少抓手。在驾驶培训教练员数量和质量双缺口、驾培行业供求矛盾较为突出、产能利用率较低、行业出现价格战、“劣币驱逐良币”等大背景下，驾培行业对智慧化驾培的需求越来越强，以机器人教练为代表的系列产品如雨后春笋般在业内涌现。据调研，河北、内蒙古、山东、广东、新疆等地均出台了针对机器人教练的政策以应对这一智慧化、科技化的发展趋势。

以木仓科技旗下驾考宝典研制的“路考仪”为例。路考仪可以安装在教练车上，主要通过高精度差分定位、AI 智能评判系统等，模拟真实考试场景，并对学员驾驶行为做出实时监测，便于学员的学习、更正。目前使用范围已经覆盖科目二、科目三。在以往练车模式下，对学员行为的评判全靠教练，细节难以兼顾，且人工监测难免存在与考试标准有偏差的情况。使用路考仪练车，对学员行为的评判则可依靠机器精准判别，对考试流程、练车数据也可以做到全真还原与展示，科学分析、针对练习，让学车更加轻松高效。

相较于传统驾驶培训模式，机器人教练具有技术水平高、教学规范性强、教学成本低、教学效率高、符合年轻化需求等优点，得到了业内的广泛支持。但作为行业的新生事物，同样也存在着产品标准未统一，国家未对机器人教练教学的场地、设施设备、管理制度进行明文规定，使用安全风险不确定，以及可行性未得到充分验证等问题。为了完成交通运输部“交通强国战略”的要求、充分满足行业智慧化科技化需求、发挥智慧化在全国驾培行业中的引领作用、促进驾培行业的健康有序发展，有必要围绕驾驶培训机器人教练员进行适度探索，以数据调研和分析为手段，以实现学员和行业需求为目标，为驾驶培训机器人教练员在实际应用中的安全性和可行性做出评估，为驾驶培训行业的智慧化、科技化提升提供理论和数据支撑。

（二）教学场地智慧化

在驾培机构教练场地内要求车辆可控，其中既包括社会车辆不得进入，也包括教练车辆的准入规定及合理调配。为进行培训计时，目前教练车均安装车载定位以及相关监控设备，但目前仅用于监控。对教练车的合理调配及辅助教学来说，暂无法在教练场实现教练场地内的车（教练车）路（教练场）协同，无法满足精细化监管和培训需求。同时，驾培机构的训练场可以看作一个典型的封闭车路协同测试场地。和现有自动驾驶测试场不同的是，在驾培机构的训练场进行训练的学员有真实驾驶需求，且相关数据体现的是驾驶技能和安全意识成长阶段的行为，对自动驾驶和车路协同研究非常珍贵。建议可以将驾培机构的训练场和日常教学数据同时提供给自动驾驶测试使用，以推进驾培行业土地、设备的一次投入、多处应用，为行业投入产出比低这个难题提供一个解决思路。

（三）智慧化衍生行业新业态

驾培驾考产生了大量驾驶员从零基础开始到合格驾驶员的驾驶行为数据，此类数据对自动驾驶和车路协同相关研究非常重要。通过对培训大数据进行分析，能够为教练员提供教学建议、提高教学质量，也能够帮助学员养成良好的驾驶习惯。如此一来，学员拿证后参与道路交通时，安全驾驶能力将大大提高。此外，相关数据可以和驾培后市场进行关联，提供衍生服务，具有较高的商业价值。

五　结束语

智慧化转型升级是驾驶培训的发展方向，同时也是现阶段行业的短板。

数据的应用拓展是能否实现智慧化转型的关键，也为自动驾驶领域提供了很好的应用范例和经验。随着行业智慧化转型的不断推进，机器人教练教学、智能模拟器教学、智慧驾校等充分利用新技术的驾培新模式将不断涌现。未来的驾培行业必然是信息化、智慧化、科技化的，对自动驾驶所衍生出来的自动驾驶安全员的需求也将成为驾驶培训行业的新业务和新战场。另外，如何打通驾驶培训行业与自动驾驶行业的双向数据互通、实现培训数据的应用，则是驾驶培训智慧化转型的另一个拓展方向。自动驾驶技术势必对驾培行业产生重大影响。驾培行业研究人员、驾培机构以及驾培产品生产商都应积极探索自动驾驶技术与驾培行业的深度融合，推动驾培行业向更高的水平发展。

本文作者为孟虎。孟虎，中国交通建设集团智能交通研发中心副主任，交通运输规划与管理博士。

B.12
地方驾培行业协会组建与运营研究

摘　要：　地方驾培行业协会担负着实施区域市场行业自律的重要职责。但是一些区域驾培市场中出现的恶性竞争、诚信缺失、产品雷同等问题，暴露出地方驾培行业协会运营上的严重缺陷。本文结合地方驾培行业协会的组建与运营的优秀案例，提供了一些指导性、借鉴性、操作性较强的意见建议，以便促进地方驾培行业协会的健康运营和可持续发展。

关键词：　驾培行业　地方驾培行业协会　区域市场

行业协会是社会中介组织和自律性行业管理组织。在社会主义市场经济条件下，行业协会应是行业管理的重要方面，是联系政府和企业的桥梁、纽带，在行业内发挥服务、自律、协调、监督的作用。不仅如此，地方行业协会也是当地业务主管部门的参谋和助手，担负着提升行业的社会认知度、诚信度及自律规范等重要职责。

近年来，全国一些省市县驾培行业内，驾培机构均出现了程度不同的恶性竞争、诚信缺失、产品雷同、口碑不好等问题。究其原因，既有政府监管的失灵，更有行业自律的缺失及地方驾培行业协会缺位、有效运营难等。

一　地方驾培行业协会的组建工作

地方驾培行业协会是我国社会主义市场经济体系中不可或缺的组成部分，是加强和改善行业管理与市场治理的重要支撑，是联系各区域内政府、驾校、市场之间的桥梁纽带，对地方经济的作用不可忽视。

行业协会是社团组织，按照民政部《社会团体登记管理条例》规定，各地各级民政部门是社会团体的登记管理机关，业务主管部门为主管单位。驾驶培训行业协会的主管部门是道路运输管理局，驾培行业协会的主管部门是公安交通管理部门，即各地的交管局或者交警支队。明确了主管单位和登记部门，我们才能明确如何进行相关报告和开展日常业务。

（一）地方驾培行业协会定位

在地方驾培行业协会成立前，一定要做好定位工作，这不仅有利于厘清工作思路，而且有利于拟定协会工作计划。

一是必须围绕行业全体企业的共同利益来定位。协会工作的出发点、落脚点都必须坚持代表行业内驾校、考场的利益；

二是必须作为驾校、考场同交通、公安主管部门之间的桥梁。协会要向职能部门（政府）传达企业的共同诉求，协助政府制订区域内驾培驾考行业发展规划、产业政策及行政法规；

三是必须制定统一可行的行业标准。制定区域内驾培行业的行规、行约和各类标准必须做到体现主流意愿、符合国家政策规定和法律法规，起到协调、统一本行业企业之间的依法依规经营行为；

四是必须做好监督执行。对本行业各驾校的驾培产品和服务质量、竞争手段、经营作风进行严格监督，维护行业信誉，营造公平竞争环境，协助执法部门打击违法、违规行为；

五是必须做好数据统计分析。对本行业的基本情况进行统计、分析，并发布结果，引导各驾校调整经营管理策略，促进企业的健康发展；

六是必须做好研究创新。要开展对国内外本行业发展情况的调研，在此基础上结合本区域实际，创新解决区域内行业面临的问题，为驾校和政府提出建设性的意见建议，供企业和政府参考；

七是必须善于组织活动。通过活动、会议等，为行业内企业提供信息服务、培训服务、咨询服务，传达最新的政策法规，为企业排忧解难等。

（二）我国地方驾培行业协会组建情况

案例 1　昭通市机动车驾驶培训行业协会筹备组建

2020 年 11 月 26 日，云南省昭通市机动车驾驶培训行业协会第一次会员大会暨成立大会，在昭通市昭阳区国际会展中心千人会议室正式召开。参会人员有来自全市九县一区一市的 47 户驾校负责人及员工、教练员代表，有应邀前来的中国交通运输协会、云南省驾培协会和重庆市、四川省、贵州省业内专家及友好单位的代表，参会人员达 600 余人。

昭通市机动车驾驶培训行业协会自发起到获批注册成立仅用了 50 余天，首批发起单位原本只有 6 户驾校，但经过不到 2 个月的发动后，会员单位就覆盖了昭通市 90% 以上的驾校。

昭通市原有道路运输协会下设的驾驶培训分会，但因各种原因多年未开展工作，有名无实。按照行业管理部门的要求，2021 年 3 月云南全省启动“学时对接”，新的驾驶培训行业协会也是基于管理政策的出台应运而生。由于前期没有经验，在组建的过程中走了许多弯路，甚至将组建的程序前后颠倒，导致在临近成立大会的最后阶段，才完成相应的行政审批。

案例 2　茂名市机动车驾驶培训行业协会成立

2020 年 10 月 29 日上午，茂名市机动车驾驶培训行业协会成立大会在茂名市迎宾馆 6 号楼隆重举行。中国交通运输协会驾驶培训分会秘书长刘治国，茂名市国资委党委书记、主任何江，茂名市国资公司党委书记、董事长李志才，茂名市交通运输局副局长李占才，茂名市公安局交警支队政委陈华辉，茂名市民政局三级调研员陈观光，茂名市国资公司副董事长陈剑锋，茂名市财政局资产管理科科长苏晓丹，茂名市税务局税收风险局局长吴毅，茂名市车管所副所长龙瑜，茂名市机动车驾驶培训行业协会会长王豪明等，与各大会员单位代表以及主流媒体代表一同出席了成立大会。

茂名市机动车驾驶培训行业协会是一家发展茂名市三市（县）两区所有机动车培训行业的各驾校为会员的社会性组织，并已于2020年7月15日通过茂名市民政局社会团体名称预核准。

在成立大会上，茂名市民政局三级调研员陈观光宣读了民政局关于成立茂名市机动车驾驶培训行业协会的相关批文，并做了致辞。陈观光表示，希望协会要立足职能，充分发挥"自我教育、自我管理、自我服务、自我发展"的作用，积极推动茂名市经济发展，努力加强茂名市机动车驾驶培训行业市场的规范建设。

作为茂名市机动车驾驶培训行业协会的首届会长，王豪明会长也做了发言。在发言中，王豪明表示非常感谢广大协会会员的信任以及各级部门的支持，也对今后的工作进行了表态。同时，他希望大家齐心协力把驾培协会办得红红火火、为驾培行业增光添彩。

案例3　杭州市机动车驾驶人培训行业协会成立

2020年10月28日，杭州市机动车驾驶人培训行业协会正式成立。市交通运输管理服务中心主要负责人及分管负责人、市民间组织管理局、市公安局交通警察支队车辆管理处、中心驾培处及各区县（市）管理部门负责人受邀出席成立大会。

会上，116家会员表决通过了《协会章程》《会员大会选举规程》《理事会选举规程》《会费标准》《财务管理制度》等相关协会规章制度，选举产生了35家理事单位，并在随后的第一届理事会中选举产生协会新一届会长、副会长及秘书长。随后，市交通运输管理服务中心副主任周银宝宣布新一届协会片区负责人名单，新当选会长做了发言。

会上，管理中心主要负责人强调，驾培行业作为道路交通出行领域的上游产业，是激发出行活力的重要基础，也是保障出行安全的重要前提。当前，在畅通现代流通体系、服务构建新发展格局的大背景下，驾培行业也正在经历重大的变革。协会需要认清形势，牢牢把握驾培行业的发展趋势，明确定位，统筹开展好下一步工作。一是要牢牢立足“党组织”定位，进一步深化党建引领。要不断巩固党的核心领导地位，认真宣贯落实行业政策，全面推动建章立制。二是要牢牢立足“参谋部”定位，进一步增强系统谋划。要积极培育市场，深化创新驱动，加强调查研究，以民间组织的方式协助政府开展系统谋划、加强行业管理、推动市场发展。三是要牢牢立足“俱乐部”定位，进一步提升服务水平。要搭建好信息服务平台、学习交流平台、协调对话平台，牢固树立服务理念，在服务内容上下功夫，通过优化服务发挥自身价值。四是要牢牢立足“宣传部”定位，进一步弘扬行业文明。要积极开展文明创建、行业自律、公益帮扶，利用切实可行的措施和载体，引导全行业树立文明意识、强化自律观念、提升公益属性。

案例4　甘谷县驾驶员培训协会成立

2021年4月，甘谷县驾驶员培训协会成立大会在金成大酒店召开，县运管局、交警大队、民政局等单位相关负责人参加会议。

会议审议通过了《甘谷县驾驶员培训协会章程》《甘谷县驾驶员培训协会成立大会选举办法》，选举产生了驾驶员培训协会会长、副会长、秘书长，随后县交运局和县民政局相关负责人为驾驶员培训协会揭牌。

会议指出，甘谷县驾驶员培训协会的成立，标志着甘谷县驾培行业进入了一个优势互补、团结协作的时代。协会要立足职能，充分发挥“自我教育、自我管理、自我服务、自我发展”的作用，积极推动甘谷县机动车驾驶员培训行业的健康发展。

甘谷县驾驶员培训协会会长李怀德表示，将切实履行协会职责，服务会员，服务社会，为驾培市场的稳定繁荣、为甘谷县的经济社会发展做出相应的贡献。

在组建行业协会的过程中，需要有协会发起人的高度重视，并且安排专人进行办理，程序的顺序不可颠倒，否则会做很多无用功，影响整个组建过程。

昭通市机动车驾驶培训行业协会高效成立的案例，对如何有条不紊地组建驾培、驾考行业协会具有指导意义。

二　地方驾培行业协会的日常营运情况

驾培行业协会是驾校和相关个人自愿结成的驾培行业非营利性社会团体，自觉遵守宪法、法律和行业法规及行业职业道德，以公平、公正、公开为原则，保护会员单位合法权益，做好行业协调和自律，促进驾培市场健康科学有序发展，服务政府、服务社会、服务行业、服务会员。

地方驾培行业协会如何为行业健康有序发展起到积极的作用、如何充分发挥桥梁纽带和行业自律的作用，可以从组织开展的各项工作中体现出来。合肥市机动车驾驶员培训行业协会（以下简称“合肥驾培协会”）和安徽省机动车驾驶培训行业协会（以下简称“安徽省驾培协会”）是地方驾培行业协会的先进典范。下面以这两家地方行业协会为典型案例，来剖析地方驾培行业协会的日常运营。

（一）做好宣传工作，传播行业正能量

宣传工作是协会的一项重要工作，可以说是推进驾培事业发展的重要举措。想要改变行业对协会的认知、正确理解协会的意义，那就必须做好协会的宣传工作。要利用各种渠道、各种形式向社会、向会员单位、驾培从业人员传递政策法规、改革趋势、传播行业正能量等。

1. 建立自身的网站和微信公众号

协会要利用自媒体发声，不断提高自身的知名度，树立社会公信力。要从小事、琐事做起，高频度地更新公众号信息，让行业管理部门和会员单位知道协会日常的工作动态，报道工作的进展、取得的成绩、发挥的作用、做出的贡献以及存在的困难和问题，使行业管理部门和社会了解协会正在干什么，以赢得各界的关注、得到理解和支持（合肥驾培协会的网站见图 1）。

图 1　合肥驾培协会的网站

2. 利用各类大小会议、活动对外宣传

协会是会员单位的家，是会员驾校之间交流学习的平台，每年都要定期组织各类会议和交流活动，以会议和活动聚集人心、凝聚力量。

案例5　合肥驾培协会网站和公众号改版运营取得成效

合肥驾培协会的网站于2014年建设完成，当时名为“合肥驾培公众服务平台”，因多年业务停滞，导致“年久失修”，未能起到应有的作用。2019年开始，网站整修计划启动，与合肥驾培协会微信公众号合并运营，搭建了“合肥市驾驶培训公众服务网”，不断更新报道驾培行业相关政策、活动开展、通知公告、自律倡议等文章，累计60多篇，起到非常好的宣传效果，赢得了良好的社会反响。目前，微信公众号的关注人数已超过两万。

案例6　合肥驾培协会利用教练员继续教育活动做好协会文化宣传

2020年11月2日，由合肥驾培协会组织的“合肥市机动车驾驶培训教练员2020年度继续教育”培训班正式开班，并于11月7日顺利完成两期培训任务。本次参加培训的有全市24户驾校共计528名教练员。在培训过程中，合肥驾培协会副秘书长贾贺芝从协会的发展历史、宗旨使命、现阶段工作和发展愿景四个方面，向教练员介绍了合肥驾培协会的文化。培训班强调了，驾培协会不是某一个人的协会，也不是某一个驾校的协会，而是所有驾培人的组织，当然也包括所有的教练员队伍。通过这次宣讲，教练员对合肥驾培协会有了更深入的了解，对协会的作用有了充分的认知，驾培协会的公信力在教练员队伍中广泛传播。

3. 发动会员单位积极参与，利用自有平台对外宣传

全力维护协会的发展，是每个会员单位应尽的义务。协会要积极主动与会员单位建立良好的互动关系，让会员深刻认识到协会带动行业发展的重要性，积极参与协会工作，利用自己的媒体平台，对外传播行业正能量，助力行业发展。

案例 7　安徽省驾培协会号召全省驾校开展抗疫感恩、免费学车活动

2020 年 4 月，为致敬援助湖北的医护人员、感恩奋战在抗疫一线的工作人员，安徽省驾培协会号召全省驾校以“致敬抗疫英雄，安徽驾校感恩巨惠”为主题，推出援鄂医护人员免费学车活动。号召一经发起，全省驾校纷纷响应，并通过各驾校已有的微信公众号、网站，以及教职工、学员的朋友圈对外宣传，充分向社会展示驾培人的情怀和担当，展示驾培新形象，树立了驾培协会的公信力。

4. 为行业管理部门建言献策，助力引导宣传工作

驾培协会的宗旨是服务驾校、服务行业、服务政府、服务社会，从维护行业合法、合理的利益诉求出发，协助和配合政府有关部门加强行业管理的规范化。政府相关行业管理部门也需要通过行业协会的平台开展一些工作，这就要把握机会，通过行业管理部门的媒体渠道，实现扩大宣传行业正面形象的目的。

案例 8　合肥驾培协会全力配合行业管理部门开展宣传工作

2020 年，合肥驾培协会全力配合公安、交通两个业务主管部门开展各项调研工作，做好管理部门的助手，当好管理部门的参谋，为行业管理建言献策。

协会协助合肥市道路运输管理服务中心制定《合肥市驾培机构新冠肺炎疫情防控技术指南》，对驾培行业复工复训有序开展起到了关键作用，合肥成为全国驾培行业复工复训较早的地区。

协会针对教学用地问题，配合合肥市道路运输管理服务中心进

行调研，并形成了《关于合肥市驾驶培训用地情况的调查报告》，上报市政府，有望纳入合肥市“十四五”规划。

协会配合合肥市道路运输管理服务中心在协会网站和微信公众号发布《驾培机构疫情防控指南》《学车消费提醒》《质量信誉考核结果》《合肥市驾校信息一览表》《教练场地一览表》等信息累计 30 多条次，全面向社会公开了合肥市的驾培市场情况，赢得了社会各界对合肥驾培的关注。

合肥驾培协会还多次为驾培机构开展法律风险防范方面的专题讲座，活动现场见图 2。

图 2　合肥驾培协会举办的专题讲座

5. 利用长期合作的媒体，宣传行业正能量

协会不但要紧密联合行业管理部门开展工作，还要多开展社会公益活动，联合长期合作的媒体，向社会公众做正能量的宣传报道，树立行业的良好形象。

（二）加强协会自身建设，提升协会工作水平

协会作为经济社会发展的重要力量，组织内部结构治理的完善和治理能力的提升至关重要。协会持续健康的发展，要不断强化桥梁纽带作用，强化服务品质，强化引领能力，强化行业自律自警，强化协会秘书处建设。服务好会员，可以从以下几个方面修炼内功。

1. 组织秘书处不断学习，提高工作水平

秘书处是协会运行的“发动机”，是具体事务的执行机构，对协会的发展起着决定性作用，加强秘书处建设是协会发展的关键。所以秘书处要不断加强学习，提高自身素质。学习党的路线、方针，学习行业政策，学习行业改革方向，学习发展与创新等，研究如何引领行业科学健康发展。

2. 提升服务职能，开展社会组织等级评估申报工作

社会组织评估，是指各级人民政府民政部门为依法实施社会组织监督管理职责、促进社会组织健康发展，依照规范的方法和程序，由评估机构根据评估标准，对社会组织进行客观、全面的评估，并做出评估等级结论。获得3A以上评估等级的社会组织，可以优先接受政府职能转移，优先获得政府购买服务，优先获得政府奖励。社会组织形象是公众对一个社会组织的整体综合评价，社会组织形象对协会来说至关重要。

案例9　安徽省驾培协会获评省级社会组织评估3A等级

安徽省驾培协会经过全体会员单位的共同努力，基础条件、内部治理、工作绩效、社会评价等社会组织日常运营的各个方面均已达到了等级申报标准。2020年，在汪修军会长和协会领导班子的高度重视下，在会员单位的大力支持下，在秘书处全体人员的共同努力下，协会最终获评2020年度省级社会组织评估3A等级。

（三）服务会员单位，推进协会和会员的共同进步

协会要充分利用平台优势，深入会员单位走访调研，针对企业发展中出现的问题组织专题研讨，向政府建言献策，为企业发声，畅通信息渠道；要善于发现行业中的好典型、好做法，总结创新、积极推广，充分发挥桥梁纽带作用，更好地服务会员单位。

1. 积极宣传会员单位

秘书处要不断深入走访会员单位，发掘优质会员，深入剖析优质会员单位的亮点，通过协会网站、微信等渠道，向社会和会员单位大力推广、宣传、学习。

案例 10　焦作驾培协会推介优质诚信驾校

2019 年 6 月 27 日，焦作晚报推出“驾培天地”专版，焦作驾培协会就当前暑期招生的消费者维权和招生价格发声，并推介了一批本市优质诚信驾校，焦作全通驾校是其中之一。

2. 组织会员单位相互学习

协会要为会员单位间的学习交流搭建平台，会员单位通过协会的穿针引线，可以互相考察参观、互帮互助，促进共同提高，推动驾校的标准化建设和规范化管理。

3. 组织会员单位外出考察学习

为更好地学习借鉴外地驾培机构的经营管理模式，提高会员单位驾校校长的管理能力，学习先进理念，达到“学经验、找差距、谋发展、求变化”的目的，协会要带领会员单位走出去，向发展较好的地区学习先进的驾培管理经验。

4. 组织会员单位参加各类培训学习

社会的发展日新月异，企业在发展的过程中，总会遇到各种问题，协会要善于发现问题，及时为会员提供咨询服务，针对共性问题提出解决办法，为会员组织开展各类培训提高认知。

案例 11　合肥驾培协会为会员单位组织各类培训

驾培行业正处于新旧动能转换的关键时期，如何提高驾培机构防范法律风险的能力、提升驾校经营管理者的法律意识、规范驾校与教练员的劳务关系？针对这些问题和真实发生的案例，合肥驾培协会邀请安徽省劳动人事争议仲裁院陈学明院长为全市驾培从业人员讲授了一堂法律知识专题课。

为帮助驾校制订薪酬策略、优化薪酬体系，探讨如何在成本控制下进行关键人才激励、股权激励、福利创新与绩效管理等，也为了解决驾校在薪酬福利设计与奖励责罚中遇到的问题、充分提升员工效能，合肥驾培协会联合中国交通运输协会培训中心，于 2020 年 9 月 18 日在合肥银瑞林大酒店联合举办了“新时期驾校薪酬设计与员工激励方案研讨班”。研讨班介绍了“设计一套工资薪酬制度、一本员工日常自我管理手册和一份实用的驾校员工手册”的方法。

5. 利用协会平台资源优势，为行业多提供务实的帮助

行业协会具有助力行业发展的作用，要为会员单位真正地排忧解难，用心为会员单位服务，多为会员单位办实事。

案例 12　合肥驾培协会帮助会员单位完善规章制度、提升员工素质

在 2020 年的质量信誉考核中，合肥驾培协会发现许多驾校的安全制度严重缺失。为此，合肥驾培协会秘书处特意到安全制度做得比较健全的新亚、长安、八一等驾校做调研，在合肥市道路运输管理服务中心领导的指导和帮助下，编制了《合肥市机动车驾驶员培训机构安全管理制度（范本）》和《合肥市驾校突发事件应急保障预案（范本）》，并公布在协会网站上，供需要的会员单位下载使用。

为进一步加强合肥市教练员管理，提升教练员综合素质，根据相关文件要求和行业主管部门的指导意见、合肥驾培协会第三届理事会工作任务计划安排，经过合肥驾培协会秘书处的精心筹备，11 月 2 日“合肥市机动车驾驶培训教练员 2020 年度继续教育”培训班正式开班，并于 11 月 7 日顺利完成两期培训任务。本次参加培训的有全市 24 家驾校共 528 人。培训达到预期效果，产生了良好的社会影响。

为进一步加强教练员管理，提升教练员综合素质，指导驾培机构落实教练员聘用制度，规范教练员录用程序和录用标准，指导驾培机构落实教练员档案管理、培训制度，加强教练员的岗前培训和继续教育，建立并完善教练员信用管理体系，开展教练员失信行为的采集、认定、告知和报送工作，合肥驾培协会建设了“合肥市机动车驾驶培训教练员资源库”，并征求了公安、交通管理部门和会员单位多方意见，按照方案有序推进，顺利完成了资源库的建设工作。目前在册的教练员 1500 多人，设计、制作、发放了第一批 393 本教练证。持证后的教练员，获得了荣誉感和自豪感。

（四）服务政府，认真配合行业管理部门开展工作

协会工作的开展，离不开行业管理部门的支持，积极配合行业管理部门开展各项工作是协会的重要任务。驾培协会要全力配合公安、交通业务主管部门工作，做好管理部门的助手，当好管理部门的“千里眼和顺风耳”，为行业管理制订方案、建言献策。

案例 13　合肥驾培协会配合合肥市道路运输管理服务中心开展各项工作

一是 2020 年 3 月，复工复训初期，秘书处工作人员陪同合肥市道路运输管理服务中心领导深入市区各驾校、各场地实地指导检查防疫工作，详细了解驾培机构疫情防控措施、疫情防控制度、疫情防控物资储备等情况，对驾培行业有序复训起到了积极作用。

二是针对教学用地问题，配合合肥市道路运输管理服务中心进行调研，形成《关于合肥市驾驶培训用地情况的调查报告》并上报市政府，有望纳入合肥市“十四五”规划。报告对合肥市驾培市场发展现状、各区驾校训练场分布情况、驾培行业目前面临的主要问题等进行了深入的剖析，提出了“集约化运营，提高场地利用率”的发展建议。

三是为预防安全生产事故，2020 年 8 月，合肥驾培协会秘书处协助运管处开展消防安全生产检查工作，累计检查驾校 20 余户、场地 50 多处、教练车辆 200 多台。

四是 2021 年 1 月，为贯彻落实《交通运输部办公厅关于做好道路货物运输驾驶员从业资格考试制度改革有关工作的通知》（交办运〔2020〕66 号）的文件要求，协助合肥市交通局开展调研、改革、宣传贯彻工作，合肥驾培协会结合实际情况，配合合肥市道路运输管理服务中心起草改革实施方案，承建合肥市计时培训监管平台，保障了改革的顺利推进，在安徽全省起到了示范作用。

另外，协会还配合合肥市车辆管理所开展了多项工作。

一是为深入贯彻落实安徽省公安厅《推进落实机动车登记查验和驾驶人考试集中整治工作方案》的文件精神，合肥驾培协会大力落实《2020 年全省道路交通事故预防“减量控大”工作实施方案》的文件要求，不断提高安徽省机动车和驾驶人管理水平，夯实道路交通安全基础，提升“减量控大”工作成效，全力维护道路交通安全行驶持续稳定。自2021年5月开始，合肥驾培协会秘书处每月不间断地陪同合肥市车辆管理所领导深入各驾校开展专题检查工作，走遍了全市各个区域，检查了大中小各类型驾校50多户。此项工作将贯穿2021年全年。

二是按照公安部发布的行业标准《道路交通管理机动车类型》（GA802—2019）要求，合肥市车管部门自2020年4月1日起开始执行上述标准，导致合肥市驾校无法新增教学车辆。合肥驾培协会接到反馈问题后，积极配合车管所联系车辆生产销售单位，了解周边省会城市情况，摸排驾校新增车辆需求，形成书面报告反馈给有关部门，为问题的解决起到了积极作用。

三是针对在“减量控大”检查中发现的理论教学缺失问题，合肥驾培协会主动发挥应有的作用，向全市驾培机构发布《关于加强理论培训的倡议书》，并启动建设“合肥市机动车驾驶培训理论学习平台”，2021年向全市推广使用。

四是承接合肥市考生退费事宜。考生退费问题，涉及人数较多，因涉及市财政审核，所以业务流程复杂，退费周期较长，考生意见很大。为解决广大考生退费问题，减轻合肥车管所工作压力，合肥驾培协会主动作为，自2021年起承接考生退费事宜。合肥驾培协会设立专人、专户负责，大幅度地缩短了退费周期，减轻了车管所工作压力，让人民群众满意。

总之，协会的运营既要维护会员权益、充分发挥协调作用，同时也要明确法律责任，依法依规开展各类活动。《章程》是全体会员共同遵守的纲领和规范，大家都应遵守和维护，特别是协会的主要负责人，更应带头遵守和维护，起好示范作用。健康的协会应是一个有能力为全体会员做好服务的协会，一个既有实际工作效率又有专业理论水平的协会，一个能够为本行业的发展发挥巨大正能量的协会。

三　结论与展望

随着国家治理体系的完善和治理能力的提升，一个以政府为主导、多元治理主体共同参与的社会协同的治理格局正逐步形成。若把治理视为一个由国家治理、社会治理、行业治理、企业治理构成的体系，则各地的驾培协会则是驾培行业治理的有效组织形式。

面对驾培行业长期存在的一些被人诟病的问题，驾培行业协会在未来较长时间内，无论在工作内容还是职能及标准等方面将发生以下重大变化。承担起政府及职能部门想做但无精力做、单个驾培机构做不到而市场又需要做的事情。如重大行业政策及规划的制定研究、行业标准准入管理、区域内企业的良性竞争等，成为政府、驾校之外推动行业健康及可持续发展的第三种力量。协会逐渐摆脱各种行政干预而独立性越来越强的同时，通过行业治理实现区域内会员在权益上的互依性和公平性。以服务为中心，为区域内驾校提供来自政府和企业两方面的信息，并通过开展各种培训、咨询及反映区域内驾校共同诉求等形式，增强会员的黏性。

此外，着力加大区域内驾校诚信体系建设，是各地驾培行业协会的一项急迫而又极其重要的中心工作。诚信体系建设不仅是市场经济发展的一个重要制度保障，也是重塑驾培行业在人民群众心中的形象和区域内驾校良性竞争的一个重要组成部分。区域内驾培协会应充分认识到诚信体系建设对行业可持续发展的重要作用及地位，要努力在以下三个方面见成效。一是要从构建完善企业诚信制度体系出发，抓好源头预防工作。从企业诚信制度体系建设层面来说，应该进一步强化行业自律、行业协会自律、驾校自律、从业人员自律“四个自律”，并把重点放在抓好驾校诚信这一源头预防工作。二是要从建立完善驾校诚信体制建设出发，进一步抓好动态监管。也就是说协会应该按照区域内行业公约履行、行业规章遵守、行业自律检查、会员自律管理落实的要求，努力建立健全企业诚信的体制建设，并把重点放在抓好企业诚信建设的动态监管工作上。三是要从完善企业诚信建设机制出发，进一步抓好应急处置。区域内协会应该按照完善行业协会职能、履行行业协会职责、发挥行业协会作用、加强行业协会自律的要求，建立健全企业诚信的应急处置机制，并把重点放在抓好应急处置的各项工作落实上。

本文作者为董强、冷若冰、贾贺芝。董强，中国交通运输协会驾驶培训分会副会长、四川省长征驾校董事长；冷若冰，中国交通运输协会驾驶培训分会理事、云南昭通驾校党委书记；贾贺芝，合肥市机动车驾驶员培训行业协会秘书长。

B.13
后　记

2020 年注定是不平凡的一年。这一年，全社会深刻经历了新冠肺炎疫情的巨大冲击、形势逐渐平复、疫情的常态化，驾培行业亦是如此。

这一年，疫情对驾培行业各方面究竟有哪些影响？2020~2021 年全国驾培市场的营商环境究竟如何？驾培行业如何依靠智能化培训设备等新技术进行智慧化转型？新背景下，驾校新媒体营销方面又应该做出怎样的调整？每个问题，都与身处行业之中的你我息息相关。

十分荣幸，在这样的重要时期，木仓科技能够与中国交通运输协会合作，共同完成《中国驾培行业发展报告（2021）》的编撰工作，我们从中深刻地意识到，驾培行业发展报告所应做的不仅仅是记录、整合与总结，更多的还应该是帮助、鼓励与启示。

在 2021 年的驾培行业发展报告中，我们对驾培机构进行了全面的调研，为驾培机构的转型升级、高质量发展提出了重要建议；分析了疫情对驾培市场的重大影响，并提出了可行性对策；我们对驾培市场的营商环境进行了分析，也对 2021 年行业发展趋势做出预测；对于自动驾驶技术对驾校与行业的助力等，也提出了合理的分析与建议……如果想系统化、整体化、全面化地了解当今驾培市场概况、了解浸润于此多年的专家给出的独到见解，通读本报告会是一种很好的选择。

也许，在很多不理解的人看来，驾培行业就等同于"应试教育"，让学员更快拿到驾照，就是它的全部使命了。而在投入毕生精力于驾培行业的人眼中，驾培一定是一门艺术。它与众多的艺术相通，想入门不难，甚至每个人都有这样的能力，但如何做好、做得更有意义，则是驾培人一生的命题。

想做好驾培工作，一定要做好的就是向下扎根、向上生长，在这样的特殊时期更是如此。向下，如何去满足学员在疫情期间的学车需求？面对冲击，我们能为驾校与教练做些什么改变？新能源车、电动车的普及在加速，我们能做些什么？从体验提升角度来看，驾校、教练更需要什么新技术、新硬件？线下教学和线上学习如何更好地结合？向上，智慧驾培，如何才能智慧得“不表象”？素质教育与考试通过率之间如何更好地平衡……所有种种，正是木仓科技一直在思考和致力于完善的事。

因旗下产品“驾考宝典”的理论学习辅助功能，木仓科技在学车用户中拥有广泛的基础及良好的口碑，但真正的探索绝不止于此。在构建了学车—看车—买车—用车—玩车的全生态产业链，并利用用户量、口碑基础，将驾培行业整合融入各个生态链环节后，木仓科技也将更多的力量投入到助力行业发展之中。例如，产品向，我们认为真正的“智慧驾培”不应单纯以注入高科技为目的，而应真正做到提升效率、为学员提升安全指数和体验感。驾考宝典路考仪产品将通过高精度差分定位技术、AI 智能评判系统等新技术，来推动教练带训模式改革，以节省人力的方式进行高质量实时数据化针对性练习，提升教练员的培训效率、学员学车的体验感。行业向，整个驾培行业日渐脱离了粗放式管理，向着精细化、品牌化、集约化方向迈进。木仓科技也构建出完整的“驾校 PaaS 一站式服务平台”，面向驾校，为其提供一站式管理服务，不仅有效地提升了驾校内部管理能力，强化了学员培训效果，还为驾校领导层决策分析提供了强有力的数据支撑。

2021 年的驾培市场仍然是买方市场，市场需求会在短期内呈现小规模爆发，从而带来一定程度的消费反弹和业绩增长。行业协会、驾校、教练以及如木仓科技这样的产品与服务整合提供者们，也应在市场和政策的压力与动力之下，不断做出积极的调整、升级与创新。

“智慧驾培”正在不断向着更好的方向进化，身处这个时代的我们，以殷切的目光望着来路与征途。我们将尽己所能，为推动整个行业的“向下扎根、向上生长”贡献出自己的专业能力、坚定力量。

木仓科技智慧驾培和道路交通安全研究院

2021年5月26日

皮 书

智库报告的主要形式
同一主题智库报告的聚合

✧ 皮书定义 ✧

皮书是对中国与世界发展状况和热点问题进行年度监测，以专业的角度、专家的视野和实证研究方法，针对某一领域或区域现状与发展态势展开分析和预测，具备前沿性、原创性、实证性、连续性、时效性等特点的公开出版物，由一系列权威研究报告组成。

✧ 皮书作者 ✧

皮书系列报告作者以国内外一流研究机构、知名高校等重点智库的研究人员为主，多为相关领域一流专家学者，他们的观点代表了当下学界对中国与世界的现实和未来最高水平的解读与分析。截至 2021 年，皮书研创机构有近千家，报告作者累计超过 7 万人。

✧ 皮书荣誉 ✧

皮书系列已成为社会科学文献出版社的著名图书品牌和中国社会科学院的知名学术品牌。2016 年皮书系列正式列入“十三五”国家重点出版规划项目；2013~2021 年，重点皮书列入中国社会科学院承担的国家哲学社会科学创新工程项目。

中国皮书网

（网址：www.pishu.cn）

发布皮书研创资讯，传播皮书精彩内容
引领皮书出版潮流，打造皮书服务平台

栏目设置

◆ 关于皮书

何谓皮书、皮书分类、皮书大事记、
皮书荣誉、皮书出版第一人、皮书编辑部

◆ 最新资讯

通知公告、新闻动态、媒体聚焦、
网站专题、视频直播、下载专区

◆ 皮书研创

皮书规范、皮书选题、皮书出版、
皮书研究、研创团队

◆ 皮书评奖评价

指标体系、皮书评价、皮书评奖

◆ 皮书研究院理事会

理事会章程、理事单位、个人理事、高级研究员、理事会秘书处、入会指南

◆ 互动专区

皮书说、社科数托邦、皮书微博、留言板

所获荣誉

◆ 2008 年、2011 年、2014 年，中国皮书网均在全国新闻出版业网站荣誉评选中获得“最具商业价值网站”称号；

◆ 2012 年，获得“出版业网站百强”称号。

网库合一

2014年，中国皮书网与皮书数据库端口合一，实现资源共享。

中国皮书网

S 基本子库
UB DATABASE

中国社会发展数据库（下设 12 个子库）

整合国内外中国社会发展研究成果，汇聚独家统计数据、深度分析报告，涉及社会、人口、政治、教育、法律等 12 个领域，为了解中国社会发展动态、跟踪社会核心热点、分析社会发展趋势提供一站式资源搜索和数据服务。

中国经济发展数据库（下设 12 个子库）

围绕国内外中国经济发展主题研究报告、学术资讯、基础数据等资料构建，内容涵盖宏观经济、农业经济、工业经济、产业经济等 12 个重点经济领域，为实时掌控经济运行态势、把握经济发展规律、洞察经济形势、进行经济决策提供参考和依据。

中国行业发展数据库（下设 17 个子库）

以中国国民经济行业分类为依据，覆盖金融业、旅游、医疗卫生、交通运输、能源矿产等 100 多个行业，跟踪分析国民经济相关行业市场运行状况和政策导向，汇集行业发展前沿资讯，为投资、从业及各种经济决策提供理论基础和实践指导。

中国区域发展数据库（下设 6 个子库）

对中国特定区域内的经济、社会、文化等领域现状与发展情况进行深度分析和预测，研究层级至县及县以下行政区，涉及省份、区域经济体、城市、农村等不同维度，为地方经济社会宏观态势研究、发展经验研究、案例分析提供数据服务。

中国文化传媒数据库（下设 18 个子库）

汇聚文化传媒领域专家观点、热点资讯，梳理国内外中国文化发展相关学术研究成果、一手统计数据，涵盖文化产业、新闻传播、电影娱乐、文学艺术、群众文化等 18 个重点研究领域。为文化传媒研究提供相关数据、研究报告和综合分析服务。

世界经济与国际关系数据库（下设 6 个子库）

立足“皮书系列”世界经济、国际关系相关学术资源，整合世界经济、国际政治、世界文化与科技、全球性问题、国际组织与国际法、区域研究 6 大领域研究成果，为世界经济与国际关系研究提供全方位数据分析，为决策和形势研判提供参考。

法律声明